CLAUDIUS
KONTUR

Zur Reihe

Die religiöse Landschaft ist in Bewegung geraten. Wo noch vor wenigen Jahren der große Traditionsstrom christlicher Religion und Kirchlichkeit ruhig dahinfloß, ist inzwischen eine verwirrende Vielfalt religiöser Strömungen entstanden. Sie suchen und bahnen sich neue Wege. Dabei vermischen sich Ost und West, Nord und Süd. Gewohnte Orientierungen verlieren an Selbstverständlichkeit.

Es sind nicht nur neue religiöse Gruppen und Bewegungen, die Menschen faszinieren oder für Irritation und Abwehr sorgen. Neue Strömungen haben die religiösen Tiefenschichten von Kirche und Gesellschaft erfaßt. Ein tiefgreifender Wandel zeichnet sich ab, der auch den christlichen Glauben zur Neubesinnung auf das Wesentliche nötigt. Alte Begriffe verlieren ihr Profil, neue treten in den Vordergrund: Religiosität tritt neben Religion, Therapie neben Theologie, Esoterik neben kirchliche Lehre, Erfahrung fordert die Dogmatik heraus. Eine neue Religiosität – danach sehnen sich immer mehr Menschen. Doch die Gefahr ist groß, daß die Sehnsucht ins Leere läuft. Noch treten die Umrisse von wirklich Neuem nicht deutlich zutage. Im Gegenteil: Vieles, was sich als »neuer Weg« darstellt, ist eher Abweg und Irrweg. Neue Religiosität? Noch zeichnen sich keine Konturen ab. Kann eine neue Religiosität überhaupt Kontur gewinnen – und was würde sie für Gestalt und Praxis christlichen Glaubens heute bedeuten? Oder münden alle neuen religiösen Strömungen unausweichlich in einen »religiösen Sumpf«, in dem keine wahre Spiritualität gedeihen kann?

Die Reihe Claudius Kontur möchte der Orientierung im verwirrenden Erfahrungsfeld Neue Religiosität dienen. Wo bislang eher mit Angst und Abwehr reagiert wird, soll nach Freiräumen gefragt werden, in denen sich vielleicht Neues entwickelt, dessen Wahrnehmung heilsam sein könnte. Und wo schnell begeistertes Reden von »Neuer Religiosität« oft nur vage und gedankenlos bleibt, stellt Claudius Kontur die Frage nach klaren Umrissen.

Christen wie Nichtchristen, Frauen wie Männer möchten sich als religiöse Menschen in ihrer Zeit besser verstehen und Wege finden, die keine Irrwege sind, wollen ihre religiösen Erfahrungen mit anderen ins Gespräch bringen, suchen klare Information ohne Vorurteile und verläßliche Orientierung.

Die Reihe Claudius Kontur möchte hier Hilfen und Anstöße für einen offenen Dialog zwischen christlichem Glauben und neuen religiösen Strömungen geben.

Der Herausgeber

Werner Huth

Flucht in die Gewißheit

Fundamentalismus und Moderne

Die Reihe Claudius Kontur
wird herausgegeben von Bernhard Wolf.

Die Deutsche Bibliothek – CIP-Einheitsaufnahme
Huth, Werner:
Flucht in die Gewißheit : Fundamentalismus und Moderne /
Werner Huth. – München : Claudius-Verl., 1995
   (Reihe Claudius Kontur)
   ISBN 3-532-64009-0

© Claudius Verlag 1995
Alle Rechte,auch die des auszugsweisen
Nachdrucks, der photomechanischen
Wiedergabe und der Übersetzung,vorbehalten
Umschlaggestaltung: Werner Richter
Gestaltung: Dorothee Bauer
Satz: Fotosatz Amann, Aichstetten
Druck: Druckerei G. J. Manz AG, München / Dillingen

ISBN 3-532-64009-0

Inhalt

Meinen Enkeln gewidmet

Vorwort

Gäbe es in unseren Tagen einen alternativen Nobelpreis für die falscheste Prognose, dann wäre er vermutlich dem großen Physiker Max Planck verliehen worden, zumindest posthum. Er schrieb nach dem Zweiten Weltkrieg in seinem Aufsatz »Religion und Naturwissenschaft« den berühmt gewordenen Satz: »Unsere heute heranwachsende Jugend ... läßt sich durch Lehren, die ihr naturwidrig erscheinen, nicht mehr innerlich binden«[1]. Diese in der Aufbruchsstimmung nach dem Krieg niedergeschriebene Äußerung ist für uns heute Ausdruck einer zwar liebenswerten, aber weltfremden Überschätzung der intellektuellen und selbstkritischen Fähigkeiten des Menschen bei gleichzeitiger Unterschätzung seiner Affekte und seiner Anfälligkeit für Ideologien. Das Bild unserer derzeitigen Situation jedenfalls spricht den Hoffnungen von Max Planck Hohn.

Inzwischen, ein halbes Jahrhundert nach dem wahnwitzigsten Krieg der Menschheitsgeschichte und mehr als 200 Jahre nach Kants Schrift: »Was ist Aufklärung?«[2], sehen wir um uns herum immer mehr sich überschlagende Wellen der Absurdität, die uns oft daran zweifeln lassen, ob wir wirklich im Zeitalter nach der Aufklärung leben. Dazu gehört neben den größten Gefahren für uns alle – der Umweltkatastrophe, der Bevölkerungsexplosion und der immer noch nicht restlos gebannten Gefahr von Atomkriegen – eine förmliche Autoaggressionsepidemie in Gestalt eines sich immer mehr steigernden selbstmörderischen Drogenkonsums ebenso wie eine Flut von nach außen gerichteter Aggressivität, teils in neonazistischem und rassistischem Gewand und teils auch »nur so«, »just for fun«, wie bei den Hooligans; zugleich überbordet ein mitunter fast schwachsinniger Starkult, teils mit pseudoreligiösem Vorzeichen und teils ohne solche Religionssurrogate, während zugleich Unzählige in »Kulte des Irrealen«[3] abdriften. Deren Bandbreite reicht von verschrobenen Auswüchsen der Nachfolgebewegungen des sogenannten »New Age« über Satansmessen bis zu gelegentlichen plötzlichen Mord- oder Selbstmordorgien im Sektenmilieu. Beunruhigend ist aber auch, daß bei breiten Schichten derjenigen, die keinen solchen Extremen anhängen, immer mehr ein »Unbehagen in der Modernität«[4] sowie eine Tendenz zu Katastrophenahnungen zunimmt, aber als Konsequenz von alledem nur ein resignierter Rückzug ins Private übrigbleibt.

Wenn der genannte Satz von Max Planck wenigstens eine richtige Behauptung enthält, dann die, so könnte man bitter fortfahren, daß man sich »nicht mehr innerlich binden« läßt: Nicht nur unter der Jugend, sondern insgesamt ist die Bindungsbereitschaft immer mehr zurückgegangen, freilich weniger aufgrund von mehr Freiheit, sondern eher »mangels Masse«. Davon spricht das zunehmende Zerbrechen der bisher am stärksten Halt gebenden sozialen und geistigen »Einbettungssysteme« Ehe und Familie sowie der überlieferten Religionsformen.

Scheinbar kaum von diesem Bindungsverlust betroffen sind diejenigen, die man heute *Fundamentalisten* nennt. Aber gerade weil sie sich so krampfhaft an ihren Fundamenten festhalten, sind sie für fast alle, die ihre jeweiligen Überzeugungen nicht teilen, in ihrem offensichtlichen Irrationalismus der Inbegriff von Vertretern »naturwidriger Lehren«.

Eine der Fragen, die in diesem Buch gestellt werden, lautet: gibt es überhaupt eine eigene Menschengruppe namens »Fundamentalisten«? Zu welchen Antworten man dabei auch immer kommen mag, soviel scheint jedenfalls festzustehen, daß man die »Fundamentalisten« nicht für sich allein betrachten kann. In einer Welt, in der bestimmte Grundwerte und -freiheiten trotz der Aufklärung in immer weniger Ländern gewährleistet sind und wo man sich zugleich aus guten Gründen immer mehr Gedanken über die Grenzen der Freiheit macht, wird sich der Fundamentalismus jedenfalls nicht ohne einen Blick auf die Gesamtentwicklung in der Gegenwart deuten lassen. Erst dann läßt sich möglicherweise eine Antwort darauf geben, ob der Fundamentalismus wirklich so bedrohlich ist, wie heute vielfach angenommen wird, oder ob man seine Bedrohlichkeit – gemessen an anderen gegenwärtigen Gefahren – eher geringer einzuschätzen hat. Im letzteren Falle wäre allerdings seine Bedeutung als Indikator für schwerwiegende Fehlentwicklungen in der Gegenwart umso größer.

Dem nachzuspüren wird das Hauptanliegen dieses Buches sein. Nur so werden die Voraussetzungen dafür geschaffen, daß man dem sogenannten Fundamentalismus angemessen begegnen kann.

Einführung

Fundamentalismus und die geistige Situation der Gegenwart

Seit Ende der siebziger Jahre unseres Jahrhunderts schossen an den verschiedensten Stellen der Welt neuartige geistige Bewegungen wie Pilze aus dem Boden, die scheinbar längst überwunden geglaubte religiöse und weltanschauliche Positionen aufgriffen. Niemand hatte vorher mit ihrem Auftreten gerechnet. In kürzester Zeit verbreiteten sie sich wellenartig und bestimmen inzwischen das Denken und Handeln von Millionen von Menschen. Von außen betrachtet stehen dahinter ganz unterschiedliche Ideen mit keineswegs einheitlichen Zielen. Ihre Bandbreite reicht von militanten Herrschaftsansprüchen nach dem Muster der Diktatur des Ayatollah Khomeiny bis zu eher harmlos wirkenden Versuchen, sich gegen eines der zeitgenössischen nachaufklärerischen Weltbilder mit seinen gesellschaftlichen Folgen abzugrenzen. Während die einen buchstäblich vor nichts zurückschrecken, selbst nicht vor einer Fanatisierung des Mobs, bis sich dieser mit Hilfe seiner Einpeitscher in einen förmlichen Blutrausch hineinsteigert, begnügen die anderen sich mit dem Rückgriff auf eine oft verklärt und idealisiert umgedeutete Vergangenheit, die es starr zu bewahren gilt. Von einer Aggressivität im eigentlichen Sinn kann man bei diesen konservativen »Fundamentalen«, vor allem aus dem christlichen Lager, oft kaum sprechen. Allenfalls richtet sie sich mehr oder minder moderat gegen Abweichler aus den eigenen Reihen, wenn diese Überzeugungen preisgeben, die sie selber als die einzig wahren ansehen und über die sie unter keinen Umständen mit sich reden lassen, weil sie ihnen heilig sind.

Trotz ihrer offenbaren inneren und äußerlichen Uneinheitlichkeit gab man diesen Bewegungen doch alsbald einen gemeinsamen Namen: Fundamentalismus. Seitdem herrscht Ratlosigkeit, wie man dieses Phänomen deuten soll, und welche Mittel dagegen einzusetzen seien. Nur darüber ist man sich einig, daß der Fundamentalismus als massiver Angriff auf unsere heutige Weltordnung begriffen werden muß, den man nicht hinnehmen kann. Diese Abwehr hat fast so viele Gesichter wie der Fundamentalismus selbst und ist diesem oft sogar strukturell ähnlich. Ja, nicht selten bildet sie mit ihm einen sich gegenseitig verstärkenden paranoiden Zirkel. Wir finden sie nicht nur bei jenen Vertretern einer »besinnungslosen Aufklärung« (Adorno), für die die Beschränkung auf Rationalität und »Fortschritt« ein unhinterfragbares Wahrheitskriterium ist, sondern auch bei vielen ihrer scheinbaren Antipoden: bei traditionellen Christen, die dazu neigen, aus dem Fundamentalismus eine Art von Krankheit zu machen, die nur der Staat kurieren kann und von der sie gottlob nicht betroffen sind. Letztlich paraphrasieren sie den Pharisäer in Luk. 18, 11, wenn sie insgeheim sagen: »Ich danke dir, Gott, daß ich nicht bin wie jene engstirnigen Fundamentalisten«. Das schließt aber nicht aus, daß sie auf der anderen Seite die von Paulus beschworene »herrliche Freiheit der Kinder Gottes« (Röm 8, 21) als Gefahr ansehen. Mit alledem verdrängen sie meist nur konfliktscheu und problemmüde jene Gefährdungen, gegen die sich die Fundamentalisten aufbäumen. Damit machen sie diese aber oft bloß, in der rüden Sprache der achtundsechziger Jahre ausgedrückt, zu »nützlichen Idioten«, die ihnen helfen sollen, die eigene Engstirnigkeit zu verdrängen, indem sie sie auf diese Pappkameraden projizieren.

Ja, angesichts der genannten Gefahren überall um uns herum wird man sich sogar fragen müssen, ob der durch seine Prognosen sonst so renommierte Club of Rome diesmal nicht bloß einen Papiertiger konstruiert, wenn er im wachsenden Fundamentalismus innerhalb des Islam und des Katholizismus eines der bedrohlichen Elemente der gegenwärtigen Menschheit sieht.[1] Tragen solche Unkenrufe nicht eher dazu bei, das Wort »Fundamentalismus« zu einem überblähten Kopfbegriff ohne Erklärungswert zu entstellen, der, weil er nur Scheineinsicht durch Terminologie liefert, die Fakten eher verstellt als erhellt?

Einige Thesen, die im folgenden dargelegt werden, gehen auf Vorträge zurück, zu denen ich 1991 von katholischen Dogmatikern sowie 1992 von der Evangelischen Akademie Tutzing gebeten wurde, weil in meinem 1984 erschienenen Buch »Glaube, Ideologie und Wahn«[2] indirekt Hinweise zu Erscheinungsformen und Wesenszügen des Fundamentalismus enthalten seien, obwohl bezeichnenderweise dort dieses Wort selber noch nicht vorkommt.

Die Veranstalter vermuteten mit Recht, daß dasjenige, was man heute »Fundamentalismus« nennt, weitgehend mit dem identisch sei, was ich ein Jahrzehnt vorher als typisch ideologisch herausgearbeitet hatte. Allerdings sind die fundamentalistischen Phänomene und Absichten so vielfältig, daß man besser von »Fundamentalismen« reden sollte. Die innere Dynamik hinter dieser Vielfalt scheint jedoch weitgehend einheitlich zu sein und derjenigen von Ideologien zu gleichen: alle diese Richtungen verstehen sich als Erneuerungsbewegungen in einer Zeit, die durch wachsende Komplexität, Pluralisierung und Individualisierung und in deren Gefolge durch das Verschwinden von bis dahin maßgebenden Werten und Leitbildern gekennzeichnet ist. Als Reaktion auf die entstandene Unsicherheit, in der es nur noch unlösbare Probleme, aber keine plausiblen Antworten zu geben scheint, möchten sie zur scheinbar ge-

schlossenen Welt der Väter mit ihren fraglosen Ordnungen zurückkehren. Das aber ist, wie gezeigt wird, in Wirklichkeit gar nicht möglich. Genau besehen sind selbst die konservativsten Fundamentalisten Kinder der Moderne. Wenn sie sich auf scheinbar feste und gül-
tige Prinzipien berufen, so gründen diese meist schon längst nicht
mehr in den Erfahrungen, die dereinst den jeweiligen Glauben begründet haben. Ideologien und Fundamentalismen sind, ihrem Wesen nach, substanziell verarmte Derivate von Religionen oder Welt-
anschauungssystemen, die entstehen, wenn bei ihren Anhängern die
ursprüngliche Glaubenserfahrung geschwunden ist. Dieser Mangel
soll durch die Neubelebung eines alten Mythos zur Unzeit oder aber
durch die strikte Befolgung äußerlicher Vorschriften und Glaubenssätze ersetzt werden, die man als unbedingt heilsnotwendig ansieht.
Daraus ergeben sich zwei Thesen:

1. Ohne Ich- und Bewußtseinsveränderungen, die aus der
   Abwehr geboren sind und hinter denen letztlich Angst
   steckt, gibt es keinen Fundamentalismus. Wirklicher religiöser oder humanistischer Glaube ist durch Ehrfurcht
   vor dem Unerklärlichen gekennzeichnet und weiß um
   den letztlich unauflösbaren Geheimniszustand der Wirklichkeit. Das macht ihm die Welt groß und faszinierend.
   Für den Fundamentalisten dagegen schrumpft die Wirklichkeit auf das *für ihn* Bedeutsame zusammen. Er sucht
   und findet kein Geheimnis mehr, sondern nur noch Be-
   stätigungen seiner Ansichten oder aber Feinde, die diese
   Ansichten mit unlauteren Mitteln bekämpfen. Damit will
   er seinerseits alles Fremde und die eigenen Zweifel ab-
   wehren.

2. Wer seine Überzeugungen auf ein gültiges Fundament zu
   stützen sucht, ist deswegen allein kein Fundamentalist.
   Ohne diese Voraussetzung würde keine Überzeugung zustandekommen, und sogar jedes Gespräch bräche in sich
   zusammen, bevor es begonnen hätte. Beispielsweise geht
   selbst ein totaler Skeptiker von einem festen Fundament
   aus, nämlich von der für ihn fraglosen Gewißheit, daß
   seine Skepsis und seine Nichtfestgelegtheit die einzig angemessenen Wege sind, sich der Wirklichkeit zu nähern.
   Daß dies letztlich ein Widerspruch zu seiner Skepsis ist,
   ahnt zwar sein Gegenüber, nur ihm selber ist es nicht klar.
   Der totale Skeptiker und der Fundamentalist gleichen sich
   sogar noch in weiteren Punkten: ihre Haltung gründet in
   einer bestimmten Ichfunktion: der Negation, die zur Starrheit prädestiniert.[3] Ja, ihre Gewißheit hat meist sogar ein

Element, das über den üblichen Gewißheitsanspruch hinausgeht: ihre Fraglosigkeit.

Auch »normale« Gewißheit ist sich dessen gewiß, was sie zu wissen glaubt, aber sie ist zum Gespräch mit anderen bereit und weiß zumindest prinzipiell, daß sie irrtumsanfällig ist. Anders der Fundamentalist und der Skeptiker. Beiden geht es um absolute Unerschütterbarkeit, dem Fundamentalisten zudem noch um eine absolute Sicherheit durch den Rückgriff auf scheinbar unanfechtbare Prinzipien, die er meist weit in der Vergangenheit ansiedelt. Unerschütterbarkeit und Sicherheit erkaufen sie durch Angst vor Freiheit und gleichfalls durch Starrheit. Auch das rückt beide, ohne daß sie es merken, in die Nähe ihres scheinbaren Antipoden.

Beide, Fundamentalisten und Skeptiker, verweigern sich dem Dialog sowohl mit den Mitmenschen als auch mit dem eigenen Zweifel. So können sie subjektiv nicht mehr scheitern, sondern wähnen sich, letztlich aus Angst, in einer Sicherheit, die den anderen Menschen nicht gewährt zu sein scheint. Das entspringt keinem Mangel an Logik, sondern, wie generell bei Ideologen und erst recht bei Wahnkranken[4], der Unfähigkeit, auf sich selber zu hören und dem Nächsten in innerer Nähe zu begegnen.

Das genannte Defizit fast aller Fundamentalisten gegenüber den geistigen und mitmenschlichen Aspekten der Wirklichkeit[5] beeinträchtigt allerdings kaum je ihre Intelligenz, Tüchtigkeit und Redlichkeit in anderen Bereichen, vor allem des Alltags. Zwischen diesen verschiedenen Ebenen, die man streng auseinanderhalten muß, wenn man die Phänomene nicht heillos verwirren will, gibt es gleichsam nur eine einzige durchgehende Konstante: die Angst des Fundamentalisten vor dem Verlust seiner Identität. Sie ist der tiefste Grund für seine Starre und Enge und speist meist auch seinen Fanatismus und seine Kompromißlosigkeit Abweichlern und Andersdenkenden gegenüber.

Die genannte Dynamik ist im übrigen nicht nur auf Fundamentalisten und Skeptiker beschränkt, sondern auch sonst in unserer Gesellschaft häufig anzutreffen, zumindest ansatzweise. Daß sie außerdem nicht neu ist, wird bereits an dem von Erich Fromm 1941 veröffentlichten Buch »Die Furcht vor der Freiheit« deutlich.[6]

Auf den ersten Blick ganz anders scheint es bei der geistigen Richtung zu sein, die man »Moderne« nennt (Siehe S. 123 ff). Hier findet man nichts von Furcht vor der Freiheit. Aber das relativiert sich, wenn man ihren Anspruch, die richtige Lösung zu besitzen, betrachtet. Dieser ist vielfach ähnlich überzogen, wenngleich mit anderem Vorzeichen als bei den Fundamentalisten und Skeptikern: vor allem, wenn sie im Fortschritt einen fraglosen Wert an sich sieht und von daher wie selbstverständlich beansprucht, der einzige Weg zu sein, der uns aus der Misere herausführen kann, in die sie uns erst einmal hineinmanövriert hat, wenngleich zugegebenermaßen unbeabsichtigt.

Wenn hier von Anfang an der Fundamentalismus ins Umfeld anderer geistiger Phänomene gestellt und seine innere Dynamik betont wurde, geschah das, um der Gefahr zu entkommen, ihn zu früh zu definieren. Wer anders vorgeht, gerät fast zwangsläufig in die gleiche Situation wie zum Beispiel beim Sektenbegriff, wo sich in einschlägigen Lexika mehr als ein Dutzend Definitionen finden, denen nur eines gemeinsam ist, nämlich daß sie das Phänomen *insgesamt* nicht fassen. Mit Recht betont Karl Popper, daß man voreilige »Was-ist-Fragen« möglichst meiden soll, weil man damit nur verbale Probleme lösen kann, während die dahinterstehenden Probleme ins Uferlose führen.[7] Auf diese aber sollte man, wie Popper fortfährt, stattdessen den Blick richten. Wir leiten daraus zugleich die Berechtigung ab, erst einmal relativ unbekümmert den Begriff »Fundamentalismus« aufzugreifen, wie er heute meist gebraucht wird, auch wenn er fragwürdig ist. Auf die Dauer kann auch hier auf Begriffs- und Wesensbestimmungen nicht verzichtet werden, aber mehr im Sinne eines Umkreisens des Phänomens. Daher soll mit zunehmender Einsicht in die Erscheinungsformen und die Dynamik unseres Untersuchungsgegenstandes die Frage nach der Eigenart des Fundamentalismus aus verschiedenen Gesichtswinkeln beleuchtet werden.

Eine Grenze, die im Wesen der Sache selber liegt, hat dieses Vorgehen freilich: Wer sich mit dem Fundamentalismus beschäftigt, stellt nicht nur fest, daß dieser Begriff fast beliebig benutzt wird (Siehe S. 26 ff) und daß zwischen den verschiedenen Fundamentalismen alle möglichen Übergänge konstruiert werden. Er bemerkt auch, daß man, je nachdem, im einzelnen Fundamentalisten entweder das Opfer einer unheilvollen Entwicklung oder aber einen irrealen und zugleich bösartigen Täter sieht. Daran zeigt sich die Abhängigkeit der Sicht vom eigenen Standpunkt: *Niemand redet unvoreingenommen von unserem Thema!* Freud hat das auf die Formel gebracht, »daß man leider selten unparteiisch ist, wo es sich um die letzten Dinge, die großen Probleme der Wissenschaft und des Lebens handelt. Ein jeder wird da von innerlich tief begründeten Vorlieben beherrscht«.[8] Beim Fundamentalismus, was immer er letztlich ist und anzielt, geht es um eben diese Probleme!

Nie konnten die Menschen den letzten Fragen ausweichen, und immer und überall hat es dabei auch religiöse und politische Radikalisierungen und Fanatismus gegeben, besonders in bedrängten Zeiten. Dabei pochte man meist gerade dann auf angeblich unumstößliche Wahrheiten, wenn man insgeheim spürte, daß sie einem entglitten waren. Allein schon deshalb liegt es nahe, daß der Fundamentalismus Vorläufer hat.

Freilich sollte man nicht alle Strömungen im Laufe der Geschichte, die man bisher als Häresien bezeichnet hat, heute in »Fundamentalismus« umtaufen, bloß weil dabei einige Teilaspekte eines umfassenden Glaubenssystems auf Kosten seiner Vielfalt zur Fundierung des eigenen Glaubens verabsolutiert wurden.[9] Eher wird man sie mit dem gemeinsamen Begriff »Sekte« belegen müssen, jedenfalls wenn man sich nicht in die genannte Vielzahl von Definitionen verfängt, sondern diesen Begriff lediglich im wörtlichen Sinne benutzt. Er kommt vom lateinischen »sequi«: (einem Menschen oder einer Idee) folgen.[10] So gesehen sind fast alle Fundamentalisten »Sektierer«. Dieses Wort allein besagt jedoch, wie erwähnt, praktisch nichts, allein schon, weil jede religiöse und geistige Strömung an ihrem Beginn »sektiererisch« ist: Für die Hohenpriester waren die Nazarener sektiererisch, für die späteren Christen gehörten fast alle neuen religiösen Strömungen – zum Beispiel die Gnostiker, Monophysiten, Katharer, Albigenser, Waldenser usw. – zu den Sektierern und wurden entsprechend verfolgt.

Genau genommen kann man von Fundamentalismus nur reden, wo ein bestimmter Zeitgeist – der heutige – herrscht: Die verschiedenartigen gesellschaftlichen und geistigen Phänomene, die heute mit dem Begriff »Fundamentalismus« zusammengefaßt werden, sind lediglich spezielle Ideologieformen *in unserer heutigen geistigen Situation*[11], (jedenfalls unter der Voraussetzung, daß man von jenen Ideologiemerkmalen ausgeht, die ich in meinem Buch »Glaube, Ideologie und Wahn« entwickelt habe). Sie tragen häufig die Züge einer *Protestbewegung*[12] gegen eine Entwicklung (die »Moderne«) mit all ihren philosophischen, naturwissenschaftlichen, technischen, gesellschaftlichen und kulturellen Voraussetzungen und Folgerungen: In den Augen ihrer Vertreter verwüstet sie bestehende Ordnungen und macht letzte Werte, vor allem der Religion, zur Sache bloßer Beliebigkeit. Wenn sie für die Wiederherstellung einer angeblich verlorenen Position kämpfen, geht es ihnen buchstäblich »um Alles«.

Wer den Fundamentalismus verstehen und bekämpfen möchte, sollte zumindest eines sehen: daß dieser – bewußt oder nicht und ohne selber das Problem zu lösen – den Finger auf zwei Hauptübel unserer derzeitigen Situation legt, die darin bestehen, daß in der Gegenwart im Westen die Spiritualität weitgehend verkümmert und die Kraft zur Gemeinschaftsbildung in erschreckender Weise zurückgegangen ist. Von diesem Verlust sind wir alle – Fundamentalisten und Nichtfundamentalisten – in gleicher Weise betroffen, und insofern sitzen wir in einem Boot.

16

Die Hauptsymptome von Ideologien

- dem Ideologen geht das *Prinzip über die Realität.* Diese Prinzipienreiterei hängt damit zusammen, daß er seine Identität weitgehend aus einer Weltanschauung zu gewinnen sucht.
- diese Weltanschauung hat für ihn den Charakter einer *Grundformel des Daseins,* die keine Frage mehr offen läßt. Mittels dieser Formel will er die Welt retten, was in seinen Augen notwendig macht, daß sich alle an ein Schema äußerer Vorschriften halten
- seine Aktivitäten im Dienst der Idee, von der der Ideologe besessen ist, machen ihn oft ruhelos und umtriebig. Ohne diese Stütze fühlt er sich (aufgrund einer *Unfähigkeit zum Herstellen von »Nahkontakt«*) meist einsam und leer und empfindet sein Dasein als sinnlos
- das System, mit dem sich der Ideologe identifiziert, muß für ihn in äußerster *Makellosigkeit und ungeschichtlicher Gültigkeit,* also letztlich zeitlos erstrahlen
- um die Reinheit des Systems auch in Zukunft zu garantieren, bedarf es ständig neuer *Sicherungs- und Überwachungsmaßnahmen*
- hinter den letztgenannten Punkten steht ein *einseitig strukturiertes Gewissen.* In ihm haben nur »objektiv« abfragbare Regeln Gültigkeit (»moralischer Zensor«). Subjektive Faktoren (»ethischer Zensor«) dagegen sind als Versuchungen abzulehnen
- das *Denken* des Ideologen ist rigide und abstrakt, sein *Bewußtsein* vielfach magisch strukturiert. Zeitlich und räumlich entfernt Liegendes ist ihm oft wichtiger als Gegenwärtiges oder Nächstliegendes
- im *Verhältnis zu den Mitmenschen* fehlt die Bereitschaft, eine von Sympathie oder zumindest Interesse getragene, auf Geben und Nehmen gegründete »offene« Beziehung aufzunehmen, in der auch Kritik zugelassen

wird. Statt dessen wird die Mitwelt extrem in
gut und böse polarisiert. Außenmerkmale
(vor allem die Zugehörigkeit zur eigenen
Gruppe) und jederzeit vorzeigbare Se-
kundärtugenden sind besonders wichtig.
Seine Beziehungen zeigen eine ausgeprägte
»Kampfstruktur«, was sich oft auch in der
Sprache und in einer Neigung zum Begriffs-
fetischismus ausdrückt
– eigene negative Züge werden in extremer
Weise in die Mitwelt *projiziert*. Dadurch
wird alles Gute bei einem selber, alles Böse
dagegen bei den anderen angetroffen

In Anschluß an das Buch von W. Huth:
»Glaube, Ideologie und Wahn«

Der Ausdruck »heutige geistige Situation« darf keinesfalls mit
dem Wort »Zeitgeist« gleichgesetzt werden, das wegen seiner Ver-
allgemeinerungen fragwürdig ist. Der Begriff »Situation« hingegen
ist unverzichtbar, denn er hat damit zu tun, daß menschliches Dasein
nie isoliert verstanden werden kann, weil es sich immer in einem vielfach bedingten Umfeld vollzieht. Meist sind seine Bedingungen so
vielgestaltig, daß man daraus nicht alle seine Merkmale erklären
kann. Aber ohne diese Bedingungen käme es nicht zustande. Zugleich muß immer auch nach den Auswirkungen gefragt werden.
Auch dies gehört zum Verständnis einer Situation, und auch das soll
hier geschehen.

Situationen sind auch niemals statisch, sondern in steter
Wandlung begriffen; ihre Anfänge lassen sich kaum jemals bestimmen, plötzlich aber manifestieren sie sich unübersehbar, meist nach
Ereignissen, die wie Kristallisationskerne wirken. Dies gilt auch für
den Fundamentalismus: Auch er war gleichsam »über Nacht« da,
obwohl er in Bedingungen wurzelte, deren Anfänge weit zurückliegen und die man gleichfalls nur zum Teil erfassen kann.

Unsere heutige Situation wird zunehmend als äußerst kritisch
empfunden. Viele Ursachen werden für diese Krise verantwortlich
gemacht, von den Fundamentalisten vor allem die Ideen und Folgen
der Aufklärung, die sich zunehmend über die Welt verbreiten. Einseitig sozialwissenschaftlich orientierte Gegner des Fundamentalismus sind dagegen meist so fraglos mit dem Gedankengut der Aufklärung identifiziert, daß sie kaum dazu bereit sind, über deren ne-

gative Folgen nachzudenken. Ja, bei ihrer Verteidigung erweisen sie sich mitunter als ähnlich starr wie die Fundamentalisten.

Beide Standpunkte gehen an der Realität vorbei. In Wirklichkeit scheint es so zu sein, daß es bei der gegenwärtigen weltweiten Krise und beim fundamentalistischen Kampf weniger *direkt* um Aufklärung geht, sondern mehr um deren *indirekte* Folgen. Dazu zählt auf der einen Seite die zunehmende Zertrümmerung jeglicher Form von Autorität, was zu einem Zurückdrängen der kanonisch gebundenen Kulturgüter zugunsten einer frei rezipierbaren Inflation von Informationen führt.[13] Dazu zählt aber vor allem auch die aus dem gegenwärtigen naturwissenschaftlichen Denken und der daraus folgenden technischen Entwicklung entstandene neue Weltsicht. Im Grunde verhält es sich dabei mit uns allen so wie mit kleinen Kindern. Diese wollen zwar noch die Geschichten und Märchen aus der Vergangenheit hören, aber ihr konkretes Denken und Tun wird wesentlich von der heutigen Technik geprägt. Deren Entwicklung jedoch ist tief zwiespältig. Carl Friedrich von Weizsäcker hat diese Zwiespältigkeit auf folgende Formel gebracht: »Die Macht der modernen Technik verändert die Lebensformen der gesamten Menschheit in globalem kausalen Zusammenhang, bereichernd für viele, verarmend für viele, lebensgefährlich für alle«[14].

Konkret sieht das so aus, daß wir einerseits derart revolutionäre Einsichten in die Struktur der Wirklichkeit gewannen, vor allem auf dem Gebiet der Physik (einschließlich der Entstehung des Kosmos) und der Biologie (einschließlich unserer Entstehungsgeschichte als Menschen), daß sich daraus unabweisbar die Notwendigkeit einer neuen Weltsicht und einer neuen Weltdeutung ergab. Andererseits fühlten sich die Menschen kaum je so hilflos und unruhig wie heute, und zwar – anders als früher – weniger die gedankenlosen als vor allem die nachdenklichen und informierten.

Dies ist teilweise die Reaktion auf den Verlust einer überschaubaren Wirklichkeit und damit verbunden an Geborgenheit, die sich für uns alle als Konsequenz aus den Erkenntnissen der Naturwissenschaften auftut. Wir alle sind von diesen Konsequenzen mitbetroffen, gleichgültig ob wir sie bewußt reflektieren oder bloß vage ahnen, ob sie uns passen oder nicht, und zwar deshalb, weil sie dem tief in uns verankerten Drang nach einer verstehbaren Welt und damit verbunden nach Geborgenheit widersprechen. Kaum jemand kann richtig mit dieser Situation umgehen, weder die Fundamentalisten noch die »Aufgeklärten«. Angesichts ihrer leben die meisten von uns wie vor der kopernikanischen Wende.

Aber noch etwas anderes beunruhigt uns, nämlich unsere Unfähigkeit, bestimmte Grundprobleme der Gegenwart zu lösen, obwohl wir wissen, daß wir dank neuartiger Technologien und der sich daraus ergebenden Bedrohungen mit Sicherheit in bis dahin völlig undenkbare Katastrophen hineintreiben, ja uns möglicherweise sogar als Menschheit vernichten, wenn wir sie nicht in die Hand bekommen. Dazu zählt unsere pathologische Sorglosigkeit, mit der wir mit den fossilen Ressourcen umgehen, die in unermeßlichen Zeitläuften herangewachsen sind, dazu gehört die hemmungslose Bevölkerungsexplosion der Menschheit, beides mit ihren Folgezuständen, dazu gehört unsere Bereitschaft, uns entgegen aller Vernunft in Krisengebieten zu töten, ja uns unter Umständen sogar nuklear zu vernichten, eventuell sogar aus Versehen, weil wir nicht in der Lage sind, das Vernichtungspotential zu beseitigen, das wir uns inzwischen aufgebaut haben. Dazu zählt aber auch unsere Indoktrinationsbereitschaft und unsere Neigung, an irrationalen Vorstellungen selbst dann festzuhalten, wenn alles gegen sie spricht. Millionen von Menschen sind in den letzten Jahren für völlig widersinnige Ideen in den Tod gegangen! Die modernen Massenkommunikationsmittel haben an dieser Situation durch Information zwar durchaus hin und wieder etwas verbessert. Aufs Ganze gesehen haben sie jedoch die Verhältnisse durch Mißbrauch ihrer Möglichkeiten eher noch schlimmer gemacht.

Fundamentalismus ist fast immer die verzweifelte Reaktion auf diese verzweifelte Situation. Sein zentrales Merkmal ist ein ideologisches »sacrificium intellectus«. Dennoch ist er, selbst wo er sich gewalttätig äußert, verglichen mit anderen Folgen der Moderne, oft nicht gefährlicher als das, was die meisten von uns als »normal« ansehen und stillschweigend tolerieren.

Selbstverständlich kann man den Fundamentalismus nicht einfach hinnehmen, aber man sollte sich klarmachen, daß im Umgang mit ihm oft mit einem anderen Maß gemessen wird als sonst. So kennt heute zum Beispiel jeder, der eine Zeitung aufschlägt, die geschilderten Verhältnisse, die dazu führen, daß wir auf dem besten Weg sind, unsere eigenen Lebensgrundlagen zu vernichten. Aber wer fühlt sich dadurch wirklich so beunruhigt, daß er deswegen seine Gewohnheiten ändert? Ein Weitermachen im bisherigen Stil scheint für uns »normal« zu sein. Ganz anders verhalten wir uns, sobald wir es mit dem Fundamentalismus zu tun haben. Er kommt uns höchst »abnorm« vor, und wir fühlen uns von ihm bedroht, selbst wenn seine Anhänger nur an einer antiquierten Auffassung festhalten, die sie in einem meist sehr subjektiven Sinne umdeuten. Dabei könnten wir ohne Schwierigkeit bemerken, wie sehr die meisten von ihnen von Zukunftsangst, Unwissenheit und Hilflosigkeit geprägt sind, trotz der Eloquenz, mit der sich einige Fundamentalisten artikulieren und trotz der Radikalität, mit der manche ihre Ziele durchsetzen.

Es kann nicht das Ziel sein, Fundamentalisten zu etikettieren oder gar zu psychiatrisieren, sondern sie sollten uns in erster Linie dazu verhelfen, für bestimmte Defizite bei uns selbst sensibler zu werden. Das wäre auch im Sinne jener Haltung, die Jesus gegenüber den Pharisäern empfahl, als er sagte, man solle auf das eingehen, was sie einem sagen, aber sich nicht nach ihrem Vorbild richten (Mt. 23, 3).

Zu diesen Defekten gehört, daß vielen von uns angesichts des derzeitigen rapiden technischen und gesellschaftlichen Wandels eine geistige und gefühlsmäßige Ausrichtung zunehmend schwer fällt, während ihnen gleichzeitig die aus der Antike und dem Christentum tradierten Wert- und Orientierungssysteme zunehmend fragwürdig erscheinen, einschließlich Familie, Staat und Kirche. Wenn zu der kleinen Schar jener, für die das nicht gilt und die sich auch nicht bloß mit der Rolle mediengeleiteter Konsumidioten abspeisen lassen, die Fundamentalisten zählen, dann werden sie dadurch allein weder sympathisch noch ungefährlich. Wohl aber folgt daraus, daß man prüfen muß, ob nicht ein bemerkenswerter Satz des Kirchenvaters Augustinus (354–430) auch für sie gilt: »Glaubt doch nicht, daß Ketzereien durch ein paar hergelaufene kleine Seelen entstehen könnten. Nur große Menschen haben Ketzereien hervorgebracht«[15].

Es wird gezeigt werden, daß die Feststellung des großen Heiligen eher für die Anfänge dieser Bewegungen gilt und nicht für ihre Mitläufer und Nachfolger. An deren Beginn stand vielfach die Auseinandersetzung mit Kernfragen unserer Gegenwart, die später dann mehr und mehr von Mittelmäßigkeit, Ehrgeiz, Borniertheit, ja sogar schlichter Inhumanität abgelöst wurde.

Wenn gesagt wurde, man dürfe den Fundamentalismus nicht einfach hinnehmen, dann stellt sich die Frage nach den Instrumenten, mit denen ein Kampf geführt werden kann. Kaum eignen sich dafür die Waffen der meisten unserer »offiziellen« Philosophen, Psychologen und Soziologen. Meist sind diese auf die Propagierung eines demokratischen Hedonismus mit seinem »durchschnittlichen Glück« beschränkt[16], das sich mit seinem »Lüstchen für den Tag und (seinem) Lüstchen für die Nacht« begnügt und »die Gesundheit ehrt«, wie der »letzte Mensch« im »Zarathustra«.[17] Damit aber kann man zwar manchmal einen Hund hinterm Ofen hervorlocken, aber keinem Menschen einen Lebenssinn geben. Ein ausschließlich planungsbereiter Optimismus mit seinen pragmatischen Lösungen, seinem Rationalismus und seiner Skepsis allem Metaphysischen oder gar Religiösen gegenüber, diese »Erektion des gesunden Menschenverstandes«[18], macht uns auf die Dauer ebensowenig zufrieden wie ein ständig sich steigernder Wohlstand. Das hängt aber weniger mit den Allmachts- und Geborgenheitsphantasien »dummer Kerle«[19] zusammen, sondern ist in unserer menschlichen Natur begründet. »Der Mensch lebt nicht vom Brot allein« (Matth. 4, 4), auch dann nicht, wenn man es mit der Aussicht auf noch etwas mehr Lust und Komfort zuckert.

Die Ursache für die Dürftigkeit vieler »offizieller« Gegenangebote zum Fundamentalismus wird deutlich, wenn man nach den geistigen Grundlagen vieler seiner Gegner fragt. Diese folgen wie selbstverständlich den Behauptungen des französischen Philosophen August Comte (1798–1857), der drei Entwicklungsschritte des menschlichen Bewußtseins postuliert hat: es beginne theologisch, führe über ein metaphysisches Stadium und ende »positivistisch«. Dabei begnüge sich der Mensch damit, durch Beobachtung und Experiment die Zusammenhänge der Erscheinungen aufzuspüren und als Gesetze auszusprechen.

Dürftig an dieser Sicht war nicht ihr Loblied auf die Vernunft. Auch viele Religiöse zum Beispiel sahen in dieser eine der größten menschlichen Gaben, und viele Mystiker teilten mit der modernen Wissenschaft den leidenschaftlichen Kampf gegen jeden primär dogmatischen Glauben. Dürftig war vielmehr die naive Identifikation von Vernunft und Bewußtsein[20], beziehungsweise deren Reduktion auf die bloße Ratio. Damit fielen die beiden Pfeiler wirklicher Aufklärung in sich zusammen: eine umfassend gesehene Vernunft *plus* guter Wille.[21]

Die genannte Dürftigkeit führte zu einer drastischen Phänomenblindheit: Wer der Konstruktion von Comte und seinen Nachfahren folgt, neigt dazu, im formal-operationalen Denken den höchsten Gipfel des menschlichen Geistes zu sehen. Daß es jenseits dessen höhere Strukturierungsstufen des Bewußtseins geben könnte und daß der Mensch diese entwickeln kann, wird dabei ungeprüft als undiskutabel zurückgewiesen, und die diesbezüglichen Untersuchungen werden nicht zur Kenntnis genommen[22].

Religion bedeutet von der genannten Voraussetzung her nichts als eine Fixierung beziehungsweise Regression auf infantile Magie oder auf ebenso kindische Mythen. Sie hat in dieser Sicht allenfalls eine bestimmte eingeschränkte Gültigkeit im kirchlichen oder privaten Bereich als konzessionierter Aberglaube ohne jede Verbindlichkeit. Dieser Aber-Glaube dient in ihren Augen bestenfalls dazu, die Leute klein- und vom eigenständigen Denken fern zu halten (was den Abscheu nur noch weiter steigert). Glaube, Ideologie und Fundamentalismus müssen von solchen Voraussetzungen her zwangsläufig in einen Topf geworfen werden, da ja bereits der Glaube als solcher Ausdruck von Unreife ist. Den Gipfel der Absurdität aber sieht man in der Behauptung, daß bestimmte Formen von religiösem Glauben oder von spiritueller Erfahrung nicht nur nicht infantil sein, sondern zu den besonders privilegierten geistigen Möglichkeiten rechnen sollen. Dasselbe gilt für die Behauptung, daß es ganz verschiedene Strukturierungs-[23] und auch Entartungsstufen[24] des Glaubens gibt.

Oft sind die Kritiker auch durch die Tatsache überfordert, daß das von ihnen vorgesehene »Ende der Religion« nicht eingetreten ist. Erst recht dürfen sie nicht wahrnehmen, daß das Wiedererwachen des Glaubens in der Gegenwart nicht nur reaktionäre und verzerrte, sondern weitaus häufiger fortschrittliche Früchte gebracht hat. Sie reagieren darauf vielfach mit ähnlich irrealen Ausblendungen und Umdeutungen der Realität, wie wir sie bei den Fundamentalisten kennen. Dennoch bleibt festzuhalten: Auf der einen Seite müssen wir neben einer Vielzahl von versimpelten pseudoreligiösen Trends, besonders im Umfeld der »New-Age-Bewegung«, eine bis dahin unbekannte Gleichgültigkeit religiösen und Sinnfragen gegenüber registrieren. Auf der anderen Seite stellen wir einen unerwarteten religiösen Aufschwung fest, dem wir viel Gutes und Fruchtbares verdanken: Aus ihm ging zum Beispiel die Theologie der Befreiung in Lateinamerika hervor, und er lieferte starke Impulse für die Friedensbewegung in aller Welt. Auch die Rolle des Katholizismus in Polen bei der Befreiung von der kommunistischen Tyrannei oder die mutigen Stellungnahmen zahlreicher führender Theologen in aller Welt zur Rüstungs-, Sozial- und Wirtschaftspolitik muß in diesem Zusammenhang erwähnt werden. Zugleich kam es in den letzten Jahren zu einem unvermuteten Wiederaufblühen religiöser Spiritualität, zum Beispiel in Form eines neuerwachten Interesses an der Meditation.

Nur der erfaßt die wirklichen Verhältnisse, der die Gleichzeitigkeit dieser beiden geistigen Stränge begreift. Ein zunehmender Verfall des Religiösen und zugleich hoffnungsvolle neue Ansätze stehen vielfach unmittelbar nebeneinander: hier ein klerikaler Eskapismus in soziale Aktivität und eine pseudoreligiöse Flucht in eine verquaste Innerlichkeit und dort soziales Engagement für die Armen und Unterdrückten sowie eine Wiederentdeckung der Spiritualität; dies auseinanderzuhalten setzt eine Fähigkeit zur »Unterscheidung der Geister« (Ignatius von Loyola) voraus, die immer schwer ist und erst recht jenen kaum möglich sein dürfte, die selber zum religiösen Glauben kein wirkliches Verhältnis haben. Sie neigen nicht nur dazu, bereitwillig religiöse und pseudoreligiöse Erscheinungen in den *einen* Topf »Fundamentalismus« zu werfen, sondern mengen aufgrund der »Rechtslastigkeit« vieler Fundamentalisten möglichst auch noch andere Ingredienzien in diesen mit hinein, die damit nichts zu tun haben, zum Beispiel »normale« konservative Haltungen oder den Faschismus.

Aber selbst wer hier zu unterscheiden vermag, wird selten

eine so weitentwickelte Integrationsfähigkeit haben wie der Heilige Augustinus. Das verleitet leicht dazu, den Fundamentalismus in die Ecke des Absonderlichen, Diabolischen oder Lächerlichen abzudrängen oder ihn mittels manichäischer Polarisierungen einseitig als Anti-Aufklärung oder Anti-Modernismus zu stigmatisieren[25]. Das alles aber verhindert ein wirkliches Verständnis dieser Phänomene, vor allem eine Einschätzung ihrer tatsächlichen Gefährlichkeit.

Für wen aber ist der Fundamentalismus wirklich gefährlich? Wenn man ihn nicht mit ein Paar Bombenwerfern oder mit einem fanatisierten Mob identifiziert – Assassinen hat es immer ebenso gegeben wie Dummköpfe und Fanatiker – dann am meisten wohl für seine Anhänger selber! Sie sind mehr als jeder andere die eigentlichen Opfer des Mißbrauchs der allmenschlichen Sehnsucht nach letztgültiger Orientierung, nach Sicherheit und Beständigkeit, ja nach Endgültigkeit (in ihr gründet Nietzsches: »Alle Lust will Ewigkeit, will tiefe, tiefe Ewigkeit«).[26] So fallen sie darauf herein, daß der Fundamentalismus zwar alles verspricht, aber sein Versprechen nicht einlösen kann, und daß er äußerlich zwar manche Analogien zu wirklichen Religionen aufweist, sich selber sogar oft als deren eigentliche Verkörperung versteht, in Wirklichkeit aber ihnen unendlich fern steht. Anders als bei echter Religiosität ist bei ihm eine vertrauende Beziehung nicht möglich, weder zu einer letzten Wirklichkeit noch zur Mitwelt.

Auch wenn der Fundamentalist das Wort »Gott« oder andere hohe Worte noch so laut im Munde führt, ist er de facto mit diesseitigen Zielen beschäftigt, vor allem mit Angstabwehr oder mit egozentrischen Machtansprüchen, meist sogar mit beiden zugleich. Im erstgenannten Fall soll seine Identität in ideologischer Manier durch ein schlichtes »So ist es!« gerettet und sein seelisches Gleichgewicht vor für ihn unerträglichen äußeren Widersprüchen und inneren Spannungen bewahrt werden. Im anderen Fall wird »Gott« als Brechstange zur Durchsetzung eigener Ziele mißbraucht: so wie das Verhältnis des Fundamentalisten zu Gott nur scheinbar auf Vertrauen basiert, vertraut er auch den Mitmenschen nicht, sondern möchte sie kontrollieren oder beherrschen.

Trotz der Hinweise auf solche offenkundigen inneren Zusammenhänge mag es fragwürdig scheinen, daß ein Psychiater und Psychoanalytiker ein Buch über den Fundamentalismus schreibt, auch wenn er sich jahrzehntelang mit der Erforschung des Wahnes sowie mit Religionspsychologie und Religionspsychopathologie befaßt hat. Legt das nicht die Gefahr nahe, daß er nur die Bäume sieht und nicht den Wald, das heißt, daß er die gesellschaftlichen und geistigen Hintergründe des Phänomens nicht genügend berücksichtigt? Auch ich bin mir darüber klar, daß die psychologische Dimension des Fundamentalismus nur einen seiner Aspekte berührt, wahrscheinlich nicht einmal den zentralsten und habe versucht, dem durch Einbeziehung möglichst vieler Gesichtspunkte entgegenzusteuern. Ja, es bedarf sogar eines weiteren »Pfeilers«, nämlich der Überzeugung, daß die Dimension des Religiösen eine Grunddimension des Menschen ist, wenn man mit unserem Thema umgeht.

Niemand, der über den Fundamentalismus arbeitet, kann auf all den dafür notwendigen Ebenen gleich kompetent sein, und jeder wird an Grenzen stoßen: an Grenzen seines Wissens, seiner Arbeitskapazität und auch seiner Empathie. Das entbindet aber wegen der Bedeutung des Themas nicht von der Aufgabe, das letztlich Unlösbare wenigstens in Angriff zu nehmen und zu versuchen, neue Zugänge zu ihm zu eröffnen. Als ein solcher Versuch möchte das vorliegende Buch verstanden werden.

Fundamentalismus –
ein schillernder Begriff

»Ein Gespenst geht um in der modernen Welt – das Gespenst des Fundamentalismus«. Mit diesem dem »kommunistischen Manifest« von Karl Marx nachempfundenen Satz wird der bisher umfassendste deutschsprachige Sammelband zum Thema »Fundamentalismus« eingeleitet.[1] Wer sich näher mit diesem Gespenst beschäftigt, steht verwundert vor der Tatsache, daß es offenbar sozusagen über Nacht aufgetaucht ist. Obwohl die Geschichte des Begriffs »Fundamentalismus« schon Jahrzehnte alt ist, war davon noch vor einigen Jahren nur im »Duden« sowie in wenigen, vorwiegend theologischen, Speziallexika zu lesen. Inzwischen aber wird damit eine angeblich weltumspannende Bewegung bezeichnet.

In der Öffentlichkeit redet man vom Fundamentalismus erst seit etwa Ende der siebziger Jahre.[2] Vor allem zwei Ereignisse markieren den Umschwung des allgemeinen Interesses:

- im Oktober 1978 kehrte der Ayatollah Khomeiny aus dem französischen Exil in seine Heimat, den Iran, zurück und entflammte damit die sogenannte islamische Revolution;
- fast am selben Tag, am 16. Oktober 1978, wurde der polnische Kardinal Woytila nach dem unvorhergesehenen Tod seines Vorgängers zum Papst gewählt. Seitdem fördert dieser Papst, Johannes Paul II, in besonderem Maße Strömungen, die man gemeinhin als fundamentalistisch bezeichnet, zum Beispiel des Opus Dei.[3]

Beide Strömungen, die islamische Revolution und die katholische Restauration, scheinen auf den ersten Blick weit voneinander entfernt zu sein. Trotzdem werden sie von einer gemeinsamen Überzeugung getragen, nämlich daß wir an einer Wegscheide zwischen Gut und Böse, Glaube oder Unglaube stehen, die keinen Kompromiß, keine Lauheit zuläßt. Auch sie sehen ein Gespenst vor sich, nämlich das Gespenst eines tödlich bedrohlichen Verlusts an Werten und Halt in unserer Gegenwart. In ihren Augen gibt es dagegen kein anderes Mittel als dasjenige, die bedrohte Ordnung mit allen Mitteln wieder herzustellen. Diese Absicht wird von jenen, die sie nicht teilen, oft ihrerseits als »gespenstisch« gesehen. Erschreckt stellen sie fest, daß in jüngster Vergangenheit der Aufenthaltsort des Gespensts nicht mehr nur auf den Islam und auf die katholische Kirche beschränkt ist, sondern daß dieses inzwischen anscheinend in der ganzen Welt herumgeistert.

Wer sich ein Bild von dem Gespenst verschaffen möchte, wird

noch ratloser, wenn er feststellt, daß er nicht einmal einen eindeutigen Namen erfährt, was deutlich wird, wenn man sich mit seiner Geschichte befaßt: Ursprünglich wurde der Begriff »Fundamentalismus« im *bejahenden Sinne* von Leuten verwandt, die sich selber Fundamentalisten nannten. Sie prägten das Wort im Jahre 1910 in den USA, um damit ihre eigene Form von christlicher Gläubigkeit zu kennzeichnen.

Der *polemische Gebrauch* des Wortes »Fundamentalismus« wiederum hatte ursprünglich nichts mit dem zu tun, was man *heute* unter »Fundamentalismus« versteht; er bezog sich nicht auf die beiden Bereiche, in denen man ihn heute meist ansiedelt: auf Religion und Politik, sondern auf die *Wissenschaftstheorie* und geht auf Hans Albert zurück, einen Vertreter der philosophischen Schule des Kritischen Rationalismus. Albert verstand unter Fundamentalisten Philosophen, die seinen radikalen Skeptizismus in bezug auf endgültige Wahrheitserkenntnis nicht teilten und die im Gegensatz zu ihm behaupteten, es dürfe für jeden Erkenntnisbereich nur *eine* wahre Theorie geben.[4]

Inzwischen hat sich das negative Vorzeichen für das Wort »Fundamentalismus« weitgehend durchgesetzt. Heute benutzt man den Begriff hauptsächlich als (aggressiv oder ironisch gehandhabte) geistige Keule, die man seinen Gegnern um die Ohren schlägt, entweder um sie wegen ihrer vermeintlichen Rückständigkeit lächerlich zu machen oder um ihre angebliche Gefährlichkeit zu kennzeichnen. Dabei operiert man oftmals mit bloßen äußerlichen Analogien. Auf diese Weise ist zum Beispiel der Begriff »islamischer Fundamentalismus« in die Welt gesetzt worden, wobei man von gewissen angeblichen Gemeinsamkeiten zum amerikanischen Fundamentalismus ausging, obwohl dem sorgfältigen Beobachter eher die Unterschiede ins Auge springen.

Alle die genannten negativen Festschreibungen sind, pauschal benutzt, schief und irreführend. Daß Fundamentalismus keineswegs immer rückständig sein muß, zeigt sich am Beispiel des sogenannten südamerikanischen Fundamentalismus. Mit diesem Wort werden pauschal Theologen ganz unterschiedlicher weltanschaulicher Orientierung belegt, bloß weil sie eine wichtige Rolle in der Befreiungsbewegung gegen die Unterdrückung durch die dort immer noch bestimmenden reaktionären Feudalherren spielen.

Auch die *Stoßkraft* des Fundamentalismus wird unterschiedlich beurteilt. Der französische Soziologe und Arabist Kepel zum Beispiel schätzt sie als hoch ein und sieht die Fundamentalisten generell auf dem Vormarsch.[5] Dagegen spricht aber, daß zum Beispiel der christliche Fundamentalismus in Europa zwar lautstark angekündigt wurde, aber inzwischen wieder an Bedeutung verlor, weil er insgesamt nur auf wenig Resonanz stieß. Andere angebliche Fundamentalismen sind gleichfalls eher Eintagsfliegen. So redete man kurz nach dem Ende des kommunistischen Spuks in Rußland von einem aufkommenden russisch-orthodoxen Fundamentalismus. Dieser wurde aber ebensowenig zur Massenbewegung wie der christliche Fundamentalismus in Europa.

Am ehesten läßt sich der Fundamentalismus als eine Zeitströmung mit völlig unterschiedlichem äußeren Einfluß beschreiben. De facto haben Fundamentalisten nur in wenigen Ländern wie zum Beispiel im Iran mehr oder minder das Sagen. An anderen Stellen gibt es fließende Übergänge zur Macht, zum Beispiel bei politisch einflußreichen fundamentalistischen Gruppierungen in den USA. Überwiegend jedoch agiert er aus einer Position der Machtlosigkeit heraus, wobei die Bandbreite zwischen Einigelungs- und Abschreckungsstrategien eher fluktuierend ist. Wie bei anderen derzeit aktuellen Moden und geistigen Bewegungen drängt sich bei näherem Hinsehen der Eindruck eines brodelnden Kessels auf, wobei es kurzsichtig ist, auf eine einzelne Dampfblase zu starren, statt sich zu fragen, was den Kessel *insgesamt* anheizt.

Offenbar wird auch die *Gefährlichkeit* des Fundamentalismus, nicht nur des europäischen, oft falsch eingeschätzt. Natürlich ist es furchtbar, wenn wieder einmal eine Morddrohung gegen Salman Rushdie erfolgt oder wenn ein Soldat oder Diplomat oder gar ein Unbeteiligter getötet wird. Aber auch hierbei sollte man die Gesamtsituation im Auge behalten und nicht vergessen, daß solche Ereignisse eine ungleich größere Presse bekommen als andere, die nicht weniger Ausdruck der Moderne sind als der Fundamentalismus: die unzähligen jugendlichen Verkehrstäter und -opfer, denen eine skrupellose Werbung die Produkte unserer technischen Wahnideen mit Berufung auf ihre angebliche Freiheit in einem Alter andreht, in dem sie ihnen aufgrund ihres Reifezustands noch nicht gewachsen sind; die Drogenopfer, die zum Gift greifen, weil sie keine Perspektive und keine Alternative kennen. Auch die Opfer der nächsten Flutkatastrophe in Bangladesh gehören dazu, die mit tödlicher Sicherheit kommen wird. Sie vegetieren als unschuldige Opfer von Fehlentwicklungen in einem total übervölkerten Land in Gebieten, wo es klar ist, daß bereits der nächste Monsun unabsehbare Folgen nach sich ziehen kann.

Von den wirklichen Gefahren des Fundamentalismus wird verglichen damit meist nur wenig geredet. Dazu gehört, daß er gerade in armen Ländern seine Anhänger in einer Unfreiheit hält, die sich zum Beispiel so auswirkt, daß ihnen jede Empfängnisverhütung verboten wird. Dadurch wird nicht nur ihre persönliche Katastrophe, sondern auch die weitere Bevölkerungsexplosion kaltherzig in Kauf genommen.

28

Bemerkenswerterweise bezeichnen sich trotz der überwiegend negativen Einstufung des Begriffes manche auch heute noch selber als Fundamentalisten, vor allem Vertreter bestimmter *grün-alternativer Gruppierungen*. Sie verwenden den Schockeffekt dieser Vokabel vorwiegend aus zivilisationskritischen Gründen. Damit wollen sie die in ihren Augen blinden Mitmenschen aufrütteln, sich endlich aus ihrer Indifferenz gegenüber der immer realere Gestalt annehmenden Vernichtung unserer Umwelt aufzuraffen.

Auch dieses Beispiel macht deutlich, wie fragwürdig es ist, den Fundamentalismus in Bausch und Bogen zu verdammen, ohne sich erst einmal zu fragen, worum es diesem letztlich geht. Daß inzwischen das Leben auf der Erde als Folge unseres gedankenlosen, auf Ausbeutung angelegten Umgangs mit der Natur im höchsten Maße bedroht ist, läßt sich ebenso wenig bestreiten wie die »Apokalypse-Blindheit« (G. Anders)[6] der meisten von uns angesichts dieser Tatsache. Sie wollen nicht wahrhaben, daß wir wieder einmal vor einer Sintflut stehen, die diesmal allerdings nicht von einem rächenden Gott in die Wege geleitet wird, sondern von uns selbst.

Kein denkender Mensch kann bestreiten, daß es nur noch eine Chance gibt, das über uns allen schwebende Unheil einer unabsehbaren Umweltkatastrophe abzuwenden, nämlich ein radikales Umdenken, das zu einer ebenso radikalen Abkehr von unseren angestammten Gewohnheiten führt. Zu den wenigen, die das sehen und bereit sind, daraus Konsequenzen zu ziehen, gehören die grünen Fundamentalisten. Sollten sie vielleicht gar nicht die Spinner sein, als die sie von ihren Gegnern hingestellt werden? Sind sie am Ende gar die letzten realistischen einsamen Rufer in der Wüste, auf die man eigentlich hören müßte, wenn nicht alles kaputtgehen soll? Wer sich eingesteht, daß bisher fast jeder Appell der Wissenschaftler und Politiker an unsere Vernunft, unsere Gewohnheiten zu ändern, so gut wie keine Wirkungen zeigte, wird sich schwertun, dieser Form von Fundamentalismus nur sein automatisches Nein entgegenzusetzen. Aber nur dieser Form? Gibt es angesichts der augenblicklichen moralischen und geistigen Zerfallserscheinungen in unserer Welt nicht eventuell sogar gewichtige Gesichtspunkte, die es nahelegen, auch manche Forderungen religiöser Fundamentalisten zu überdenken?

Wer das tut, riskiert in einer Zeit, in der auch Antifundamentalisten vielfach mit Attitüden auftreten, die man gemeinhin den Fundamentalisten zuschreibt, daß er selber als Fundamentalist abgestempelt wird. Umso wichtiger ist es, sich trotzdem um eine Haltung zu bemühen, die die Psychoanalyse »Teilidentifizierung« oder »Probehandeln« genannt hat.[7] Er sollte sich also immer erneut fragen, worum es bei den Forderungen der Fundamentalisten letztlich geht, selbst wenn sie schief oder gewaltsam geäußert werden. Lehrt jedoch nicht andererseits die Geschichte, daß alte Übel meist bloß von neuen abgelöst wurden, wenn eine bisher bestimmende Situation gewaltsam geändert werden sollte? Eine solche Änderung ist aber die erklärte Absicht zumindest der grünen Fundamentalisten. Wo aber und wie weit kann, ja muß man sich dennoch ihren Gedanken annähern, und wo ist das verhängnisvoll?

Wer auf diese Fragen nicht sofort eine schlüssige Antwort geben kann, muß kein Hamlet sein, denn abgewogene Antworten brauchen Zeit. Klopft aber die ökologische Katastrophe nicht bereits so laut an die Tür, daß wir diese Zeit schon längst nicht mehr haben? Sicher ist nur, daß sie nicht in dem Maße zur Verfügung steht, wie viele Politiker das bräuchten, um sich aus den Verstrickungen in ihre Parteiegoismen und anderen vordergründigen Interessen zugunsten produktiver Lösungen zu befreien.

Sicher ist auch, daß die Probleme, die hinter den Fundamentalismen stehen, nicht nur hinter den grünen, häufig von einer schier unlösbaren Komplexität sind, wobei sich die Fundamentalisten und ihre Gegner oft auch darin gleichen, daß sie die Lösung an zu wenig Nägeln aufhängen wollen. Aber wer weiß andererseits nicht, daß es ein fast unlösbares Dilemma ist, Lösungen gelassen *und zugleich* schnell entschlossen zu finden?

Doch unser Beispiel weist noch auf mehr hin: Zum einen macht es deutlich, wie wenig der Begriff »Fundamentalismus« allein besagt. Was verbindet zum Beispiel einen wertkonservativen Abtreibungsgegner mit einem »Kamikaze-Fundamentalisten«, der sich eine Bombe am Leib befestigt, um damit sich selbst und seine vermeintlichen Gegner in die Luft zu jagen? Höchstens die Gewißheit, im Recht zu sein. Aber reicht das wirklich aus, eine Gemeinsamkeit zwischen ihnen zu konstruieren? Wird nicht mehr verschleiert als erklärt, wenn man beide »Fundamentalisten« nennt?

Will man die Phänomene ordnen, trotz der Schwierigkeiten des Themas und trotz der Problematik eines mehr oder minder willkürlichen Zusammenstellens von Außenmerkmalen zu schmissigen Diagnosen, dann bietet sich an, bei einer Einteilung vom jeweiligen Zentrum der fundamentalistischen Aktivität auszugehen. Auf diesem Weg findet man einen religiösen, einen politischen und einen grünen Fundamentalismus sowie einen von manchen Philosophen gebrauchten abwertenden Begriff »Fundamentalismus«. Aber auch damit stößt man nicht zum Kern des Problems vor, weil es zwischen den drei erstgenannten Formen alle möglichen Übergänge gibt: religiöse Fundamentalisten sind oft auch politisch engagiert; Fundamentalisten, deren Interesse scheinbar primär politisch ist, zeigen in ihrem Verhalten genau besehen häufig pseudoreligiöse Züge; grüner Fundamentalismus hat oft auch politische Zielsetzungen und weist nicht selten zugleich eine naturreligiöse Färbung auf. Weil solche Überschneidungen oft übersehen werden, gibt es bis heute endlose Debatten darüber, ob man den Fundamentalismus primär den Bereichen des Religiösen oder des Politischen zuordnen soll.

Wer dennoch einteilen möchte, sollte sich erneut klarmachen, daß er damit jene Bereiche berührt, die die Psychoanalyse »Gegenübertragung« genannt hat[8], also die innere Situation des Diagnostikers, von der wir bereits gezeigt haben, daß er dem Gegenstand seiner Untersuchung niemals neutral gegenübersteht (siehe S. 15). Dazu gehört die Neigung, ein überscharfes eindimensionales Profil des Fundamentalisten zu entwerfen. Dazu tendieren vor allem journalistische Darstellungen, die wie der Großteil des Journalismus aufs Anormale, Erregende, Außergewöhnliche aus sind, jedoch die historische Bedingtheit der jeweiligen geistigen Strömung nicht sehen wollen und schon gar nicht ihre allgemeingültigen, zeitlosen Aspekte.[9]

Voreingenommenheiten dieser Art spielen besonders beim Umgang mit dem sogenannten islamischen Fundamentalismus (neuerdings meist »Islamismus« genannt), eine Rolle, den man allzugern mit dem Islam insgesamt gleichsetzt.[10] Gegenübertragungsreaktionen zeigen sich aber auch bei vielen Kritikern des christlichen Fundamentalismus. Man spürt aus ihren Äußerungen unschwer die Verbitterung über Verletzungen oder die Enttäuschung wegen unerfüllter Illusionen heraus, die ihre eigene religiöse Entwicklung mitbestimmt haben. Das läßt sie blind negativ auf fundamentalistische Entwicklungen reagieren, die unter Umständen tatsächlich schief sind, hinter denen aber, wie erwähnt, manchmal durchaus berechtigte Anliegen im genannten Sinne stehen.

Schließlich darf nicht übersehen werden, daß selbst linke Ideologiekritiker oft zu einem der Idee nach rechtskonservativen Geschichtsbild tendieren, ohne daß sie das selber immer realisieren, vor allem, wenn sie die Sehnsucht nach einer Wiederbelebung religiöser Formen von vornherein als Rückfall in ein vorrationales Weltbild auffassen. Für sie ist die Entwicklung vom Mittelalter über die Reformation, Renaissance und Aufklärung hin zur industriellen Revolution eine einzige Straße des Fortschritts. Dabei übersehen sie, daß hinter ihrer Freude am scheinbar zunehmenden religiösen Substanzverlust im Westen, der sie beherrscht, oft das Geschichtsbild der Kolonialzeit steht, die sich selbst als Krone der Zivilisation begriff (und von daher notabene die Berechtigung ihrer Herrschaft über den Rest der Welt ableitete). Namentlich Toynbee hat diese Einstellung beschrieben.[11] Sie ist in Restbeständen immer noch lebendig, auch im roten Gewande.

Wer sich heute als Gegner des Fundamentalismus erklärt, kann in unserer Gesellschaft mit breiter Zustimmung rechnen. Wer ihn freilich näher betrachtet, dem wird diese Modevokabel nur noch schwer über die Lippen kommen. Falls er meint, er könne auf sie nicht verzichten, dann sollte er wenigstens die verdinglichte Vorstellung aufgeben, er würde bei jedem Fundamentalisten bestimmte Persönlichkeitszüge antreffen, die diesen verbindlich von einem Nichtfundamentalisten unterscheiden. Eine solche Annahme konzentriert sich ja zwangsläufig nur auf äußerliche Merkmale, die man weniger antrifft, als selber entwirft, um sie dann dem Betreffenden überzustülpen. Damit gerät er aber in die Rolle des Fischers, der ein Netz von 5 cm Maschengröße benutzte und daraus den Schluß zog, Fische seien 1. Meerestiere, die 2. mindestens 5 cm groß sind. Schon der »gesunde Menschenverstand« lehrt, daß es aufgrund der geschilderten Unterschiedlichkeiten in der sozialen und mentalen Ausgangslage von sogenannten Fundamentalisten, zum Beispiel von grünen und islamischen, ausgeschlossen ist, daß jeder Fundamentalist sämtliche fundamentalistischen Merkmale aufweist, ja man wird sich fragen müssen, ob es spezifische fundamentalistische Merkmale überhaupt gibt.

Außenmerkmale, so lehrt die Psychopathologie, lassen sich zur Diagnostik sinnvollerweise überhaupt nur bei letztlich organisch bedingten psychischen Störungen von Krankheitswert heranziehen, bei denen das Individuelle dadurch weitgehend eingeebnet wurde. Bei psychischen Fehlentwicklungen jedoch liegen die Verhältnisse anders, weil ihre Ursachen anders sind. Auch hierbei kommt man ums Registrieren oft nicht herum. Aber selbst, wo die dazu benötigten Einteilungsschemata einen gewissen Erklärungswert besitzen, gleichen sie doch eher Schachteln, in die niemand wirklich genau hineinpaßt. Bestenfalls taugen sie gerade so viel, daß man sich nicht entschließen kann, sie wegzuwerfen. Wer das in bezug auf unser Thema nicht wahrhaben will, gerät im Namen der Aufklärung leicht in die Rolle jener Inquisitoren, die seinerzeit Hexen an äußerlichen Merkmalen »dingfest« machen wollten. Damit würde er ironischerweise in letzter Konsequenz zum Hexenjäger Menschen gegenüber, die sich ihrerseits vielfach zur Rolle des Hexenjägers berufen fühlen.

Eher kommt man mit seinen Überlegungen zur Einteilung der Fundamentalismen dann weiter, wenn man davon ausgeht, daß es sich dabei vermutlich so verhält, wie ich es bei der Schilderung des Verhältnisses zwischen Gläubigen und Ideologen zu zeigen versuchte[12]: *Idealtypisch* lassen sich beide Gruppen grundsätzlich und unüberbrückbar voneinander unterscheiden. *Im konkreten Erscheinungsbild* jedoch findet man selbst beim Gläubigsten Merkmale von ideologischen Haltungen, während nicht selten sogar völlig verrannte Ideologen Züge von echter Gläubigkeit aufweisen. Daß es bei Fundamentalismen ähnlich sein dürfte, ist aufgrund ihrer Nähe (wenn nicht sogar Wesenseinheit) mit Ideologien zu erwarten.

Im übrigen legitimiert nicht nur das bereits erwähnte Argument von Karl Popper (Siehe S. 15) dazu, zunächst einmal das Wort »Fundamentalismus« zu gebrauchen, selbst wenn es noch so fragwürdig sein sollte, sondern auch die Tatsache, daß sich Begriffe, die sich erst einmal eingebürgert haben, bekanntlich auch dann lange Zeit nicht mehr aus der Welt schaffen lassen, wenn sie nicht sinnvoll sind. Dazu kommt noch eine praktische Erwägung: Die Beschäftigung mit unserem Gegenstand, obwohl dieser unscharf und fragwürdig ist, kann uns vermutlich einen besseren Zugang zum Verständnis der Gegenwart eröffnen, weil sich in ihm bestimmte Zeitströmungen besonders unmittelbar ausdrücken. Das sollte uns allerdings nicht von unseren Bedenken gegen diese Diagnose abhalten, wenn wir im folgenden das Wort »Fundamentalismus« ohne Anführungszeichen verwenden.

Ähnliche Vorbehalte gegen den Fundamentalismusbegriff, wie sie hier geäußert werden, hatte im übrigen auch der bereits zitierte Politikwissenschaftler Thomas Meyer.[13] Angesichts der Tatsache, daß man inzwischen bereits vom christlichen, islamischen, zionistischen, hinduistischen, marxistischen, ökologischen und nationalistischen Fundamentalismus spricht, wobei sich diese Aufzählung ohne Schwierigkeit noch weiter vervollständigen ließe, fragte auch er sich, ob diese verschiedenartigen Richtungen mit völlig unterschiedlichen Lebensformen, Zielsetzungen und inneren Gewißheiten, »Junge und Alte, Bauern, verelendete Slumbewohner, Intellektuelle und prosperierende Bürgerkinder, die nichts zu verbinden scheint als die äußere Zeit ihres Lebens, Gebildete und Ungebildete an den entlegensten Orten der Erde«, wirklich ein gemeinsames Fundament besitzen, das es rechtfertigt, auf sie alle den einen Oberbegriff »Fundamentalismus« anzuwenden.

Daß Meyer dennoch an der These von einer inneren Gemeinsamkeit aller Fundamentalisten festhält, hängt damit zusammen, daß er hinter allen diesen unterschiedlichen Formen dennoch eine sie verbindende Grundlage zu sehen meinte: einen antiaufklärerischen Impuls im Sinne eines Antimodernismus. Tatsächlich spielt dieser bei der Entstehung des Fundamentalismus eine wesentliche Rolle, ja er ist sogar ein Angelpunkt des Problems. Aber er geht darin nicht auf. Auch Gandhi war zum Beispiel ein Antimodernist, ohne daß man ihn deswegen als Fundamentalisten bezeichnen könnte. Oder denken wir daran, daß Deutschland zweifellos im Laufe seiner Geschichte besonders große Schwierigkeiten mit der Übernahme der Gedanken der Aufklärung hatte, größere jedenfalls als zum Beispiel

England, Frankreich oder die USA, und daß die Kritik an der Aufklärung bei uns oftmals besonders schneidend war. Dennoch spielten in unserem Land, anders als etwa in den USA, fundamentalistische Strömungen niemals eine besondere Rolle.

Daher ist es präziser zu sagen, Fundamentalismus ist nicht nur Kampf gegen die Moderne, sondern zugleich eines ihrer typischen Gesichter: Beide stehen sich durch die Entwurzelung ihrer Vertreter und durch deren Verdrängung ihrer Zweifel und durch ihre Hilflosigkeit gegenüber scheinbar unlösbaren Problemen sehr viel näher, als das die einen und die anderen wahrhaben wollen. Beide sind auch durch das verkrampfte Dementi verbunden, daß ihre Situation etwas mit alledem zu tun haben könnte.

Um zum Fundamentalismus einen tieferen Zugang zu finden, soll hier zunächst auf seine wichtigsten Richtungen eingegangen werden. Das verhilft dazu, diesen Begriff schärfer zu fassen und einige Verwendungen auszuschließen, die zweifellos nicht dazu gehören. Damit sind die Voraussetzungen dafür geschaffen, uns schließlich mit dem eigentlichen Anliegen und der inneren Dynamik des Fundamentalismus genauer auseinandersetzen zu können.

Der protestantische Fundamentalismus

Die Anfänge in den USA

Der Ursprung der geistigen Strömungen, die man heute unter dem Begriff »Fundamentalismus« zusammenfaßt, liegt in der neueren nordamerikanischen Theologiegeschichte. Er geht auf eine Heilsbewegung frommer Protestanten zurück, die in den wörtlichen Formulierungen der Bibel den Grundstock der Wahrheit sahen und die ihre in ihren Augen blinde Umgebung wieder zu dieser Wahrheit bekehren wollten.[1] Ihre Vertreter lebten überwiegend in den Südstaaten (»bible belt«).[2] Das Zentrum ihrer Aktivitäten waren seit 1878 die Jahrestagungen der »Niagara Bible Conference« sowie die Tätigkeit von sogenannten Bible Institutes.

Später suchte eine Gruppe amerikanischer presbyterianischer Geistlicher die Konzepte dieser Bewegung auch literarisch zu formulieren. Auf einer Versammlung 1910 gründeten sie eine traktätchenhafte Zeitschrift: »The Fundamentals – A Testimony to the Truth«, die zwischen 1910 und 1915 herausgegeben und in etwa 3 Millionen Exemplaren kostenlos verbreitet wurde. Sie sollte jeden englischsprechenden Pastor, Missionar, Theologen, YMCA-Mitarbeiter, College-Professor und -Studenten und jeden Herausgeber religiöser Publikationen erreichen. Zwei Ölmillionäre übernahmen die Finanzierung.[3] Das Wort »Fundamentalismus« wurde vom Titel dieser Zeitung abgeleitet und vom Herausgeber der baptistischen Zeitung »Watchman Examiners«, Curtiss Lee Laws 1920 geprägt.[4] Er faßte damit die für die Träger der genannten konservativen Sammlungsbewegung unaufgebbaren Grundpositionen, »Fundamente«, zusammen. Dazu rechneten sie die Irrtumslosigkeit der Bibel als eines von Gott unmittelbar inspirierten Textes, die jungfräuliche Geburt Jesu, sein stellvertretendes Sühneopfer am Kreuz, seine leibliche Auferstehung und seine apokalyptische Wiederkunft.

An dieser Stelle der Aufzählung endet allerdings meist schon die Sachlichkeit, und es beginnen jene Vereinfachungen, Mißverständnisse und Polemiken, die eine wirkliche Diskussion zwischen den Fundamentalisten und ihren Gegnern bis heute erschweren.

Den ursprünglichen Fundamentalismus versteht man am ehesten als ein aus der Defensive geborenes Glaubensbekenntnis zur Inspiration der Bibel, das sich gegen das Paradigma der Aufklärung wandte, daß sich alles, auch Heilige Texte, der rationalen Kritik unterwerfen müsse. Dieses Paradigma war im Prinzip auch von der historischen Jesusforschung und der modernen Bibelkritik übernommen worden, die in der Bibel weniger eine Berichterstattung über real stattgefundene Ereignisse sah als vielmehr den Ausdruck von Glaubenszeugnissen und eine Glaubensverkündigung.

Gemessen am fundamentalistischen Credo von der Inspiriertheit der gesamten Heiligen Schrift war die Forderung eher sekundär, man müsse die Bibel als Text sehen, der in allen Einzelheiten ausschließlich buchstäblich (literal) auszulegen sei. Das zeigt sich daran, daß diese Forderung zwar bereits 1878 im sogenannten »Niagara Creed« erhoben und zu Anfang dieses Jahrhunderts neu aufgegriffen wurde, beide Male jedoch mit gewissen Einschränkungen. Erst etwa ab der Mitte dieses Jahrhunderts wurde sie endgültig verabsolutiert und radikalisiert. Dahinter standen jedoch, wie gezeigt werden wird, weniger religiöse, als vielmehr vor allem politisch-polemische Gründe.

Die Behauptung, das Bekenntnis zum inspirierten Text sei das vorrangige, die ausschließlich literale Auslegung dagegen das zweitrangige Anliegen gewesen, wird bereits am Niagara Creed deutlich, obwohl auch dort ein literaler Ton unverkennbar ist, wenn es heißt[5]: »Wir glauben, daß die ganze Schrift durch die Inspiration Gottes gegeben ist . . . und daß seine göttliche Inspiration nicht in verschiedenen Graden vorliegt, sondern in gleicher und vollständiger Weise sich auf alle Teile dieser Schriften bezieht . . ., und zwar bis hin zum kleinsten Wort oder der Flexion eines Wortes, *vorausgesetzt, ein solches Wort ist in den Originalmanuskripten zu finden*«. Der von mir durch Kursivierung gekennzeichnete Nachsatz setzt also immerhin die Kenntnis der Problematik der Quellenlage voraus und läßt wenigstens ansatzweise einen historisch-kritischen Zugang zu den Texten offen. Eine solche Offenheit wird man bei den späteren Fundamentalisten vergeblich suchen.

Wenn man heute von »Fundamentalismus« redet, dann hat man das Anliegen der ursprünglichen Fundamentalisten meist vergessen. Inzwischen überträgt man diesen Namen auf unzählige politische und religiöse Richtungen höchst unterschiedlicher Art, die damit nichts zu tun haben. Ein weiterer Unterschied besteht darin, daß viele der derzeitigen fundamentalistischen Strömungen stark politisch sind. Die Denkwelt der Urfundamentalisten (genauer wäre wohl, bei ihnen von »Evangelikalen« zu sprechen) dagegen war unpolitisch, was freilich nicht »unkämpferisch« heißt. Darauf weist allein schon der Untertitel: »A Testimony to the Truth« hin, also »Zeugnis für die Wahrheit«.

Eindeutig war nicht nur, *wofür* sie stritten: die Rettung der Inspiriertheit ihrer Heiligen Schrift. Eindeutig war auch, *wogegen* sie kämpften: zwei Richtungen, bei denen sie mehr sahen, als bloße Irrtümer, nämlich – in ihren Augen – lästerliches und damit letztlich auch unmoralisches Verhalten.

Zum einen wandten sie sich gegen modernistische und liberale Tendenzen des amerikanischen Protestantismus, der gegen Ende des 19. Jahrhunderts zunehmend unter den Einfluß der damaligen deutschen Theologie gekommen war. Lästerlich an dessen historischer und kritischer Analyse biblischer Texte war für sie, daß dabei heiliges Wissen relativiert und profaniert wurde, indem man zeitgebundene menschliche Spitzfindigkeit über Gottes Wort stellte, obwohl doch in der Bibel unmißverständlich jede allegorische Auslegung oder gar Umdeutung verboten wird. So steht Ex. 20, 4: »Du sollst dir kein Bildnis noch irgend ein Gleichnis (von Gott) machen«, und Paulus sagt Gal. 1, 8: »Wer euch aber ein anderes Evangelium verkündigt, als wir euch verkündigt haben, der sei verflucht«. Auch jede Form eines interkonfessionellen oder gar interreligiösen Dialogs konnten sie nur als verwerflichen Abfall von Gottes Gebot deuten. Hieß es doch ebenso fraglos in der Bibel: »Ich bin der Herr dein Gott. Du sollst keine anderen Götter neben mir haben« (Ex. 20, 1–2).

Das zweite Ziel ihrer Attacken war der Darwinismus. Dabei ging es nicht nur darum, daß Darwins Lehre im eindeutigen Widerspruch zur Schöpfungsgeschichte (Gen. 1) stand, daß dabei gemeinsame Vorfahren von Menschen und Affen postuliert und die belebte Welt als eine ausschließlich von materiellen Kräften beherrschte Wirklichkeit interpretiert wurde, die keineswegs durch einen göttlichen Plan gelenkt wird. Empörend war für sie vor allem, daß der Darwinismus an vielen Schulen gelehrt wurde. Das empfanden sie wohl vielfach nicht unähnlich wie seinerzeit die Athener die Reden des Sokrates: als Verführung der Jugend.

Historisch gesehen war dieser Kampf nur eine neue Runde in dem seit Beginn der Neuzeit ständig gespannten Verhältnis zwischen Glauben und Wissen, aber mit einem – trotz aller argumentativen Absurdität – geschärfteren Problembewußtsein, als es die etablierten Kirchen bis heute weitgehend besitzen. Diese »lösen« das Problem nach wie vor hauptsächlich ideologisch, nämlich durch ein zentrales Ideologiekriterium: Totschweigen und Ausklammern (Siehe S. 77). Indem die Fundamentalisten hier wenigstens Flagge zeigten, trugen sie immerhin dem Faktum Rechnung, daß das Christentum (anders fast als alle anderen Religionen) im Raumzeitlichen keine Sperre gegen Gott, sondern eine Vermittlung der Unmittelbarkeit zu ihm sieht. Dies kommt nicht nur in der Inkarnation Christi zum Ausdruck[6], sondern auch darin, daß es die Naturwirklichkeit nicht ausblenden kann, wenn es nicht dem eigenen Selbstverständnis untreu werden will.

Ursprünglich war das Interesse der Evangelikalen an der Politik, gemessen an ihrem Biblizismus, zweitrangig: Die Baptisten waren von vornherein eher unpolitisch, und bei den von calvinistischen Ordnungsvorstellungen bestimmten Presbyterianern gab es lediglich einzelne unreflektierte Nationalisten (»Staat als Ordnungsmacht«)[7]. Da es den meisten von ihnen primär um eine aus der Erweckungsbewegung stammende unmittelbare Beziehung zwischen Gott und dem Gläubigen ging, sahen sie in der Politik eher ein bloßes Menschenwerk, mit dem sie letztlich nichts zu tun haben wollten[8]. Aber die zeitgenössische Konsequenz aus der Trennung von göttlicher und weltlicher Macht durch Jesus konnten und wollten sie nicht mitmachen. Sie lehnten sich dagegen auf, daß man aus Jesu Satz »Gebt dem Kaiser, was des Kaisers ist und Gott, was Gottes ist« (Matth. 22, 21) in der Moderne die Folgerung gezogen hatte, den Glauben ausschließlich auf die private Sphäre zu beschränken (obwohl Luther in seiner Lehre von den zwei Reichen der totalen Trennung zwischen Kirche und Staat, diesem zentralen Anliegen der Aufklärung, die theologische Basis gegeben hatte). Diese Reduktion bedeutete für sie eine ähnliche Provokation wie der liberale Protestantismus und das moderne naturwissenschaftliche Weltbild. Mehr noch: viele dieser stark Über-Ich-gesteuerten Menschen hegten tiefe Ängste vor einer bevorstehenden Anarchie, in der sie die Heraufkunft der Herrschaft des Antichrist sahen.

Die Tatsache, daß sich der neuzeitliche Staat als Folge der zunehmenden Säkularisierung der Gesellschaft und der wachsenden Autonomie der Sittlichkeit und der Vernunft seit der Aufklärung nur noch um die äußeren Regeln des mitmenschlichen Zusammenlebens (gesetzgeberisch) kümmert, nicht jedoch um die dahinterstehende Moral und schon gar nicht um die Religiosität seiner Bürger, war für sie, die das ewige Heil über das zeitlich begrenzte irdische Leben stellten, eine verhängnisvolle, im wörtlichen Sinne »heillose« Entwicklung. Dagegen gab es nur den einen Ausweg, selber politischen Einfluß zu gewinnen. Das allerdings besorgte erst die nächste Generation, und zwar so konsequent, daß dabei, im Gegensatz zum Vorgehen der Väter, die Politik an die erste Stelle rückte. Das Ziel war klar: es galt, den vom Glauben abgefallenen Mitmenschen die eigenen Normvorstellungen um jeden Preis aufzuzwingen. Dieser Wechsel des Betätigungsfeldes bei den Jungen hin zum politischen Agieren ist kein Einzelfall. Er wird sich bei den meisten anderen fundamentalistischen Richtungen wiederholen.

Urfundamentalismus – ein Interpretationsversuch

Allgemeine Voraussetzungen des Urfundamentalismus

Bevor wir uns mit der weiteren Geschichte des Fundamentalismus in den USA beschäftigen, scheint es sinnvoll zu sein, bereits hier seine Anfänge zu reflektieren. Da sich diese teilweise erheblich von der späteren weiteren Entwicklung des amerikanischen Fundamentalismus unterscheiden, heben wir ihn auch begrifflich heraus und sprechen von einem »Urfundamentalismus«. Diese Entwicklung von Frühformen zu teilweise erheblich anders gearteten Spätformen ist auch bei anderen fundamentalistischen Bewegungen festzustellen.

Schon hier soll darauf hingewiesen werden, daß sich quer durch alle Fundamentalismen der Welt gewisse Gemeinsamkeiten feststellen lassen, denen schwerwiegende Unterschiede im Sinne von Sonderformen und Sonderentwicklungen gegenüberstehen. Die Betrachtung des amerikanischen »Urfundamentalismus« gibt somit eine Grundlage für das Verständnis auch anderer fundamentalistischer Merkmale.

Am Anfang ging es den »Urfundamentalisten« in hohem Maße um die Verteidigung der überzeitlichen, verbindlichen Gültigkeit der Bibel. Dabei stellte sich ihnen ein Problem, das es in allen großen Religionen gibt[9], das aber angesichts eines bis dahin noch nie gekannten Veraltens von Traditionen durch den Fortschritt auf fast allen Lebensgebieten eine äußerste Brisanz erhält. Es besteht darin, daß deren »Kernschriften«, also die Bibel, der Koran, die Bhagavadgita, die Lehrreden Buddhas usw. nach der Überzeugung ihrer jeweiligen Gläubigen »inspirierte« Texte sind, in denen sich eine letztmögliche Quelle ausdrückt: Gott, Jesus, Allah, Buddha usw. Daher hat man sie zu allen Zeiten als heilig angesehen, verehrt und größten Wert auf eine unverfälschte Überlieferung gelegt. Dem dienten immer auch Stützungen wie Glaubensbekenntnisse oder offizielle Lehrbekundungen.

So sehr man davon überzeugt war, daß sich in der einzelnen Heiligen Schrift deren eigentlicher Urheber ausdrückt, so sehr wußte man doch immer mehr oder minder klar, außer im Islam, wo man von einem direkten Diktat Allahs an Muhammad ausging (Siehe S. 82 – 83), daß diese letzte Quelle nicht unmittelbar zu uns redet, sondern nur in geschriebener Form auf uns zukommt. Mitunter, wie im Christentum und weitgehend im Buddhismus, hatte man es nicht einmal mehr mit der Sprache des Urhebers zu tun; Jesus zum Beispiel sprach aramäisch, die Urform seiner Überlieferung aber liegt in Griechisch vor. Aber nicht das war entscheidend, sondern daß man im vorliegenden Wort dennoch die Botschaft *unmittelbar* vernehmen konnte.

Den damaligen Theologen ging es daher auch nicht darum, das schriftlich niedergelegte maßgebliche Wort im heutigen Sinne zu »hinterfragen«, sondern es richtig zu verstehen.[10]

Dies hat sich in der Neuzeit grundsätzlich geändert, weil für die heutigen Menschen die Welt, auch die Welt des Religiösen, zum Bild wurde[11]. Aus dieser neuen Bewußtseinseinstellung ist letztlich auch die Bibelkritik erwachsen. Auf dem Hintergrund der geänderten Mentalität sah sie, daß alle Heiligen Schriften redaktionell bearbeitet worden sind. Außerdem zeigte sie, was es bedeutet, daß die Schriften notwendigerweise in kulturellen und geistigen Vorstellungen wurzeln, die nicht mehr diejenigen ihrer späteren Leser sind und ihnen daher zwangsläufig nicht mehr voll plausibel sein können, sind sie doch vor mindestens eineinhalb Jahrtausenden verfaßt worden, viele sogar noch viel früher.

Dadurch entsteht ein »historischer Graben«, der gleichsam zwangsläufig die Menschen in zwei Lager teilt: in »Treue« und in »Aufgeschlossene«. Er verführt die einen zu einer extrem bewahrenden Haltung, was fast zwangsläufig einen Niveauverlust bei der Auslegung nach sich zieht. Die anderen werden dagegen dazu verleitet, alles Alte womöglich allein schon deshalb abzulehnen, weil es alt ist. Davon machen fast alle radikalen Religionskritiker »erfolgreich« Gebrauch, denn natürlich ist es leicht, in allen diesen Heiligen Schriften Sätze zu finden, die für ein späteres Verständnis sachlich falsch, lieblos, ja manchmal sogar inhuman klingen. Der Religionskritiker Franz Buggle zum Beispiel hat solche Stellen im Alten und Neuen Testament akribisch zusammengestellt und aufgelistet[12].

Große Texte und Gedanken eignen sich zudem besonders gut dazu, mißbraucht zu werden. Ein »klassisches« Beispiel dafür ist Matth. 22, 9, das Gleichnis von der königlichen Hochzeit. Aus dem darin enthaltenen Satz »Geht auf die Straße und ladet zur Hochzeit, wen ihr findet« wurde immer wieder das Recht zur Zwangsmissionierung und zur Aburteilung von Ketzern abgeleitet.

Wer sich unvoreingenommen in einen dieser maßgeblichen Texte vertieft, wird sich zwar, wenn er nicht von Jugend an in sie hineingewachsen ist, erst einmal durch ein Gestrüpp von Unverständlichkeiten, Brüchen, Wiederholungen und oft auch Widersprüchen durcharbeiten müssen. Ist er dazu aber bereit, dann wird er erfahren, wie beeindruckend und inspirierend sie in großen Teilen auch heute noch sind, selbst für den, der sie nur als gewachsene Traditionsliteratur und nicht mehr als eine für ihn verbindliche Heilige Schrift verstehen kann. Aber weder eine naive Hinnahme noch eine polemische Abwehr dieser Texte, die ihre Großartigkeit und überzeitliche Gültigkeit nicht wahrhaben will, wird ihrem Kern nahekommen. Sowohl das eine wie das andere Herangehen bedeutet eine schier unübersteigbare Barriere für einen tieferen Zugang zum Geist dieser Schriften. Daher stehen sich Fundamentalisten und einseitige Rationalisten aufgrund ihrer geistigen Blindheit und der Eindimensionalität ihres Zugangs auch hier innerlich viel näher als oft gesehen wird. Nur die jeweiligen Vorzeichen sind sozusagen entgegengesetzt.

Man mag dem entgegenhalten, daß zu allen Zeiten selbst einfache Menschen in ihren Heiligen Büchern Trost gefunden haben. Dieser Einwand ist insofern berechtigt, als der Weg zu innerem Frieden (beziehungsweise, um aus dem Selbstverständnis dieser Schriften heraus zu sprechen, zur Seligkeit) sicherlich nicht primär durch theologische Fachbibliotheken führt. Zweifellos bedarf der Umgang mit diesen Texten zunächst einmal mehr als alles andere der vertrauenden Hinnahme, ja der Ehrfurcht. Aber damit allein erschließt sich vielfach noch nicht ihr Geist.

Weil man das immer gewußt hat, ist dieser Weg stets von zwei Seiten her flankiert worden: von *Information* und von *Intuition*. Information war dabei identisch mit einer Auslegung, die dem jeweils letzten Stand des Wissens entsprach. In diesem Sinne wird man sie auch als wissenschaftlich bezeichnen können. Auch Intuition zielt primär nichts Geheimnisvolles an, sondern die Tatsache, daß die Rezeption eines maßgeblichen Textes in hohem Grade von der Reife, ja sogar von der Lebensführung des Lesers abhängt. So wie ich das Gesicht meines Nächsten anders sehe, je nachdem ob ich ihm aufgeschlossen oder ablehnend begegne, verhält es sich auch mit diesen Schriften. Nur wenn ich mich ihnen in einer ihnen angemessenen Haltung nähere, können sie mir zu eigenen Erfahrungen im Sinne von »Seinsfühlungen« und »Seinserfahrungen«[13] verhelfen, um die es dabei ja immer in erster Linie geht, wenn es nicht bei der bloßen Hinnahme von Worten bleiben soll.

Beide Wege haben natürlich ihre Gefahren, vor allem die einer »verkopften« Distanz beim wissenschaftlichen Weg und die der bloßen Gefühlsseligkeit oder andererseits der kritiklosen Spekulation beim intuitiven. Dennoch sind sie unverzichtbar, wobei die Meditation der »Königsweg« der Intuition ist, während die historisch-kritische Bibelwissenschaft in der Neuzeit eine immer wichtigere Stellung innerhalb der wissenschaftlichen Wege gewann.

Wenn die Fundamentalisten gegen die kritische Bibelwissenschaft polemisierten, so starrten sie nur auf die Gefahren, während sie zugleich blind für den Beitrag waren, den diese zur Erschließung Heiliger Texte geleistet hat. Er bestand nicht zuletzt darin, daß sie die darin enthaltenen magischen und mythischen Aspekte aufzeigte und so deren eigentliche spirituelle Dimension vielfach erst freilegte.

Daß dennoch der Weg der historisch-kritischen Bibelwissenschaft erst seit der Aufklärung eingeschlagen wurde, kommt allerdings nicht von ungefähr, denn nicht nur die Fundamentalisten, sondern die Religionen insgesamt tun sich schwer, sich von alten prärationalen Wurzeln zu lösen. Damit erklärt sich auch, daß 1700 Jahre lang kein Theologe und kein Laie gewagt hat, sich den Evangelien mit den Methoden der Geschichtswissenschaften zu nähern, obwohl diese seit der Antike bekannt waren und auch im Mittelalter nicht verloren gegangen sind.[14] Ein Lessing war sich der Folgen seines Tuns bewußt, als er die Fragmente von Reimarus herausgab, der den ersten Versuch einer Erhellung biblischer Texte durch die Instrumente des heutigen Denkens unternommen hatte. Und im Zusammenhang mit dieser Situation wird auch der Satz von Albert Schweitzer verständlich, der über die moderne Bibelkritik gesagt hat: »Sie stellt das Gewaltigste dar, was die religiöse Selbstbesinnung je gewagt und getan hat«[15].

Freilich bedarf auch jede Kritik religiöser Texte ihrerseits der Kritik. Sie wird sich daran messen lassen müssen, ob sie sich bloß in beckmesserischer Pseudophilologie erschöpft oder ob sie neben dem historischen Hintergrund der Texte auch ihren geistigen Gehalt erhellen will. Während im erstgenannten Fall vergeblich versucht wird, einem unverständlich gewordenen Text durch eine tote Methodik Leben einzuhauchen, ist wirklich verstandene Rationalität im Zusammenhang mit unserem Thema »das Hinstreben des Geistes zum Geist« und daher angemessen.

Die religiösen Fundamentalisten setzten dagegen beides gleich. Für sie war das Vorgehen der modernen Exegeten im wörtlichsten Sinne die Tabuverletzung schlechthin, gegen die es nur eine Antwort geben konnte: erbitterten Widerstand. Auch dies war nicht neu, denn zu allen überschaubaren Zeiten und in allen Religionen hat es neben den »Spirituellen« immer auch mindestens ebensoviele Buchstabengläubige gegeben, für die ihre maßgeblichen Texte dastanden wie in Stein gehauen.

Auf Jesus selber können sich die Fundamentalisten freilich bei ihren konservativen Bemühungen nicht berufen, obwohl sie das bis heute immer wieder lautstark versuchen, denn er selber war in einzigartiger Weise für die Spannung zwischen dem geschriebenen Wort und dem dahinterstehenden Geist gespürig. Das wird besonders an zentralen Sätzen Jesu deutlich, die äußerlich scheinbar widersprüchlich sind, diese Widersprüchlichkeit jedoch verlieren, wenn man sieht, daß sie ihren Sinn aus der Überwindung dieser Spannung beziehen:

Auf der einen Seite forderte Jesus, die überkommenen Texte radikal ernst zu nehmen, zum Beispiel wenn er prophezeite, daß auch nicht der kleinste Buchstabe des für ihn maßgeblichen Gesetzes vergehen wird, »so lange Himmel und Erde bestehen« (Matth. 5, 18). Zugleich aber nannte er die Pharisäer und die Schriftgelehrten, die sich selber als die eigentlichen Repräsentanten dieses Gesetzes begriffen und sich äußerlich konsequenter als jeder andere daran hielten, »blinde Blindenführer« (Matth. 15, 14) und »weißgekalkte Gräber« (Matth. 23, 27). Er selber hat im Namen des Geistes das bloße Wort dann in seine Grenzen zurückgeführt, wenn das um eben dieses Geistes willen notwendig war. Daher stoßen wir zum Beispiel in der Bergpredigt, seiner wohl zentralsten Aussage, immer wieder auf sein »Ihr habt gehört . . . Ich aber sage euch«, und in der Geschichte von der Ehebrecherin begegnet er den Pharisäern, als sie auf die »ewigen« Gesetze pochen, dadurch, daß er mit dem Finger auf der Erde schreibt (Joh. 8, 6). Der Wüstensand hat seine Schriftzeichen im nächsten Augenblick verweht. Nicht der Geist ist wandelbar, sondern das scheinbar unwandelbare Wort und der Buchstabe. Das zeigt Jesus hier auf.

Was heißt aber »Geist« und was ist daran so bedrohlich? Eine Antwort finden wir vielleicht am ehesten, wenn wir uns zunächst einem Bereich darunter, der Ebene des Gefühlsmäßig-Atmosphärischen, zuwenden. Schon dort wird der Unsinn eines bloß wortwörtlichen Umgangs mit Texten deutlich. Nehmen wir zum Beispiel das schöne Gedicht von Matthias Claudius: »Der Mond ist aufgegangen«. Wenn der Dichter fortfährt »es schläft die ganze Welt«, dann verstößt er nicht auf naive Weise gegen Tatsachen wie zum Beispiel, daß die Erde Kugelgestalt hat, so daß es überall irgendwo Tag ist, wo anderswo die Nacht herrscht oder daß es nachts immer auch Schlafgestörte und Nachtarbeiter gibt. Vielmehr beschwört er eine Atmosphäre, die durch zweierlei gekennzeichnet ist, was sich erlebnismäßig letztlich nicht von einander trennen läßt, nämlich den *Sinngehalt*, den der Dichter ausdrücken wollte, als er die Verse niederschrieb sowie die *persönlichen Assoziationen*, die sich dem Hörer aufdrängen, wenn er die Strophe hört. Je größer auf der einen Seite die Angst ist und auf der anderen ein blinder Rationalismus, umso lieber würde man alles Subjektive ausrotten und Texte nur noch wörtlich nehmen. Aber damit würde man sie verfehlen.

»Geist« meint aber letztlich etwas darüber Hinausgehendes. Es wurde am Beginn der Neuzeit von dem großen Theologen und Denker Nikolaus von Kues (1401 – 1460) in seinem Werk »De pace fidei« in dem Satz zusammengefaßt, daß es zwar viele Riten, aber nur eine Religion gebe (»una religio in ritum varietate«).[16] Dieser Bereich aber, so betont der Kusaner, läßt sich aus eigener Kraft und mit den Mitteln des Verstandes nicht mehr erreichen, denn wir können immer nur Endliches mit Endlichem vergleichen. Vielmehr bedarf es dazu der Initiative jener anderen Seite, die wir Menschen »Gott« nennen.

Der Kusaner spricht damit zwei zentrale Punkte unseres Themas an. Zum ersten sagt er, daß religiöse Toleranz nicht, wie oft von Fundamentalisten behauptet wird, Ausdruck von Glaubensschwäche und Laschheit, sondern daß gerade umgekehrt religiöse Intoleranz letztlich ein Symptom von »Geist-losigkeit« ist, die mit dem Wesen von wirklicher Religiosität nicht vereinbart werden kann. Während es bei dieser um einen Prozeß der Eröffnung des Bewußtseins hin zum Geist geht, ist religiöse Intoleranz ein typisches tribalistisches Abgrenzungsmerkmal im Sinne von Desmond Morris[17], das heißt ein Rückfall auf primitive Stimmesriten, die die Identität des Einzelnen innerhalb der Gruppe sichern sollen. Ja letztlich bedeutet es eine Regression auf Verhaltensweisen, die in unserer tierischen Herkunft begründet sind, und zwar im Sinne einer Ausgrenzung von Fremdgruppen.

Gleichzeitig weist Nikolaus von Kues darauf hin, daß der religiöse Glaube letztlich nicht etwas ist, was ich machen kann, sondern was mir widerfährt. Mein »Machen« besteht lediglich darin, daß ich mich ihm aktiv verschließe. Beide von Nikolaus angesprochenen Seiten, die Toleranz und die Unfähigkeit, aus eigener Kraft zu glauben, berühren sich im übrigen bemerkenswerterweise sogar sprachlich: Toleranz heißt wörtlich Entgegenkommen: ich muß dem Geist somit entgegenkommen. Für jeden religiös wirklich Gläubigen ist dies nicht neu, sondern eine Grundüberzeugung seines Glaubens. Er geht davon aus, daß niemand aus eigener Machtvollkommenheit einen Zugang zu Gott finden kann, sondern daß der Glaube an ihn letztlich Gnadencharakter hat.

Für den Fundamentalisten ist beides unannehmbar, und zwar weniger intellektuell als existenziell: Weil er ein Ideologe ist, kann er aufgrund einer letztlich psychisch bedingten Störung seiner Glaubensfähigkeit nicht vertrauen.[18] Seine scheinbar unerschütterliche Glaubensstärke ist in Wirklichkeit das Symptom eines tiefgreifenden Unglaubens. Auch die Vorstellung, daß es jenseits aller Riten nur *eine* Religion geben soll, ist für ihn mehr als bloß äußerlich falsch: sie ist für ihn angsteinflößend und gefährdet zutiefst seine Identität. Was würde dann aus *seinem* Glauben werden? Für ihn darf es nur ja oder nein, wahr oder falsch geben, wobei er beinahe wahnhaft unkorrigierbar davon überzeugt ist, Besitzer der Wahrheit zu sein.

Wenn wir den eben erarbeiteten Maßstab für einen voll entwickelten Fundamentalismus an die Fundamentalisten der ersten Stunde anlegen, dann zeigt sich, daß viele von ihnen keine Ideologen im strengen Sinne waren, sondern eher *Menschen des Übergangs*. Es stimmt einfach nicht, wenn man ihnen unterstellt, sie hätten von Anfang an auf dem naiven »Köhlerglauben« einer strikten »Verbalinspiration« bestanden. Ihren Zugang zur Bibel versteht man am ehesten, wenn man sieht, daß sie, wie alle Gläubigen im Umgang mit ihren Heiligen Texten, primär Trost, ja eine Heilsbotschaft suchten und nicht bloß Poesie, Weisheit oder Belehrung. In dieser Situation standen sie vor einem Dilemma, das sich wiederum jedem Gläubigen stellt, das aber durch die Entwicklung der damaligen Theologie zugespitzt wurde: auf der einen Seite war da die Skylla eines totalen Literalismus, eines Klebens am Buchstaben, und auf der anderen Seite die Charybdis einer verflüchtigenden Auflösung des faktisch Vorgegebenen in eine bloß literarische, symbolische oder eine gegenwartsnahe »existenzielle« Auslegung. Dieses Dilemma lösten sie, ihrer Gesinnung und Bildung entsprechend, nach dem Motto: »Im Zweifelsfall für den Text«. Erst viel später hieß es – ohne die Einschränkung des Niagara Creed – (Siehe S. 36): »Wir bekennen, daß die Schrift als Ganzes und in allen ihren Teilen bis hin zu den einzelnen Wörtern der Originalschrift, von Gott inspiriert wurde«[19]. Ursprünglich aber meinten sie keineswegs, jedes Wort der Bibel sei seinem jeweiligen Autor von Gott oder vom Heiligen Geist so diktiert worden, daß der endliche Geist dieses Schreibers bei der Übertragung in die menschliche Sprache keinen Fehler machen konnte. Später werden wir bei einem Idol der Aufklärung, bei Maimonides, auf eine beinahe identische Entscheidung treffen (Siehe S. 104).

Fest steht: für eine bloße Buchstabengläubigkeit waren die Urfundamentalisten menschlich zu kernig und theologisch zu kompetent. *Menschlich* ging es ihnen weitaus mehr darum, einen Text *ernst* zu nehmen als ihn *wörtlich* zu nehmen. *Ernstnehmen* heißt, sich der Sinndimension des Textes zu eröffnen, beziehungsweise ihm wieder neues Leben einzuhauchen, wenn er im Laufe der Zeit ausgehöhlt wurde. Ihn durch *Wörtlichnehmen* zu entstellen, wäre eher der Ausdruck einer verkommenen »nazarenischen« Naivität im Sinne mancher Maler des ausgehenden 19. Jahrhunderts à la Schnorr von Carolsfeld gewesen. Auch das hätte nicht zu ihrer eher bäuerlich tüchtigen und dabei fadengeraden Mentalität gepaßt.

Auch *theologisch* wäre ein reiner Literalismus für die damaligen Presbyterianer, aus denen sich die Urfundamentalisten hauptsächlich rekrutierten, absurd gewesen. Da dachten sie nicht sehr viel anders als zum Beispiel jeder gläubige Jude[20], es sei denn, der eine oder der andere sei unsäglich dumm oder fanatisch. Ihnen allen war im Grunde einleuchtend, daß das göttliche Wort nicht ungebrochen vermittelt werden kann. Diese Gebrochenheit beginnt bereits in dem Augenblick, da es in menschliche Worte gefaßt wird. Dies war für wirklich gläubige Juden und Christen vor allem deshalb selbstverständlich, weil für sie gerade wegen ihrer Frömmigkeit der Abstand zwischen Gott und dem Menschen groß war, theologisch sowohl als

45

auch aufgrund ihrer eigenen inneren Erfahrung, nicht anders als beim genannten Nikolaus von Kues.

Als vorwiegend in der Landwirtschaft Verwurzelte wären die Urfundamentalisten zum Beispiel auch zweifellos nicht von oberflächlichen Argumenten aus der Fassung gebracht worden, die Religionsgegner gerne heranziehen, um den angeblichen Unsinn biblischer Aussagen zu demonstrieren. Ein typisches Beispiel dafür ist Lev. 11, 6. Dort wird behauptet, daß der Hase ein Wiederkäuer ist und daraus gefolgert, daß er demnach unrein sei.

Gemessen an mancher »szientistischen« Bibelkritik war anfangs sogar die eine oder andere fundamentalistische Äußerung über die Schöpfung keineswegs immer so engstirnig, wie man heute oft unterstellt. So betonte der renommierte Theologieprofessor James Orr, die Bibel sei kein wissenschaftliches Lehrbuch. Es sei auch nicht ihre Aufgabe, die wissenschaftliche Wahrheit aufzuzeigen, sondern den Willen und die Absicht Gottes zu offenbaren. Im übrigen sei die Schöpfung zweifellos beträchtlich älter als 6000 Jahre (Anfang des 17. Jahrhunderts hatte der Erzbischof James Usher die Erschaffung der Welt auf den 23. Oktober des Jahres 4004 vor Christi Geburt Schlag 9 Uhr bestimmt).[21] Die ersten Kapitel der Genesis seien, so Orr, »sublime Poesie«, an der die Wissenschaft »nichts verderben« könne.[22] Orr unterschied damit nicht viel anders als ein moderner Theologe zwischen dem theologischen Grundgedanken (»alles ist Gottes Schöpfung«) und dessen narrativer Einkleidung (»die Schöpfung erfolgte innerhalb von 7 Tagen«), auch wenn er diese Vokabeln nicht direkt benutzte.

Betrachten wir noch einen weiteren grundsätzlichen Aspekt des Textproblems: So wie es immer »Spirituelle« und »Fundamentale« gegeben hat, so werden wir im Laufe der Geschichte des Umgangs mit einem heiligen Text immer auch eine »Randunschärfe« zwischen kanonisierten und nichtkanonisierten Texten sowie einen steten Wechsel von wörtlichen und weniger wörtlichen, aber auch von eher konservativen und eher progressiven Auslegungen finden. Je mehr die wörtliche Aussage im Zentrum steht, umso größer ist das Maß der religiösen *Identität*, aber diese gewinnt in einer Welt anderer Werte, Normen und Handlungsmuster leicht den Charakter des Fremden und Unverständlichen. Vermehrt man dagegen die Zahl der Variablen (unter der Annahme, hier liege bloß eine zeitgebundene Aussage vor), dann wird der Text zwar unter Umständen »verdaulicher«, aber zugleich verliert er leicht an Verbindlichkeit *(Relevanz)*, und der Willkürlichkeit der Interpretation wird Tür und Tor geöffnet.

Das Spannungsfeld von Identität und Relevanz ist ein Problem, das sich nicht nur in der Religionsgeschichte findet, sondern allgemeine Gültigkeit hat. Das läßt sich zum Beispiel an der Politik veranschaulichen. Dort geht es nur so lange nicht diktatorisch zu, als es »linke« und »rechte«, progressive und konservative Flügel *zugleich* gibt. Jede lebendige Gemeinschaft, auch eine Religion, lebt von der Existenz solcher Polaritäten zwischen Identität und Relevanz, wobei das Problem für den Einzelnen dann optimal gelöst ist, wenn er fest im eigenen Lager steht und dennoch um die prinzipielle Berechtigung der anderen Seite weiß, auch wenn er deren Auffassungen selber nicht teilen kann. Aber eine solche wahrhaft demokratische Haltung ist ohne geistige Disziplin und Schulung oft nur schwer zu realisieren. In Krisenzeiten bricht sie fast zwangsläufig zusammen. Krisenzeiten sind von Angst bestimmt; das Wort »Angst« hängt etymologisch mit »Enge« zusammen. Sobald die Angst zunimmt, fällt das Bewußtsein auf ursprüngliche Strukturen zurück. Das drückt sich auch im Umgang mit den Heiligen Schriften aus:

Während man in ruhigeren Zeiten eher zu weiteren Auslegungen neigt, um den Text auch wirklich auszuschöpfen, hält man sich in Zeiten der Krise und der Angst eher an die »eiserne Ration« des angeblich reinen, unabgewandelten Wortes. Dieses gewinnt dabei oft eine geradezu magische Bedeutung, weil es scheinbar jeden Zweifel ausschließt und dadurch am ehesten Angstfreiheit, Trost und die Möglichkeit des Anklammerns verspricht. Nur selten wird man in solchen Situationen die innere Souveränität haben, die prinzipielle Berechtigung der anderen, freieren, Sichtweise anzuerkennen. Stattdessen entdeckt man in jedem Andersdenkenden einen Feind, dessen Umgang mit dem für einen selber heiligen Text einem zutiefst fragwürdig, wenn nicht überhaupt verdammungswürdig vorkommt. Alles dies findet sich auch beim Fundamentalismus und ist damit zugleich einer der wohl sichersten Indikatoren dafür, wie sehr dieser letztlich von Angst und in dessen Gefolge von magischem Denken bestimmt ist.

Das Gesagte läßt sich auch an einem anderen Beispiel veranschaulichen, das auf den ersten Blick auf etwas anderes hinzuweisen scheint: das Verschleierungsgebot für Frauen. Es wurde nicht nur im Islam, sondern schon vorher von Paulus formuliert (1. Kor. 11, 5 – 12). Für uns im Westen ist fraglos, daß wir dieses Gebot zu den Variablen rechnen. Wer es wieder einführen möchte – wie manche amerikanische Fundamentalisten, die auf »national costumes« bestehen[23], oder wie viele islamische Staaten –, dem unterstellen wir einseitige maskuline Tendenzen, durch die die Geschlechterrollen von vornherein in Richtung auf eine ausschließliche Männerherrschaft festgelegt und diesen alle Macht eingeräumt werden sollen. Wir betonen also vor allem die darin enthaltenen Besitz- und Machtansprüche. Sicher darf das nicht übersehen werden. Aber allein der Umstand, daß dabei fast immer die Frauen als gefährliche Verführerinnen angesehen werden, macht deutlich, daß auch bei der Betonung der Machorolle vieler männlicher Fundamentalisten vor allem Angst mit im Spiel ist, wenn sie alte Gebote unzeitgemäß wieder aus der Schublade holen.

Aber auch diese Einsicht allein erklärt vieles noch nicht: Wenn wir von der unbestreitbaren Tatsache ausgehen, daß fast jeder Fundamentalismus (außer dem grünen) prüde und sexfeindlich ist und dazu neigt, die Geschlechterrollen auf eine patriarchalische, auf Unterdrückung der Frauen basierende Ebene zu fixieren, dann schreiben wir das meist wie selbstverständlich den monotheistischen Religionen zu, also dem Judentum, dem Christentum und dem Islam. Dabei übersehen wir aber, daß nicht nur der im Judentum zum ersten Mal entwickelte Monotheismus, sondern zum Beispiel auch der Buddhismus ursprünglich stark patriarchalisch strukturiert war, anders als die meisten Naturreligionen. Das ist aber nicht der Ausdruck einer in diesen Religionen selber angelegten intoleranten Haltung, sondern hängt damit zusammen, daß sich ihre Grundideen während der sogenannten Achsenzeit (Siehe S. 161) entwickelten, die unter anderem auch zu einem Triumph des männlichen Gottes über die weiblichen Gottheiten führte. Die meisten Naturreligionen hingegen gehen auf prämentale Stufen der Bewußtseinsevolution zurück.[24] Aber wiederum wäre es einseitig, nur diesen Aspekt hervorzukehren, ohne zu erwähnen, daß das Judentum selber und die davon abgeleiteten Religionen im Laufe ihrer weiteren Geschichte sinnliche, weltoffene, auf Partnerschaft angelegte Seiten entwickelten, auch der Islam[25]. Ja sogar manche puritanische christliche Gemeinschaft hatte ihre sinnenfrohen Zeiten (Siehe S. 54), während es andererseits auch bei manchen Naturreligionen zeitweilig zu sexistischen Unterdrückungen der Frauen kam.[26]

Die Fundamentalisten haben nie historisch gedacht. Daher sahen sie nicht die Vielzahl der Aspekte, die in ihrer angestammten Religion von vornherein mitenthalten waren und die im Laufe der Zeit manifest wurden, sei es in angemessener Form oder übertrieben. Sie filterten aus ihnen immer nur jene Aspekte heraus, die ihrer Abwehrstruktur mit ihrer Rigidität, ihrer Beschränktheit und ihrem strengen Über-Ich entsprachen. Religionsgegner haben das meist nur allzu bereitwillig aufgegriffen, um sich damit zu munitionieren. Besonders wenn sie Marxisten waren, standen sie meist an Einseitigkeit der Sichtweisen ihrer Gegner in nichts nach.

Es gehört zu den wichtigen Aufgaben der Gegenwart, einen Standpunkt jenseits von Borniertheit und Polemik auf der einen Seite und einem unverbindlichen laissez faire auf der anderen zu gewinnen. Ja, angesichts mancher Entwicklung in der Neuzeit stellt sich uns die Frage, ob wir es uns nicht zu leicht machen, wenn wir *jedes*

Gebot, das uns nicht zusagt – und Gebote beziehen sich bekanntlich vorwiegend auf die Moral – von vornherein mit gutem Gewissen und geschickter Argumentation den Variablen zuschlagen und dabei womöglich seinen Stifter, zumindest aber den, der sich daran hält, als verklemmt abtun, statt über die Entstehungsgeschichte dieser Gebote nachzudenken und uns zu fragen, wo und in welcher Form sie noch aktuell sind und wo nicht.

Diese Frage stellt sich uns, weil in unserer modernen westlichen Welt seit der Aufklärung (Siehe dazu S. 123) immer mehr der Drang deutlich wird, im Zuge des zunehmenden Verlustes der Überzeugungs- und Deutungskraft nichtnaturwissenschaftlicher Aussagen bestehende Ordnungen aufzulösen und, wenn das nicht geht, sich wenigstens von ihnen abzukoppeln. Dabei ist es oft fast zweitrangig, ob diese inhuman oder human sind, ob sie das Individuum klein halten und es verdummen oder ob sie ihm Orientierung geben. Das Anstößige für sie ist: das Überkommene klingt in ihren Ohren nicht »wissenschaftlich« oder »modern«. Also weg damit! Diese Entwicklung halten uns nicht nur die Fundamentalisten vor, sondern mittlerweise fast die gesamte übrige Menschheit, soweit sie noch nicht von unserer Mentalität angesteckt worden ist.

Bemerkenswerterweise beginnt seit einiger Zeit sogar bei uns ein allmählicher Prozeß des Umdenkens. Dabei begreifen wir immer besser, daß wir mit unserer Aushöhlung vieler bisher bestimmender Wertsysteme in eine gefährliche Entwicklung hineingeraten sind. Das »postmoderne« Motto »meine persönlichen Bedürfnisse haben in jedem Fall den Vorrang vor allen öffentlichen Normen, wer immer sie auch aufgestellt haben mag: die Familie, der Staat oder meinethalben auch ein Gott« kommt immer mehr Leuten fragwürdig vor, mittlerweile gelegentlich sogar dem »Spiegel«.[27] Die Urfundamentalisten gehörten auch hier zu den Ersten, die in unserem Jahrhundert diese Entwicklung geahnt und angesprochen haben, wenngleich auf äußerst fragwürdige Weise.

Nun wäre es freilich blauäugig, wollte man die Urfundamentalisten wegen ihres Gespürs für alle möglichen heraufkommenden Probleme idealisieren oder auch nur verharmlosen. Im Gegenteil! Sie spürten zwar die heraufdämmernde Gefahr für die westliche Gesellschaft besonders früh, weil sie sich von ihr bedroht fühlten und weil die Umbruchssituation von einer Land- zu einer Stadtkultur generell eine größere Hellhörigkeit fördert.[28] Aber sie reagierten darauf nicht nur seismographisch empfindlich, sondern zugleich manichäisch, in dem Sinne, daß sie alles Gute bei sich vereinigt sahen, während ihre Gegner alles verkörperten, was falsch und abwegig war. Damit begingen auch sie schon den »Sündenfall« aller Fundamentalisten, sich im Besitz der Wahrheit zu fühlen und einen autoritären, exklusiven Anspruch auf sie zu erheben.[29] Allerdings waren sie noch so stark in den alten Traditionen verankert, daß ihre Reaktion nicht in jener platten Eindeutigkeit aufging, die alle späteren fundamentalistischen Bewegungen bis heute kennzeichnet.

In vordergründigen Ahnungen stecken bleibend, aber nicht zum Kern des Problems vorstoßend war auch der Umgang der Väter des Fundamentalismus mit dem *Verhältnis von Glauben und Wissen.* Anders als fast alle Religiösen damals spürten sie zwar, daß das Überleben ihres Glaubens davon abhing, die Spaltung zwischen diesen beiden Bereichen nicht einfach auf sich beruhen zu lassen, sondern auf irgend eine Weise zu lösen.

Ja, die Fundamentalisten gehörten offensichtlich zu den ersten, die darüber hinaus ahnten, daß es angesichts des gegenwärtigen Zwiespalts von Glauben und Wissen vermutlich um mehr geht als bloß um den individuellen Glauben des einzelnen. Das hat der chinesische Kulturhistoriker Ku Hung Ming lapidar auf den Punkt gebracht: die westlichen Menschen, so sagte er, »haben eine Wissenschaft, die ihren Kopf befriedigt, aber nicht ihr Herz – und sie haben eine Religion, die ihr Herz befriedigt, aber nicht ihren Kopf. An diesem Zwiespalt werden sie zugrundegehen«[30] (es sei denn, daß sie ihn gegen alle Wahrscheinlichkeit überwinden, müßte man hinzufügen). Von der Überbrückung dieses Zwiespalts hängt somit offenbar das Weiterleben von uns allen als Angehörige einer Kultur ab, vielleicht sogar unser vitales Überleben.

Die Fundamentalisten waren mit ihren Ahnungen ihren Mitchristen zwar weit voraus, die bis heute meist noch nicht zur Kenntnis nehmen, was durch die Naturwissenschaften auf sie zukommt (deren Repräsentant für die Fundamentalisten der Darwinismus war). Aber nicht anders als bei ihrem Umgang mit der Bibel war auch hier ihre Lösung unbefriedigend: Es blieb bei der bloßen Ahnung. Eine Überbrückung durch eine Neuinterpretation der beiden Standorte und möglicherweise gar durch eine Neubesinnung auf die Grundlagen beider Seiten versuchten sie erst gar nicht. Stattdessen beschränkten sie sich auf ein bloßes rechthaberisches Gegenhalten des eigenen Standpunkts und später den wütenden Gegenangriff, alles mit wenig Reflexion verbunden. Statt eine Versöhnung von Glauben und Wissen wenigstens zu versuchen, endeten sie im Grunde bei einer Haltung, die sich in dem Satz von Christian Morgenstern zusammenfassen läßt, daß »nicht sein kann, was nicht sein darf«.

Zwar ließen einzelne Urfundamentalisten, wie gezeigt, der Poesie noch einen gewissen Raum. Aber damals schon überwog bei ihnen der Zug, der bis heute Fundamentalisten fast mit am meisten kennzeichnet: Unversöhnlichkeit und Humorlosigkeit. Humor, der Gegenpol fundamentalistischen Starrsinns, ist ein Ausdruck jener

Reife, die die in der Wirklichkeit enthaltenen Spannungen aufgrund eines letzten Grundvertrauens in eben diese Wirklichkeit zu ertragen und zu versöhnen vermag.[31] In der Humorlosigkeit der Fundamentalisten und ihrem Mangel an »Geduld im Ungewissen« drückt sich ihre fehlende Ambiguitätstoleranz, ihre »Einschienigkeit«, aus.

»Einschienig« war vor allem auch, daß die Väter des Fundamentalismus die Spannung zwischen Glauben und Wissen ausschließlich durch einen Rückgriff auf die Tradition zu lösen suchten. Individuell gab es dafür zwar viele Gründe. Letztlich aber war es eine Reaktionsbildung gegenüber der Tatsache, daß ihr Glaube lange schon viel »moderner« im Sinne von »brüchig« war, als sie selber merkten und als man heute meist annimmt. Wenn man aber genau nachsieht, dann wird deutlich, daß sie sich schon längst weit von den zentralen Voraussetzungen einer wirklichen Gläubigkeit entfernt hatten. Ihr Glaube war schon seit Jahrzehnten in eine kritische Phase eingetreten. Gerade das aber läßt einen fundamentalistisch reagieren. Vergessen wir nicht:

Religiöse Krisen entstehen weniger dadurch, daß es Spirituelle und wortgläubige »Fundamentale« *gleichzeitig* gibt. Das war immer der Fall. Bestimmend ist vielmehr, daß inspirierte Texte im Laufe der Zeit von Abnutzung bedroht sind und damit für fast alle Gläubigen ihren geistigen Gehalt verlieren. Das aber ereignete sich in hohem Maße in der Neuzeit. Wenn aber der Geist eines einstmals lebendigen Glaubens nicht mehr »weht« (Joh. 3, 8), geht auch bei den maßgeblichen Texten fast zwangsläufig der »Sitz im Leben« verloren, was die Bereitschaft zur Ideologiebildung bei demjenigen, der dennoch daran festhält, enorm verstärkt. Dabei spielt sich im allgemeinen ein Mechanismus ab, den die Psychoanalyse »Identifikation mit dem Aggressor«[32] nennt. Das heißt, der Betreffende wird insgeheim immer ähnlicher, die er bekämpft.

Bei den Fundamentalisten äußert sich dieser Mechanismus in ihrer Fixierung an einen uninspirierten Buchstabenglauben beim Umgang mit ihren heiligen Texten, der sie für die Tatsache blind macht, daß es in ihren Heiligen Texten nicht um Informationswissen, sondern um Bedeutungswissen geht. Ja, ironischerweise kopieren sie auf diese Weise wie schlechte Schmierenkommödianten mit ihrem Biblizismus äußerlich sogar den Wissenschaftsglauben unserer Tage, die heute wohl einzige universal akzeptierte »Religion«.[33] Diesen wenden sie auf die biblischen Texte an, als handle es sich dabei um naturwissenschaftliche Fakten.[34] Damit aber verfehlen sie nicht nur den Geist dieser Texte, um die es ihnen ja subjektiv tatsächlich geht, sondern auch den Geist der Wissenschaft, deren Erfolg in der Neuzeit ja vor allem darauf beruhte, daß sie bereit war, im Sinne von Karl Popper ihre eigenen Voraussetzungen immer wieder in

Frage zu stellen, zu »falsifizieren«.[35] Bei den Urfundamentalisten führte das dazu, daß sie zunehmend ihre faktische Bodenlosigkeit durch die scheinbare Bodenständigkeit markiger Bekenntnisse kompensierten: »Der Fundamentalismus, einst angetreten, dem Glauben seine ursprüngliche Bindungskraft zurückzugeben, verschreibt sich dem Weltsinn seiner Zeit und vermag so nicht mehr ursprünglich zu reagieren. Er assimiliert sich ... ans Bestehende und erliegt so selbst der Übermacht, die ihn entfesselt hatte«.[36]

Die konkrete Situation der Urfundamentalisten

Wie es zu dieser Fehlentwicklung gekommen ist, wird verständlich, wenn man die Situation der Gründerväter des Fundamentalismus zu Anfang dieses Jahrhunderts näher betrachtet. Das dabei Gefundene läßt sich weitgehend auf die Entstehungsbedingungen eines *jeden* anderen Fundamentalismus übertragen:

Die Hochburgen des Fundamentalismus verschoben sich zwischen dem Bürgerkrieg und dem Beginn des ersten Weltkriegs von den Südstaaten in die großstädtischen Zentren der rapiden Industrialisierung und Massenemigration im Norden der USA.[37] Die meisten Fundamentalisten selber stammten jedoch aus ländlichen, südlichen Provinzen der USA und waren Abkömmlinge früher, stark religiös bestimmter Einwanderer, die vorwiegend als Bauern gelebt hatten. Auch wenn sie primär meist nur wenig Interesse an der aktiven Politik hatten, bezogen sie ihre Identität in hohem Maße aus der Überzeugung, Bürger eines erlösten und erlösenden protestantischen Landes zu sein.[38] Zugleich unterschieden sie sich von den gebildeten städtischen Kaufleuten und Juristen, vor allem der Nordstaaten, die von der Aufklärung geprägt waren, darin, daß sie in der Französischen Revolution nicht den Ausdruck von Befreiung, sondern eines furchtbaren Strafgerichtes Gottes sahen. Im übrigen jedoch waren diese soziologischen Vorgegebenheiten wesentlich einheitlicher als die religiösen Ursprünge der Fundamentalisten selber. Diese umfassen verschiedene Gruppierungen, die man grob in einen (entweder aktiven oder quietistischen) Buch- und ethikzentrierten »prophetischen« und einen eher erlebniszentrierten »charismatischen« Flügel unterteilen kann. Den letzteren ging es zwar um innere Erfahrung und Gewahrsein, aber nicht in einem eigentlich spirituellen Sinn. Was sie suchten, war nicht wie bei den Mystikern ein letzter Grund der Wirklichkeit, sondern, wie man es bei fast allen Charismatikern der Neuzeit findet, eine ekstatische Regression.[39]

Zu Ende des 19. Jahrhunderts gerieten diese anständigen und tüchtigen, wenngleich oft etwas hausbackenen Menschen in die Krise, weil sie im Zusammenhang mit der immer mehr um sich greifenden Verstädterung und Industrialisierung des Landes, die mit Masseneinwanderungen von nichtprotestantischen Italienern, Polen, Griechen, Iren und Juden einherging, zunehmend deklassiert und überfremdet wurden. Im Zuge dieser »Marginalisierung« der »WASP«, der angelsächsisch-protestantischen Kultur, verloren sie ihren sozialen Status und ihre Bedeutung als »Rückgrat der Nation«. Statt dessen wurden die Städte tonangebend mit ihrer – wenigstens in den Augen der Bauern und Kleinstädter – »entwurzelten«, zügellosen Städtermentalität: Traditionslosigkeit, Formlosigkeit und Irreligiosität. Soweit es sich bei den Neuankömmlingen außerdem noch um Intellektuelle handelte, kam dazu – jedenfalls in den Augen der Fundamentalisten – deren »dekadente«, einseitige Bevorzugung des Intellekts auf Kosten aller anderen menschlichen Fähigkeiten und Möglichkeiten[40] mit den entsprechenden Folgen: Zunahme von Ehescheidungen, Wandel der Frauenrolle sowie Autoritäts- und Kontrollverlust über die Kinder.

Durch die zunehmende Verflechtung der USA mit dem Welthandel und die damit einhergehenden konjunkturellen Schwankungen kam es wiederholt zu Wirtschaftskrisen, in die sie selber immer mehr mit einbezogen wurden, teilweise mit der Folge, daß viele von ihnen in die Städte abwandern mußten. Die direkten wirtschaftlichen Folgen für die Fundamentalisten allerdings dürften nicht so schwerwiegend gewesen sein: die meisten von ihnen gehörten offenbar nach wie vor den oberen und mittleren sozialen Schichten an.[41] Bestimmend aber war, was sie um sich herum wahrnahmen: Dies konnten sie angesichts der empirisch-praktischen Ausrichtung und der geistigen Schlichtheit, in der sie aufgewachsen waren, nur als Abfall von der geradlinigen Wesensart der Väter interpretieren, gegen die es nur einen einzigen Ausweg gab: die Rückkehr zur von Gott eingesetzten Ordnung durch Erfüllung seiner ewig gültigen Gebote nach dem Vorbild der christlichen Urgemeinden. Dem entsprach hier auf Erden eine patriarchalische Ordnung, die auf der Achtung der Väter durch Frau und Kinder und auf deren gemeinsamer Gottesfurcht basierten. Diese Werte jedoch ließen sich nur innerhalb von christlichen Gemeinden mit Schulen verwirklichen, in denen auch die Kinder im christlichen Glauben erzogen wurden.

Die genannten Sätze klingen nicht nur in fundamentalistischen, sondern in allen konservativen Ohren vielfach bis heute plausibel. Dennoch umfassen sie nicht die ganze Wahrheit: insgeheim stand hinter dem Kampf der Fundamentalisten um die Wiederherstellung der Moral auch ihr höchstpersönlicher Kampf um den Erhalt ihrer sozialen Geltung und ihrer geistigen Identität. Diese aber war in vielfacher Weise gefährdet: sie lebten wesentlich entsinnlichter als ihre glücklicheren Väter auf dem Land: Die alten Puritaner waren keineswegs nur jene freudlosen Dunkelmänner, die permanent den großen Hammer der Drohung mit ewiger Verdammnis schwangen, als die man sie gerne hinstellt. Ihre »physiologischen puritanischen Freuden« – Trinken, Tanzen und Musik in der Gemeinschaft – spielten für sie eine große Rolle. Aber gerade diese ließen sich bei ihren Kindern in der Stadt nur noch auf sehr eingeschränkte Weise pflegen.

Zum Ausgleich für diesen Ausfall und vor allem als Reaktion auf die unbrüderliche Vereinzelung im neu entstandenen Industriezeitalter, die in einem dramatischen Spannungsverhältnis zum christlichen Liebesgebot stand (und steht)[42], schlossen sie sich umso enger mit ihren Glaubensbrüdern zusammen. Unter der Hand verwandelten sie so die »Gemeinschaft der begnadeten Sünder« in eine Notgemeinschaft der Gleichgesinnten. Umso wichtiger wurden dabei auch Lippenbekenntnisse. Dies alles findet man im Prinzip bis heute bei allen Menschen, die von der Entwurzelung bedroht, aber noch nicht voll entwurzelt sind, zum Beispiel bei vielen Emigranten oder Gastarbeiterfamilien. Auf diese Weise soll letztlich der »Stallgeruch«, der zu verschwinden droht, durch ein mehr oder minder synthetisch hergestelltes Parfüm ersetzt werden.

Lange Zeit haben städtisch und areligiös aufgewachsene Soziologen aufgrund ihrer eigenen Voreingenommenheiten[43] auf die Urfundamentalisten nur allzugern das Zerrbild von extremem Irrationalismus, von Intoleranz, Nativismus und hinterwäldlerischer Unbildung projiziert. Dabei übersahen sie aber, daß die von ihnen so Gesehenen vielfach eine hohe Lesekultur hatten[44], (die seitdem nicht nur bei den Fundamentalisten, sondern fast überall auf der Welt durch die elektronischen Medien aufgeweicht wurde) und sich auch mit den neuen technischen Errungenschaften, praktisch wie sie meist waren, im allgemeinen gut arrangieren konnten. Bäuerliche und kleinstädtische Tüchtigkeit hat sich in der konkreten Wirklichkeit, auch der Stadt, fast immer mindestens ebenso gut zurechtgefunden wie städtische Raffinesse!

Das Problem lag nicht dort! Wirklich bedrohlich für sie, vor allem für die empirische Ausrichtung, Übersichtlichkeit und Geschlossenheit ihres Weltbildes, war vielmehr auf der einen Seite der neue Werterelativismus und die neue Anonymisierung mit ihrer Betonung des Sachlichen gegenüber dem Persönlichen. Und bedrohlich waren auf der anderen Seite die neuen wissenschaftlichen Theorien, an die sie zwar nicht glaubten, die aber der neuen Zeit, die nicht die ihre war, in besonderer Weise den Stempel aufdrückten. Manifestierte sich nicht gerade darin wie nirgends sonst der Verfall des Glaubens und der Moral sowie jene geistige Verwirrung, die sie überall um sich herum feststellten und von der sie überzeugt waren, daß sie sich weiter verstärkte, wenn sie sich nicht mit aller Kraft dagegen stemmten?

Auch diejenigen von ihnen, die aufgrund der ihnen anerzogenen Tüchtigkeit und ihres maßvollen Umgangs mit Konsumgütern schon längst äußerlich zu wohlhabenden Viktorianern geworden waren, dachten und empfanden im Grunde ihres Herzens weiterhin bäuerlich. Nach den Schrecken des verflossenen Bürgerkriegs und angesichts der Fremdheit der sie umgebenden Welt klammerten sie sich erst recht an den religiösen Glauben, so wie er ihnen übermittelt worden war. Aber auch dabei gerann das, was in ihren Herkunftsfamilien existenziell noch stimmig gewesen war, in der andersgearteten Situation einer rapide sich wandelnden Welt oft zur äußeren Form, an der sie Halt suchten. Ihre Religiosität entwickelte sich im Prinzip in die gleiche Richtung wie ihr sonstiger Lebensstil mit seiner Zuckerbäckerarchitektur, seinen gußeisernen Ornamenten und seinem Snobismus. Darum das Übergewicht der Autorität über die Intellektualität, des allgemeingültig-Moralischen über das individuell-Ethische und darum ihr Pochen auf jederzeit vorzeigbare Sittenregeln und konservative Einstellungen! Das konnte aber auch jetzt noch mit einer gewissen Lebensfreude einhergehen.

Natürlich gab es auch unter den ersten Fundamentalisten dunkle Gestalten, offenbar besonders unter den Wortführern. Wahr ist auch, daß bereits die Urfundamentalisten jene Defensivstruktur aufwiesen, die jeden Fundamentalisten kennzeichnet. Dennoch mißdeutet man ihr Wesen, wenn man nur diese Aspekte hervorhebt, ohne zum Beispiel jene Quellen im Blick zu haben, aus denen ihre Überzeugung in hohem Maße gespeist wurde: eine tiefe persönliche Frömmigkeit und ein starker Freiheitsdrang. Beide waren auch in den neuen Verhältnissen, unter denen sie lebten, noch bestimmend:

Die christliche Botschaft war für die Gründerväter des Fundamentalismus trotz aller Bedrängnis zweifellos immer noch weniger Drohbotschaft als Frohbotschaft, das fast heitere Angebot eines beseligenden Heilserlebnisses.[45] Auch wenn sie nicht mehr so leben durften wie ihre Väter, sahen die meisten von ihnen doch den Mittelpunkt der eigenen Religiosität in der Erfahrung eines persönlichen Erweckungserlebnisses, selbst wenn sie keine ausgesprochenen Charismatiker waren. Begreiflicherweise ging es ihnen angesichts ihrer primär empirischen Ausrichtung beim Umgang mit der Bibel auch weniger um das, was sie nur als theologische Spitzfindigkeiten sehen konnten, sondern um deren Sitz im Leben.

Im übrigen waren sie durchweg von einem starken Freiheitsdrang beseelt. Einen »Antimodernisteneid« abzuleisten, was im selben Jahr, in dem die »Fundamentals« erschienen – 1910 – der damalige Papst Pius X. von allen Priestern verlangte, hätten sie zweifellos trotz aller fundamentalistischer Parallelen empört zurückgewiesen, nicht nur weil der ursprüngliche amerikanische Fundamentalismus dezidiert antikatholisch war, sondern weil diese Zumutung ihren Vorstellungen von Autonomie und Voluntarismus widersprochen hätte: Pius X. forderte von allen in der Seelsorge oder im Lehramt tätigen Priestern, allen neuzeitlichen Interpretationen der Bibel sowie der Meinung abzuschwören, der von der Kirche vorgelegte Glaube könne der Geschichte widerstreiten.

Trotz dieser tiefgreifenden Mentalitätsunterschiede gibt es freilich zwei zentrale gemeinsame Nenner zwischen der ersten Generation amerikanischer Fundamentalisten und der Haltung, die sich im Antimodernisteneid ausdrückt: der eine besteht in der richtigen Ahnung beider, daß der Glaube der damaligen »aufgeklärten« Agnostiker an den Fortschritt der biologischen Evolution, der Wissenschaft und der Geschichte naiv – um nicht zu sagen: primitiv – war.[46] Wie recht sie damit hatten, können wir erst heute nach den Erfahrungen des jetzt zu Ende gehenden Jahrhunderts richtig abschätzen. Der andere Unterschied besteht in der für uns heute nicht mehr nachvollziehbaren unumstößlichen subjektiven Gewißheit, daß die volle Wahrheit »von oben her« ewig und daher zeitlos, endgültig (und das hieß für sie statisch) und für jede Situation ausreichend geoffenbart wurde (für die protestantischen Fundamentalisten ausschließlich in der Heiligen Schrift, für die Katholiken dagegen vermittelt durch ein Lehramt mithilfe eines Systems von Dogmen und feststehenden Begriffen).

Die Fundamentalisten radikalisierten damit ein in den monotheistischen Religionen an sich schon bereitliegendes Konfliktpotential: für sie war die Offenbarung von Wörtern »höher als alle Vernunft« und nicht wie bei Paulus der »Friede Gottes« (Phil. 4, 7), also die Urbeziehung zur letzten Wirklichkeit. Das aber kann der heutige Mensch nicht akzeptieren, es sei denn, er wurde in einer extrem konservativ-religiösen Welt und vom gegenwärtig bestimmenden nachaufklärerischen Denken abgesondert erzogen. Auch beim besten Willen wird er das Gefühl einer »Telefonverbindung nach oben« nicht haben (auch dann nicht, wenn, wie in der katholischen Kirche, ein offizielles Lehramt beansprucht, das dafür zuständige Telefonamt zu sein). Daher könnte es für ihn nur noch einen Weg geben, sich Offenbartes anzueignen: das »Vogel-friß-oder stirb-Verfahren«, und das lehnt er mit Recht ab.

Allerdings besitzt der heutige Mensch, wenn er innerlich nicht verödet ist, meist durchaus einen anderen Zugang zur »jenseitigen« Dimension, den aber die Fundamentalisten trotz ihres Pochens auf ihre religiöse Erfahrung nicht anerkennen würden: die Bereitschaft, sich im Kontakt mit seinen Mitmenschen, seinem Herzen und seiner

Vernunft im Sinne von »Seinsfühlungen« und »Seinserfahrungen« (Siehe S. 41) einer letzten Wirklichkeit zu öffnen, deren Existenz er mehr ahnt als sich ihrer sicher zu sein: Religiöser Glaube ist für ihn möglich, aber nur im Sinne von »Ungewißheit und Wagnis«.[47]

Für die Fundamentalisten destillierte sich aus alledem nur eine Aufgabe heraus, nämlich gegen die Folgen der Aufklärung vorzugehen und das »Vogel-friß-oder stirb-Verfahren« zu erzwingen. Da es aber zu dessen Durchsetzung keine weltliche Macht mehr gab, mußten sie mit den Mitteln der Demagogie und durch einen Pakt mit politischen Richtungen, die ihnen Unterstützung gewährten, selber Macht ausüben. Diese waren zwangsläufig nur am äußersten rechten Flügel des politischen Spektrums zu finden. Daß sie sich damit nur noch weiter vom Geist des Evangeliums entfernten, haben sie bis heute nicht realisiert. Aber diese Ungereimtheit liefert den Schlüssel zum Verständnis der weiteren Entwicklung des christlichen Fundamentalismus in den USA.

Die weitere Entwicklung des protestantischen Fundamentalismus

Die späteren Fundamentalisten unterschieden sich von ihren Vätern mindestens in zweifacher Hinsicht grundlegend:

1. Das Verhalten der Älteren war, wie man es generell bei bewußt konservativ Lebenden findet, deutlich aggressionsgehemmt bis aggressionsvermeidend. Dies führt, wie sich in verschiedenen Untersuchungen testologisch nachweisen ließ[48], *innerlich* fast immer zu einer erhöhten Angstbereitschaft, vor allem in Form von Gewissensangst sowie zu einer verstärkten Neigung zur Depressivität. *Nach außen* manifestiert es sich zudem bei denen, die nicht von einem wirklichen Glauben getragen sind, häufig auch in einem gesteigerten Mißtrauen. Daraus erklärt sich wohl auch das anfänglich geringe Interesse der Fundamentalisten an der Politik sowie ihr frühes Erspüren der Gefährdung des eigenen Glaubens durch das neuzeitliche Denken. Gefährlich daran waren weniger die Gedanken der Aufklärung selber (dafür war man angesichts der eigenen vorwiegend konkreten Orientierung weitgehend immun). Bedrohend waren vielmehr primär deren wissenschaftlich-praktische Auswirkungen, vor allem des Darwinismus und der Bibelkritik.

   Die »Spätfundamentalisten« waren, verglichen damit, viel stärker nach außen orientiert. Beseelt vom Willen, verlorenes Terrain durch Flucht nach vorne wiederzugewinnen, lag ihr Interesse weit mehr auf der Organisations- als auf der Beziehungsebene. Damit rückten Politik und Macht an die Stelle des eigentlichen Interesses der Väter, die bei aller Fragwürdigkeit durchaus etwas Religiöses wollten, nämlich die eigene Evidenz mit den Aussagen der Bibel abzustimmen, um so einer zunehmend veräußerlichten Welt zu begegnen. Diese negative Entwicklung, die man als Schwerpunktverschiebung vom Theo*logischen* zum Theo*politischen* und von der Konfession zur Strategie bezeichnen kann, ist wahrscheinlich Ausdruck des Wechsels ihrer Lebensform: Die meisten von ihnen waren vom Land in die Stadt gezogen mit allen dazugehörenden Konsequenzen. Davon wird noch die Rede sein (Siehe S. 60 ff).

2. Zugleich waren die Nachfolger viel radikaler, konsequenter, einfacher und eindeutiger als ihre Vorgänger.[49] Jede Aufweichung, jede Abweichung wurde aufs schärfste geahndet, jede Nuance ungewohnter Interpretation als Irrlehre ausgegeben. Das hängt damit zusammen, daß sie schon weitgehend von deren »geistiger Nahrung« in Form eigener Erfahrungen und Einsichten abgeschnitten waren. Parallelen zu dieser Entwicklung finden sich bei allen anderen Fundamentalismen, nicht nur den protestantischen in den USA. Bei diesen aber ging es jetzt vor allem darum, über den Weg der Macht und des Machertums restaurative Absichten durchzusetzen und das hieß de facto, politisch-strategisch zu handeln. Damit verbreiterte sich die Kluft zu echter Religiosität noch mehr:
    – wirklich religiöse Menschen können fast immer miteinander reden und nicht nur predigen oder missionieren, auch wenn sie nicht denselben Glauben teilen. In ihrer Religiosität ist noch soviel ursprüngliche mystische Erfahrung enthalten, ohne die keine Religion entstanden wäre, daß sie sich auch mit Andersgläubigen durch die Teilhabe an der einen großen Wahrheit verbunden fühlen. Um diese aber geht es jedem wirklich Gläubigen letztlich und er weiß wenigstens der Idee nach, daß es dazu viele Wege gibt. Daher spürt er meist auch rasch, daß die Unterschiede eher an der Oberfläche liegen. Zumindest wird er Ähnlichkeiten im Erleben und Fühlen beim anderen erkennen und Unterschiede respektieren;
    – auch politisch Denkende sind oft noch zu einem inneren

Dialog mit ihren Kontrahenten fähig. Wenn sie keine bloßen Demagogen sind, erkennen sie meist durchaus, daß sie trotz aller Unterschiedlichkeiten der Interessen in ihrem Innersten von den gleichen Idealen aufgeklärten Denkens erfüllt sind. Das Bekenntnis dazu erfolgt freilich oft eher im forum internum als öffentlich;

– am intolerantesten aber sind Menschen, die, statt wirklich religiös zu sein, auf ihre Machtansprüche lediglich einen religiösen Überbau türmen und damit ihren Despotismus und ihre Beschränktheit »sakralisieren«. Genau das vollzog sich immer mehr! Um genügend suggestiv zu wirken, gab man sich zudem nach außen meist selbstbewußt, aggressiv und lärmend. Die Abhängigkeit der Geistlichen von ihrer Klientel in den USA – die Kirchen finanzieren sich dort nicht aus einer Kirchensteuer, sondern ausschließlich aus Spenden – förderte noch den Drang zu einem versimpelten Populismus.

Religiöse Erfahrung wurde zwar immer noch großgeschrieben, war aber regressiv, vereinfacht und veräußerlicht: »Charismatische« Formen, bei denen eigenwillige persönliche Inspirationen und unkritisch hingenommene wundersame Ereignisse im Zentrum standen, lösten immer mehr die ursprüngliche Innigkeit ab. Mehr den Ton angegeben hat allerdings der genannte andere, der »prophetische« Fundamentalistentyp. Bei ihm überwog der Drang zur manipulativen »Bekehrung« der Mitmenschen ohne den Hintergrund authentischer eigener religiöser Erfahrung. Nach der Legitimation für diese Art von Missionsbetätigung wurde erst gar nicht lange gefragt; man leitete sie aus der eigenen »linientreuen« religiösen und moralischen Einstellung ab. Diese pseudoreligiöse Linientreue stellte jeden Biblizismus der Urfundamentalisten in den Schatten. So verkündigte in den achtziger Jahren der bekannteste amerikanische Fernsehprediger, Jerry Farwell, lauthals: »Die Bibel ist absolut in allen Belangen unfehlbar, in Fragen des Glaubens und der Praxis ebensosehr wie auf den Gebieten der Geographie, Wissenschaft, Geschichte usw.«.[50] Vergleicht man diese Außerung mit dem zitierten Satz von J. Orr (Siehe S. 46), dann zeigt sich auch hier, wie wenig man die frühen und die späteren Fundamentalisten in einen Topf werfen kann.

In typisch manichäischer Weise gehört man selber zu den rechtgläubigen Saubermännern in ihrem Kampf gegen die Finsternis von Modernismus, Liberalismus, Germanismus (d. h. historisch-kritischer, liberaler Theologie + nihilistischer Nietzsche-Philosophie + Bier), Katholizismus und Bolschewismus.[51] Manchmal wird zwar publik, daß es mit der moralischen Linientreue dieser Lichtgestalten nicht immer so weit her ist, weder in bezug auf Geld noch auf Sex.

Das ist kein Zufall: Fragwürdige Charaktere gibt es zwar überall, aber daß Scheinheiligkeit bei vielen Fundamentalisten blüht, besonders in der zweiten Generation, liegt angesichts ihrer Außengesteuertheit und Fassadenhaftigkeit nur allzu nahe. Daß das allerdings ihrem Image auf die Dauer kaum geschadet hat, ist mehr Ausdruck einer allgemein zunehmenden Sozialpathologie und kann nicht den Fundamentalisten allein angelastet werden. Es hat primär mit der Mediengeleitetheit des modernen Massenmenschen zu tun, dem man (und der sich) immer mehr differenziertere Gefühle und das kritische Denken abkonditioniert hat.

Auch das Sozialverhalten der Fundamentalisten änderte sich: Jetzt, wo es galt, eine Art von Kreuzzugsmentalität zu entwickeln, wurde der Schulterschluß mit den bedrängten Brüdern weniger wichtig. Statt dessen fußte die innere Verbindung zu den anderen eher auf dem Elitegefühl derer, die durch die gemeinsame Aufgabe verbunden sind, einer unmoralischen und unwissenden Welt die Wahrheit nahezubringen.

Auch der soziale Status der Leute, die bei den Fundamentalisten nun das Sagen bekamen, wurde allmählich ein anderer, endgültig freilich erst etwa ab den siebziger Jahren: nicht mehr solche, die direkt oder indirekt aus der Landwirtschaft stammten, gaben jetzt den Ton an, sondern immer mehr Akademiker, vor allem Ingenieure, oft auch in der Medienwelt Tätige. Geisteswissenschaftliche, insbesondere philosophische Schulung dagegen war (und ist) nicht gefragt.[52] Das dazugehörige analytische Denken hätte eher als Indiz für einen schwachen Glauben gegolten. Als Besitzer eines unangefochtenen Glaubens dagegen, als der man sich selber fühlte, ging es ja auch nicht darum, diesen zu reflektieren, sondern ihn geschickt und effektiv zu verkündigen.

Die Kombination von cleverem, sachlich jedoch versimpeltem und innerlich unwahrhaftigem Denken, das diese Menschen »auszeichnete«, beförderte noch ihren zutiefst ungeistigen Zugang zur Wirklichkeit, der zu jeder echten Religiosität quersteht. Während Jesus gesagt hat: »Gott ist Geist, und die ihn anbeten, die müssen ihn im Geist und in der Wahrheit anbeten« (Joh. 4, 24), verkannte der fundamentalistische Ungeist das Wesen des Geistes nicht nur im Umgang mit seinem Gott. Das läßt sich leicht an einem »heißen Eisen« der heutigen Theologie deutlich machen: der Frage nach der Jungfräulichkeit Mariens. Jedem Fundamentalisten, sei er protestantisch oder katholisch, wäre der Gedanke, daß dahinter ein tiefgründiger Mythos stehen könnte, lästerlich vorgekommen. Tatsächlich ist das aber der Fall:

Es geht dabei um die Erzählung von der *Geburt eines besonderen Kindes*, die überall in der Welt nachzuweisen ist: Der spätere

Erlöser, König, Held, Weise, Prophet oder Heilige wird auf übernatürliche, zauberhafte Weise empfangen; unter anderem findet sich dieser Mythos eben auch in den Evangelien bei der Geburtsgeschichte Jesu.[53] Daß dieser Mensch *vom Geist gezeugt* ist, besagt, daß er ein geistiges Wesen ist. Durch die Auferweckung und Erhöhung wurde der Gekreuzigte sogar zum »Sohn Gottes«, so wie Israels König durch seine Thronbesteigung zum »Sohn Israels« eingesetzt wurde (Ps. 2, 7; 89, 27 f.; 2. Sam 7, 12 – 16)[54].

Wirkliche Religiosität, insbesondere die Religiosität der Mystiker, sieht in einer derartigen Deutung keine Profanierung, ja sie sucht mit allen Kräften der Vernunft die darin beschlossenen allegorischen, metaphorischen, existenziellen und sonstigen Bedeutungen ernstzunehmen und in sich nachzuvollziehen. Dabei erfährt sie, daß zwischen ihnen eine Art von »schwebendem Übergang«[55] besteht, der über sie hinaus- und zu etwas Unsagbarem hinführt: dem Geheimnis der Menschwerdung Gottes, das mit diesem Bild angedeutet wird. Vor diesem Geheimnis bleibt sie staunend und anbetend stehen. Ganz anders die Fundamentalisten: für sie ist wesentlich, daß Maria bei Jesu Geburt auch *anatomisch* eine Jungfrau war, und diese Fixierung an die Oberfläche ist für sie ein Prüfstein der Glaubensfestigkeit.[56] Damit verkennen sie aber sowohl das Wesen des Mythos, der an ein rational nicht auflösbares Geheimnis hinführen soll, als auch das Wesen des Glaubensaktes, dessen Ganzheitlichkeit bei ihnen auf ein »Ich glaube, *daß*« reduziert wird und damit verkommt[57]: Naive Mythengläubigkeit und echter religiöser Glaube schließen einander aus (Siehe S. 193).

Daß die eigene Glaubensstärke ausgerechnet an einem materiell greifbaren Substrat, dem gynäkologischen Befund bei Maria, festgemacht wurde, zeigt den verdinglichten Charakter des Fundamentalismus besonders drastisch. Diese Verdinglichung ist ein »klassisches« Ideologiesymptom[58], das in abstruser Weise mit dem Anspruch kontrastiert, einen inspirierten Text vor sich zu haben. In ihrem Haften am Materiellen sind seine Vertreter typische Kinder des 19. Jahrhunderts und auch darin ihren Gegnern verwandt.

Aber nicht nur im Verhältnis zum Geist, sondern auch zu den *Mitmenschen* drückt sich dieser auf Macht pochende und ungeistige Denkstil der Fundamentalisten aus, der weder vor Verunglimpfung noch gesellschaftlicher Ächtung zurückschreckt: wen man nicht missionieren kann, der gehört zu den »Anderen«; niemand, der die eigenen Positionen nicht voll teilt, kann Christ genannt werden (eine auch von katholischen Fundamentalisten vertretene Auffassung, nur daß dabei »Christ« durch »Katholik« ersetzt wird). Der Umstand, daß es unzählige Religionen auf der Welt gibt – mit und ohne Glauben an Gott, mit und ohne Glauben an ein Leben nach dem Tod, mit und ohne Reinkarnationsvorstellungen – deren Anhänger den Glauben des anderen auch beim besten Willen nicht nachvollziehen können, weil er ihnen irreal vorkommt, bringt einen nicht zum Nachdenken. Die Überlegung, daß es bei den monotheistischen Religionen offenbar besonders problematische Strukturen geben muß, wenn sie sich bis heute (zum Beispiel in Irland oder im Iran) wegen Spitzfindigkeiten (»das ist mein Leib« versus »das bedeutet meinen Leib«) gegenseitig den Schädel einschlagen, macht einen nicht stutzig. Der Gedanke, daß es schon recht eigenartig wäre, wenn man lediglich durch die »Gnade des richtigen Geburtsortes« in den einzig richtigen Glauben hineingeboren sein sollte, der allein die Erlösung bringt, drängt sich dieser Sicht nicht auf, sondern ist ebenfalls lästerlich. Wer so denkt, disqualifiziert sich in den Augen jedes Fundamentalisten bereits durch diesen Gedanken selbst. Daß dahinter ein verkrampftes, apologetisches Abwehrverhalten steht, das ans Paranoische grenzt, wird er als bösartige Unterstellung ansehen.

Auch vom christlichen Liebesgebot war bei den späteren Fundamentalisten wenig mehr zu merken. Vielmehr mauserte sich bei ihnen die streitbare Gesinnung ihrer Vorväter – jedenfalls wo es um den Kern ihres Glaubens ging – zur typischen »Kampfstruktur bei Ideologien«[59], die sich nach allen Seiten richtete, sowohl nach innen als nach außen. Nach innen gab es in echt ideologischer Manier zunehmend Richtungskämpfe und Streitereien zwischen allen möglichen fundamentalistischen Kleingruppen, die sich nach dem Prinzip der Waschmittelwerbung selber als die jeweils besten, ja als die einzig wahren begriffen. Auch hier wurde häufig von den Betreffenden ihre Radikalität, die sich nur noch in einer noch spezielleren Kleingruppe zu Hause fühlen konnte, mit Glaubensstärke gleichgesetzt.

Nach außen ging die Stoßrichtung des Kampfes hauptsächlich in zwei Richtungen. Auf der einen Seite bekämpfte man den augenscheinlichen *Sittenverfall in der Gesellschaft.* Diesen verstand man ebensowenig wie schon vorher die Urfundamentalisten als eine Strukturkrise der Gesellschaft, die in erster Linie Ausdruck der sozialen Umschichtungen im Zusammenhang mit der hektischen Industrialisierung und damit verbunden des Aufeinanderprallens unterschiedlicher völkischer und religiöser Gruppen war, in die man persönlich mit einbezogen war. Vielmehr begriff man ihn fast ausschließlich als moralische Krise des einzelnen.

Im Zuge der eigenen Bestimmtheit von äußerlichen Sittenregeln achtete man bei sich und den anderen konsequenterweise weniger auf den inneren Zensor, die eigentliche Gewissensstimme, die, wie Heidegger sagt, »im Modus des Schweigens redet«[60] und somit zum Innehalten und Nachdenken auffordert. Vielmehr ging es in typisch pseudoextrovertierter Art um den äußeren Zensor, das heißt um jederzeit abrufbare äußerliche Sittenregeln. Daher witterte man das Böse, dem Denken der Nazis nicht unähnlich, hinter jeder Anomalie (zum Beispiel hinter der Homosexualität), hinter jeder Heterodoxie (zum Beispiel dem Liberalismus) und hinter jedem Nonkonformismus, also wiederum hinter dem, was äußerlich in den Blick springt.

Wirkliche Fehlentwicklungen unserer maßlos egozentrisch und habsüchtig gewordenen Ellenbogengesellschaft dagegen, die nach Meinung vieler ernsthafter Zeitkritiker unsere westliche Zivilisation in hohem Maße bedrohen, zum Beispiel ihren »Wärmetod des Gefühls« und den weitgehenden Zusammenbruch des Zwischenmenschlichen[61], also Züge, die dem Liebesgebot aller großen Religionen Hohn sprechen, gerade auch jener, der sich diese Fundamentalisten verpflichtet fühlten, dem Christentum, wurden gemessen daran viel weniger beachtet. Wie hätte das aber auch anders sein sollen, sind diese Fehlentwicklungen doch wohl primär Ausdruck unseres westlichen Hyperindividualismus mit seinen magischen und narzißtischen Bewußtseinszuständen! Zu diesen aber tendieren die Fundamentalisten bekanntlich selber. Also fehlte ihnen dazu der innere Abstand. Stattdessen bekämpften sie mit Vorliebe äußerlich faßbare Symptome. Der Höhepunkt ihres »Erfolges« war, daß es ihnen gelang, zwischen 1919 und 1933 die Prohibition durchzusetzen.

Der Einfluß dieser Kräfte war so stark, daß sich namentlich in den Zeiten der schweren Wirtschaftsdepression in den USA in den zwanziger und dreißiger Jahren Millionen, gerade auch viele Gutmeinende, von den Aposteln dieser rigiden pseudoprotestantischen Moral in den Bann ziehen ließen, weil diese scheinbar wußten, »wo es langgeht«. Betroffen von der Situation, in der sie lebten, sahen sie nicht die fehlende innere Kompetenz und die vielfach paranoide, haßerfüllte Haltung derer, die sich anmaßten, in ihrem Namen einen scheinbar gerechten Kampf zu führen.

Lag der eine Schwerpunkt der amerikanischen Spätfundamentalisten auf dem Kampf gegen den Sittenverfall und für die Prohibition, so lag der andere auch weiterhin auf dem Feld der Naturwissenschaften. Dabei konzentrieren auch sie sich insbesondere auf den *Kampf gegen die Deszendenztheorie*. Daß sie sich gerade an dieser festbissen, spricht für ihr Gespür, denn an dieser Theorie entzündet sich bis heute wie sonst an nichts die Frage aller Fragen für uns alle, nämlich *nach unserem Platz in der Natur*. Hinter ihr steht sogar noch eine andere, direktere Frage: hat die Schöpfung einen auf uns bezogenen Sinn oder sind wir nichts als das Produkt unzähliger Zufälligkeiten, Unwägbarkeiten und Katastrophen? In diesem Fall wäre sogar das Wort »Schöpfung« fehl am Platze, weil es immer einen Schöpfer voraussetzt, der von einem Plan ausgeht. Die Fundamentalisten erkannten auch, daß die Erklärungen des Darwinismus, wie er damals gelehrte wurde (und wie er vielfach heute noch gelehrt wird), mit dem christlichen Menschenbild unvereinbar sind, und es war naheliegend, daß sie hier einhakten. Umso kennzeichnender ist, daß sie sich keineswegs auf die realen Schwächen der Darwinschen Theorie konzentrieren. Das hätte an sich nahegelegen, denn diese sind in einigen zentralen Punkten so gravierend, daß bis zum heutigen Tag Autoren unterschiedlichster weltanschaulicher Richtungen, keineswegs nur religiöse Fanatiker, von einem »Jahrhundertirrtum« sprechen.[62] Statt jedoch das Naheliegende aufzugreifen, steigerte sich der fundamentalistische Angriff gegen den Darwinismus immer mehr zu einer erbärmlichen Notwehr gegen den Versuch Darwins und seiner Anhänger, eine der bedeutendsten Entdeckungen aller Zeiten – die Evolution – angemessen zu interpretieren. »Angemessen« hieß damals: »im Geist des 19. Jahrhunderts«, für uns heute dagegen bedeutet es etwas anderes, nämlich »nicht auf die Voreingenommenheiten des 19. Jahrhunderts reduziert«. Was aber sagt in diesem Sinne Darwin und wie begegnet ihm der amerikanische Fundamentalismus?

Unbestreitbar und durch ein schier erdrückendes Beweismaterial gesichert ist inzwischen das Faktum der Evolution als solches. Unbestreitbar ist auch das Verdienst Darwins, die Linien dieses Entwicklungsprozesses vielfach als erster aufgezeigt und mit Hilfe einer Theorie interpretiert zu haben. Grundlage für diese Theorie waren Befunde, die er als junger Mann auf einer jahrelangen Reise auf einem Forschungsschiff erhoben hatte. Dies allein würde ausreichen, ihn den bedeutendsten Naturforschern aller Zeiten zuzuzählen, selbst wenn man tatsächlich zentrale Teile seiner Theorie als »Jahrhundertirrtum« bezeichnen müßte. Und in der Tat scheint eine tiefe Kluft zwischen seinen Beobachtungen und seinen Schlußfolgerungen zu bestehen (Siehe S. 169).

Darwin sah den Grundmechanismus der Evolution in einem zweistufigen Prozeß, bei dem Zufall und Notwendigkeit anscheinend vorteilhaft miteinander vermischt sind: Im Laufe des Lebens, so postulierte er, komme es beim einzelnen Individuum gelegentlich zu Veränderungen (»Mutationen«) im Erbgut, wodurch irgendein Merkmal verändert werde. In einem zweiten Schritt, der eigentlichen Selektion, führe das dazu, daß auf diese Weise unter unzähligen anderen Exemplaren einzelne dieser Variationen besser mit Umweltveränderungen fertig werden als die nicht oder die nicht-günstig-Mutierten. Damit hätten sie die Chance, im Existenzkampf besser zu überleben.

Seine Theorie lief somit auf eine schrittweise Entwicklung,

64

einen »Gradualismus«, hinaus, das heißt auf die Annahme, daß jede Art durch den Kampf ums Dasein langsam, aber stetig im Sinne einer Höherentwicklung modifiziert wird. Diese Hypothese ist aber, so einleuchtend sie auch klingen mag, weder theoretisch noch empirisch haltbar. (Das Problem wird später nochmals unter einer anderen Fragestellung aufgegriffen werden) (Siehe S. 190 ff).

Theoretisch fragwürdig ist allein schon Darwins Zentralbegriff »survival of the fittest«, das Überleben des Tüchtigsten, denn er beruht, wie Karl Popper gezeigt hat, auf einer logischen Wahrheit und nicht auf einem empirischen Ergebnis, weil er im Grunde sagt: »bislang gut angepaßt« bedeutet soviel wie »mit solchen Eigenschaften ausgestattet, die bisher das Überleben ermöglichten«[63]. Davon abgesehen läuft er auf eine Tautologie hinaus, weil sich die Tüchtigkeit, die als Prämisse fürs Überleben angesehen wird, während die weniger Tüchtigen zugrundegehen, immer erst nachträglich durch das Überleben definieren läßt.

Dazu kommen unüberwindbare Erklärungsschwierigkeiten angesichts der *Empirie*. So kann der Darwinsche Gradualismus nicht verständlich machen, wieso evolutionäre Neuheiten im Laufe der Entwicklungsgeschichte fast immer sehr plötzlich erschienen sind, und zwar mit erstaunlich neuartigen, scheinbar »fertigen« Bauplänen innerhalb einer – erdgeschichtlich gesehen – kurzen Frist. Das ereignete sich zum Beispiel während der sogenannten »kambrischen Explosion« (Siehe S. 181), als es zum ersten Mal zur Besiedlung der festen Landmassen kam, aber wiederholt auch sonst.

Kaum verständlich von Darwins Prämisse her ist auch die Abfolge der enorm vielen Schritte, die zum Umbau komplizierter Organe notwendig waren, zum Beispiel bei der Weiterentwicklung gewisser Reptilien zu Vögeln. Legt man die gradualistische Theorie zugrunde, dann müßten die Tiere auf dem Weg zur Entwicklung von Flügeln außerordentlich lange Zeit relativ hilflos und damit keineswegs sehr »fit« gewesen sein. Ähnlich groß sind die Schwierigkeiten bei der Vorstellung, wie sich komplizierte Organe wie das Auge oder das Ohr entwickelt haben.

In der jüngsten Zeit wurde zudem anhand neuer Funde immer deutlicher, daß die Evolution keinesfalls ein zwangsläufig wirksames Prinzip sein kann. So hat man zum Beispiel im Laufe der letzten Jahrzehnte einige lebende Exemplare eines urtümlichen Fisches, des Quastenflossers, gefunden, den man schon längst für ausgestorben hielt. Der Vergleich dieser Exemplare mit etwa 130 Millionen Jahre alten Versteinerungen zeigt, daß sich während dieser Zeit bei diesen Tieren praktisch nichts verändert hat, sondern daß sie wie lebende Fossilien sind. Das gleiche gilt für zahlreiche Insektenarten. Das heißt, daß sich zwar Evolution vielfach vollzieht, daß sie aber keineswegs zwangsläufig abläuft, wie man aufgrund der Darwinschen Hypothese erwarten müßte.

Erstaunlich ist auch, daß man bei Ausgrabungen bis heute praktisch nie auf Zwischenformen gestoßen ist, wie man sie eigentlich im Sinne der Darwinschen Theorie fordern müßte. Eingefleischte Darwinisten machen es sich vermutlich zu einfach, wenn sie sich als Antwort immer nur auf das angeblich zu wenige Befundmaterial zurückziehen, statt einzugestehen, daß auch sie keine wirkliche Erklärung kennen.

Der heutige Stand der Forschung legt somit am ehesten eine Entwicklung in Form vieler voneinander unabhängiger Schöpfungsakte – oder wenn man es neutral formulieren will: Entwicklungsschübe – nahe, wobei deren Zustandekommen vollkommen im Dunkeln liegt. Dabei sind jeweils Lebensformen von großer Stabilität entstanden. Orthodoxe Darwinisten werden dadurch meist ebensowenig angefochten wie die Fundamentalisten in ihren Überzeugungen durch die Einsichten der modernen Naturwissenschaften. Sie kontern dann schnell mit dem Mangel an Belegmaterial. Würde dieses erst in ausreichendem Maße zur Verfügung stehen, so betonen sie, dann würde sich die Richtigkeit ihrer Überzeugung offenbaren. Daß es inzwischen bedenkenswerte Alternativtheorien dazu gibt, durch die sich viele Befunde wesentlich einleuchtender interpretieren lassen (sie können hier aus Platzgründen nicht dargestellt werden)[64], bringt sie ebensowenig aus der Fassung wie der genannte Einwand von Karl Popper gegenüber den vielen Ungeklärtheiten des Darwinismus (Siehe S. 65). Das legt nahe, daß auch ihre Position vielfach ideologisch ist.

Nichtsachliche Gründe für ein Festhalten an einem orthodoxen Darwinismus gibt es viele. Zweifellos spielen dabei antireligiöse Affekte eine wichtige Rolle. Ihre Vertreter waren und sind oft Leute, die unter dem Deckmantel einer angeblich objektiven Wissenschaft glücklich waren (beziehungsweise sind), den Religiösen eines auswischen zu können. Das hat bereits Fontane erkannt und anschaulich geschildert: »Ich habe es noch erlebt, wie das mit den Affen aufkam, und daß irgend ein Orang Utan unser Großvater sein sollte. Da hättest Du sehen sollen, wie alle sich freuten. Als wir noch von Gott abstammten, da war eigentlich gar nichts los mit uns, aber als das mit dem Affen Mode wurde, da tanzten sie wie vor der Bundeslade«.[65] Martin Landmann hat eine andere, dazu gehörige Facette dieser trivialen Kehrseite eines naiven Fortschrittsglaubens analysiert: »Endlich schien der Mensch vom Druck der noblesse oblige erlöst zu sein, endlich schien er sich von dem steilen Gipfel, auf den er sich selbst hinaufgeschraubt hatte, wieder fallen lassen zu dürfen, denn Gott sei Dank, wir waren ja nur Affen«.[66]

Es paßt ins Bild, daß die Spätfundamentalisten an Plattheit jeden orthodoxen Darwinisten noch in den Schatten stellten. Während
die ursprünglichen Fundamentalisten dem Darwinismus – und zwar
sowohl in seiner ernsthaften wissenschaftlichen als in seiner vulgär
antireligiösen Form – kaum etwas anderes entgegenzusetzen hatten
als hilflose Abwehr, war das bei ihren Nachfahren keineswegs der
Fall. Sie krempelten sozusagen die Ärmel hoch und »klotzten« nach
zwei Richtungen: die einen verstanden sich selber als »Theoretiker«,
denen buchstäblich keine Rabulistik und keine Anmaßung zu dumm
war, wenn sie sich letztlich gegen das schier erdrückende Beweismaterial stemmten, das zeigt, daß Evolution stattgefunden hat (wie
immer man auch diese zu interpretieren hat). Um ihre Ansicht zu
retten, die am Anfang der Schöpfung entstandenen Dinge und Lebewesen hätten sich bis zum heutigen Tag nicht weiterentwickelt,
ernannten sie sich selber zu »Kreationisten«, die zum Beispiel die
Fußspuren eines Kindes neben denen eines Sauriers »fanden« und
daraus »folgerten«, »also« seien die Angaben der Naturwissenschaftler über die Schöpfung falsch und die der Bibel richtig. (»Leider« sind diese »Beweisstücke« inzwischen nicht mehr auffindbar).[67]
Andere wiederum gründeten ein »Institute for Creative Science«, das
mit »ehernen Gesetzen« die Evolutionstheorie »widerlegte«[68]. Auf
haarsträubende Weise wurde dabei zum Beispiel das angebliche
hohe Lebensalter der Vorfahren Noahs (Methusalem wurde nach
Gen. 5, 27 969 Jahre alt!) durch einen »Gewächshauseffekt« erklärt. In den Tropen ist heute allerdings von dieser Art von Lebensele-
xier nichts mehr feststellbar!

Wichtiger noch allerdings als alle diese mitunter an Verhält-
nisschwachsinn erinnernden pseudowissenschaftlichen Verlautbarungen war der direkte Kampf gegen die Deszendenztheorie in den
Schulen, speziell unter der Führung des wortgewaltigen dreimaligen
Präsidentschaftskandidaten William J. Bryan. In einigen Südstaaten
erwirkten die Fundamentalisten sogar vorübergehend gesetzliche
Maßnahmen gegen den Vortrag der Darwinschen Theorie im Unter-
richt.

Den Höhepunkt dieser Polemik bildete zweifellos der sogenannte »Affenprozeß« 1925 gegen den Biologielehrer John Scopes
aus Tennessee, der beschuldigt wurde, widerrechtlich ein Lehrbuch
zu benutzen, in dem die Evolutionstheorie behandelt wurde. Zwar
wurde der Lehrer zu 100 Dollar Strafe verurteilt und einige Südstaaten erließen zunächst Gesetze gegen die Verbreitung der Deszendenztheorie. Damit kam aber das Faß zum Überlaufen, und dieser
vorläufig letzte Versuch der fundamentalistischen Bewegung, öffentlichen Einfluß zu gewinnen, schlug ins Gegenteil um: Allzu drastisch
zeigte sich beim Kreuzverhör zwischen dem Anwalt von Scopes,

Clarence Darrow, und dem Ankläger, dem genannten Richter Bryan, wie sehr dessen Großmäuligkeit mit Ignoranz gepaart war, auch in Sachen Bibel.[69] Mit Genuß nahm die Presse die Angelegenheit auf, und bei jedermann drängten sich Parallelen auf zu jenen Zeiten, in denen die Kirchen Intellektuelle, bloß weil sie modern gedacht hatten, verfolgt und diffamiert, ja, wenn sie die Macht dazu hatten, mitunter sogar verbrannt hatten. Hier aber ging die Abwehr gegen einen revolutionären Gedanken, die Evolutionslehre, nicht einmal von mächtigen, scharfsinnigen Kirchenmännern aus, sondern lediglich von ein paar einfältigen Fanatikern. Allzu durchsichtig stand hinter dieser Abwehr der Haß gegen alles Intellektuelle, geboren aus der Angst vor der akademischen Freiheit und aus der Verherrlichung der gesellschaftlichen Autorität auf Kosten der persönlichen Freiheit. Das aber konnte und wollte man nicht hinnehmen.

Nachdem sie zum Gespött der ganzen Nation geworden waren, zogen sich die Fundamentalisten in den USA vom Terrain der Wissenschaften notgedrungen etwas zurück. Statt dessen rückten sie die Bereiche des Propagandistischen und des Politischen stärker ins Zentrum, und eine neue Generation von intellektuell besser geschulten und argumentativ schlagkräftigeren, aber noch substanzärmeren und militanteren Akteuren bekam immer mehr das Sagen. Sie holten sogar wieder die alte Klamotte des Kampfes gegen die Deszendenztheorie aus dem Schrank, vor allem anläßlich von Senatoren- und Präsidentenwahlen, um Politiker, die auf ihren Einfluß angewiesen waren, auf diese Weise für ihr Ziel: den Kampf gegen den Darwinismus, zu verpflichten. Aufs Ganze gesehen verlegten sie jedoch den Schwerpunkt ihrer Aktivitäten auf den Kampf gegen die Zersetzung der Familie, was sich zwar gut anhört, aber, wohlgemerkt, einer Familie galt, in der es keine Gleichberechtigung der Frauen gibt. Dabei gingen sie, wie es sich entsprechend den beiden Quellen anbietet, aus denen sie sich vorwiegend speisten, in zwei Marschrichtungen vor: bei den fundamentalistischen Presbyterianern standen vor allem politische Ordnungsvorstellungen im Zentrum, die es durchzusetzen galt, bei den fundamentalistischen Baptisten dagegen ging es vor allem um die persönliche Bekehrung.[70] Der große Erfolg stellte sich etwa seit den beginnenden siebziger Jahren ein.

In der Folge gaben vor allem zwei Entwicklungen der Richtung neuen Auftrieb: zum einen die seit diesen Jahren immer konsequentere Trennung von Kirche und Staat und die zunehmende Liberalisierung der Abtreibung, zum anderen ein Umschwung im geistigen Klima des liberalen Protestantismus. Dessen Einfluß hatte lange Jahre vor allem darin bestanden, daß er zu einer »Religion des Reichtums« geworden war, »die den unbeschwerten Genuß des amerikanischen Wohlstandes rechtfertige«[71] und im übrigen in naiver Weise Patriotismus und Religion miteinander identifizierte. Seit Ende der sechziger Jahre aber entdeckte man plötzlich das »Amerika der Armen«, der Minderheiten und der Ghettos. Dazu kamen später die Traumata der Ermordung Kennedys, des Watergate-Skandals und vor allem des verlorenen Vietnamkriegs mit seinen katastrophalen Folgen für das amerikanische Nationalgefühl sowie die immer mehr sich ausbreitende Drogensucht und Kriminalität.

Alle diese schockierenden Entwicklungen wurden von vielen als Resultat der Vernachlässigung der Heilssuche und des transzendenten Bezugs gedeutet, wobei es die Fundamentalisten verstanden, diese Sicht geschickt wie niemand sonst zu vermarkten. Nach außen ging es ihnen scheinbar um das gleiche Ziel wie den liberalen Protestanten und unzähligen geschockten Bürgern auch: um »Resozialisierung«. Diese interpretierten sie freilich auf ihre Weise, nämlich als ein Leben gemäß der Devise »America back to God« im Sinne des idealisiert gesehenen ehemaligen »American Way of Life«.

Auf dieses vergangenheitsbestimmte Ziel hin arbeiteten in der Folge zahllose höchst unterschiedliche, oft untereinander zerstrittene fundamentalistische Bewegungen mit allen modernsten Mitteln der »Gehirnwäsche«. Deren Spielraum erstreckt sich von der individuellen »Bekehrung« bis zur Massensuggestion durch das Fernsehen. Dahinter aber standen die zwei Zugangswege entsprechend der Herkunft der »Missionare«: auf der einen Seite appelliert man an die »moralische Mehrheit« (moral majority), gegen die »Waffen Satans« zu kämpfen, das heißt gegen den Kommunismus, den »säkularen Humanismus«, der bei der Lösung aller individuellen Probleme auf die eigenen Möglichkeiten und Fähigkeiten vertraut und gegen die damit verbundene »Vergiftung« des Denkens der Kinder und Jugendlichen durch alle möglichen Formen von »modernistischer Infiltration«. Das geschieht nach dem Motto: »wir müssen zugeben, daß wir, das amerikanische Volk, es zugelassen haben, daß eine lärmende Minderheit von gottlosen Männern und Frauen Amerika an den Rand des Abgrunds gebracht hat ... Es ist Zeit, daß alle anständigen Amerikaner ihre Kräfte vereinen, um unser geliebtes Vaterland zu retten«.[72] Dazu tritt auf der anderen Seite die emotionale Massage durch die wiederaufgeblühte charismatische Bewegung. Auch sie hat verblüffende Effekte: Nach einer Gallup-Umfrage aus dem Jahre 1986 stuften sich 33 % der Erwachsenen als »evangelikal« ein, was absolut etwa 58 Millionen Menschen entspricht.[73]

Inzwischen gehören die Fundamentalisten zu den unbestrittenen Meistern im Umgang mit der modernen Kommunikationstechnik, die völlig selbstverständlich das Instrumentarium der Massenmedien beherrschen, und im Beschaffen horrender Spendensummen. Ihre Botschaften wurden 1986 tagtäglich von etwa 200 Fernsehsendern und über 1000 Radiostationen ausgestrahlt[74], wobei auf allen nur denkbaren Instrumenten gespielt wird:

Primitive Demagogen wettern gegen »Unmoralische«, »Schamlose« und »Liberale«. Ihr Themenkatalog umfaßt die Stichpunkte Schutz der Familie und Kampf gegen Feminismus und Gleichberechtigung der Frau, Pornographie-Verbot, strafrechtliche Verfolgung der Homosexuellen, Durchsetzung der Todesstrafe, Brand- und Bombenanschläge gegen Abtreibungskliniken usw.[75]; glattzüngige Fernsehprediger arbeiten mit allen nur denkbaren suggestiven Tricks: smarte Repräsentanten der »electronic church« degradieren die Bibel zu einem Warenhauskatalog, aus dem man sich nach Bedarf bedient. Sie ermuntern ihre Hörer: »Nenne mir ein Problem und ich nenne dazu die passende Bibelstelle«; die Nachfahren der biederen fundamentalistischen Erfahrungssucher packen sozusagen Millionen geistig ans Gekröse, wenn sie in Trancezuständen durch »Zungenreden« (Glossolalie), also durch das Lallen sinnloser Wörter, die zwar keiner versteht, die aber unendlich bedeutsam wirken, Bekehrungen am laufenden Band produzieren. Ja, die Nachfahren der früheren leidenschaftlichen Antidarwinisten bedienen sich bei Bedarf sogar sozialdarwinistischer Slogans. Nun tönen fröhliche Flachmänner aus dem Fernseher: »Im Leben ist es entscheidend, auf der Seite des Siegers zu stehen. Jesus ist Sieger« oder »das Christentum ist ›Nummer 1‹ im Konkurrenzkampf zwischen Gut und Böse«.

Ein weiteres beliebtes Feld der Aktivität tut sich nach wie vor in der Politik auf. Auch hier ist keine Phrase zu simpel und keine Polemik zu billig, um nicht aufgegriffen zu werden. Durch gezielte Postwurfsendungen setzt man Leute unter Druck, um sie politisch zu manipulieren. Der Erfolg läßt nicht auf sich warten: insbesondere mit dem konservativen rechten Flügel der Republikaner entstanden daraus für beide Seiten ersprießliche Symbiosen; der ehemalige US-Präsident Reagan profitierte bei seiner Wahl davon. Man vermutet, daß er sie in den achtziger Jahren ohne den Einfluß der Fundamentalisten nicht gewonnen hätte.

Der katholische Fundamentalismus

Vorbemerkung: manche fundamentalistische »Symptome« finden sich durchgängig, andere dagegen sind nur für bestimmte Formen des Fundamentalismus charakteristisch. In den folgenden Kapiteln sollen vor allem die Besonderheiten der unterschiedlichen fundamentalistischen »Glaubensweisen« besonders herausgestellt werden. Das ermöglicht, die Bandbreite der verschiedenen Fundamentalismen und zugleich deren jeweilige Spezifität sichtbar zu machen.

Was konkret fundamentalistische Strömungen in der katholischen Kirche betrifft, so hat man dort lange bestritten, daß es diese überhaupt gäbe. Zum einen sah man im Fundamentalismus ausschließlich eine »typisch amerikanische Abwehrbewegung gegen die auflösende Tendenz des theologischen Liberalismus und Modernismus«[1], mit dem man selber nichts zu tun habe. Zum anderen verwies man darauf, daß die eigene Ausgangsposition ganz anders sei als im protestantischen amerikanischen Fundamentalismus, denn die katholische Kirche schöpfe ihre Gewißheit nicht aus der Heiligen Schrift allein. Vielmehr seien »die Heilige Überlieferung, die Heilige Schrift und das Lehramt gemäß dem weisen Ratschlag Gottes so miteinander verknüpft und einander zugesellt, daß keines ohne die anderen besteht«[2].

Daß es auch in der eigenen Kirche eine Vielzahl von Strömungen gibt, die man im Sinne des inzwischen üblichen Sprachgebrauchs als fundamentalistisch zu bezeichnen hat, wurde von den Katholiken selber erst spät zur Kenntnis genommen. Wichtig waren hier vor allem die Untersuchungen des Regensburger Dogmatikers Wolfgang Beinert über den katholischen Fundamentalismus.[3] Seitdem erkannten einsichtige Katholiken immer deutlicher, »daß gerade in der katholischen Kirche angesichts ihrer klar gegliederten Hierarchie und der von ihr umschriebenen Funktion des kirchlichen Lehramts die Versuchung zu fundamentalistischen Positionen besteht«[4].

Diese Versuchung lag vor allem deshalb nahe, weil es schon längst parallel zu der genannten offiziellen Zweiteilung in Lehramt und Heilige Schrift einen knallharten katholischen Dogmatismus im Sinne der »Denzinger-Theologie«[5] gab, der die jüdische Unterscheidung in Gut und Böse mit der griechischen Unterscheidung in Wahr und Falsch verquickte und beide römisch-rechtlich absichern wollte. De facto ging er dabei nach dem Schema vor: »Roma locuta, causa finita«. Eine »klassische« Verlautbarung in diesem Sinne findet sich im Vaticanum I (DS 3031): »Wer sagt, es sei möglich, daß man den von der Kirche vorgelegten Glaubenssätzen entsprechend dem Fortschritt der Wissenschaft gelegentlich einen anderen Sinn beilegen müsse als den, den die Kirche verstanden hat und versteht, der sei ausgeschlossen«[6]. Anscheinend konnte man also mit Hilfe eines geschlossenen Systems auf alle offenen Fragen umfassende, endgültige und unhinterfragbare Antworten geben (»Integrismus«), wobei man, wie das Beispiel lehrt, dem Frager gegebenenfalls durch massive Drohungen »auf die Sprünge half«. Damit schottete man sich gegenüber allen Aspekten der Wirklichkeit, die nicht ins eigene Konzept paßten, in typisch ideologischer Manier ab.

Hauptrichtungen

Heute gestattet sich die katholische Kirche insgesamt nicht mehr, so vorzugehen. Dennoch muß man aus guten Gründen innerhalb des Katholizismus besonders drei Erscheinungsformen als fundamentalistisch hervorheben: die Bewegung um den Erzbischof Marcel Lefèbvre, das »Engelwerk« und das »Opus Dei«[7]:

- Der 1905 geborene ehemalige Missionsbischof **Lefèbvre** nahm als Generaloberer der »Väter vom Hl. Geist« am II. Vatikanischen Konzil teil. Enttäuscht von dessen Aussagen zum Ökumenismus, zur bischöflichen Kollegialität und zur Religionsfreiheit sowie zur Liturgiereform gründete er 1970 die »Priesterbruderschaft St. Pius X«, später Seminare, Noviziate und Schulen. Als er 1976 gegen päpstliches Verbot Priester und Diakone weihte, wurde er suspendiert. 1988 trat er durch die unerlaubte Weihe von vier Bischöfen ins Schisma. Dazu war er auch bereit, denn nach seiner Auffassung sind der Stuhl Petri und die amtlichen Stellen in Rom »von Antichristen besetzt« und die Katholische Kirche befindet sich in der Endzeit.[8] »Die Kirche in der Endzeit ist klein; sie ist ohne staatlichen Schutz; sie ist – wenigstens zeitweise – ohne Führungshierarchie; Christus steht ihr in besonderer Weise nahe; sie kämpft gegen die römische Hure«[9];
- Das **»Engelwerk«**, das heute seinen Sitz in St. Petersberg bei Silz in Österreich hat, ist eine Bewegung, die auf die Privatoffenbarungen von Frau Gabriele Bitterlich (1896 – 1978) zurückgeht und heute nach deren Tod vom Sohn der Gründerin weitergeführt wird. In ihrem Mittelpunkt steht eine Engellehre, die aus christlichen und kabbalistischen Elementen besteht. Das wird freilich vom Engelwerk selber bestritten, das auf den originären Charakter der Offenbarungen seiner Gründerin großen Wert legt, die eine »Seherin aller Engel« sei und »im Rang gleich nach der Mutter

Gottes« komme[10]. Die meisten Aussagen dieser typisch charismatischen Form von Fundamentalismus werden allerdings der Öffentlichkeit vorenthalten. Sogar Mitglieder werden erst allmählich in ihre Inhalte eingeweiht. Wenn ehemalige Anhänger des Engelwerks nach ihrem Austritt aus der Gemeinschaft über die Inhalte oder Riten dieser Bewegung berichten, wird ihnen unterstellt, ihre Äußerungen seien absichtlich falsch oder gar verleumderisch;

- Das **»Opus Dei«**, die wohl wichtigste katholische fundamentalistische Bewegung, wurde 1928 von dem spanischen Priester Josemaria Escriva de Balaguer y Albas (1902–1975) als streng hierarchisch gegliederte, patriarchalische und straff organisierte Gemeinschaft katholischer Laien gegründet. Zwei Jahre danach kam ein weiblicher Zweig dazu. Frauen können allerdings in die Gesamtleitung des Opus Dei nicht gelangen. Escrivas Anliegen war vor allem die Durchdringung akademischer und kapitalkräftiger Schichten der Gesellschaft mit seiner »Spiritualität«, um »die Kirche, die so sehr geschwächt ist, vom Abfall im Glauben ... zu heilen und buchstäblich wieder auf die Beine zu bringen«[11]. Seine Strategie bestand darin, innerhalb, aber noch mehr außerhalb der Kirche Schlüsselpositionen zu besetzen und das Opus Dei auch mit anderen Organisationen personell zu vernetzen, um »die Institutionen der Völker, der Wissenschaft, Kultur, Zivilisation, Politik, Kunst und sozialen Beziehungen (zu) christianisieren«[12].

Vielleicht noch stärker als beim Engelwerk ist die Forderung nach Arkandisziplin. Sie erstreckt sich bis zur Geheimhaltung der Namen der Mitglieder des Opus Dei. Daß damit auch jede kritische Äußerung von ehemaligen Mitgliedern oder Außenstehenden über das Opus von diesem als böswillig und verleumderisch angesehen wird, versteht sich angesichts des Gesagten von selber. Viele, die das versucht haben, können davon ein Lied singen.

Von seinen Mitgliedern verlangte Escriva »heiligen Zwang«, »heilige Unverschämtheit« und »blinden Gehorsam«.[13] Obwohl sich darin wie in unzähligen anderen seiner Äußerungen nicht gerade eine Haltung ausdrückt, die im Sinne einer Nachfolge Jesu gesehen werden kann, hat ihn doch Papst Johannes Paul II. Anfang 1995 selig gesprochen. Vom Opus Dei selber wird er bereits zu den »triumphalen Gestalten der Kirchengeschichte« gezählt.[14] Das Opus Dei, das inzwischen etwa 80 000 Mitglieder zählen soll, untersteht heute kirchenrechtlich direkt dem »päpstlichen Lehramt« im Sinne einer sogenannten »Personalprälatur«.[15]

Spezifische Merkmale

Anders als es katholische Fundamentalisten selbst meist wahrhaben wollen, gibt es unbestreitbar einen Fundamentalismus auch im Katholizismus, der zahlreiche Merkmale mit der entsprechenden protestantischen Parallelbewegung teilt. Diese Gemeinsamkeit liegt schon deshalb nahe, weil beide Seiten auf die gleiche Situation reagieren, nämlich auf eine allgemein abnehmende Bindung an die überkommenen Religionsgemeinschaften unter dem Einfluß der Moderne. Diese Abnahme vollzieht sich nach fundamentalistischer Sicht auf zwei Ebenen:

äußerlich in der Abwendung immer weiterer Kreise vom angestammten Glauben und der persönlichen Frömmigkeit, sowie *innerlich* in einer tiefen Vertrauens-, ja Identitätskrise vieler Geistlicher. Sie führe zu einem letztlich selbstmörderischen Säkularisierungsprozeß innerhalb der Kirche selber, bei dem sich zum Beispiel die Seelsorge immer mehr in Psychotherapie, die Mission zur Entwicklungshilfe, die Caritas zur Sozialarbeit und der Gottesdienst zur liturgischen Folklore wandelt.[16]

Dieser Entwicklung möchte der katholische Fundamentalismus begegnen, indem er die Kirche wieder auf den »gesunden Boden« des überkommenen Glaubens zurückzubringen sucht, und zwar in klarer Konfrontation mit zahlreichen geistigen Entwicklungen der Neuzeit, ja, wenn nötig sogar im offenen Schlagabtausch mit ihnen. Diesen Kampf legitimiert er nicht nur mit den Gefahren, die der Kirche von seiten der Moderne drohen, sondern auch damit, daß, wie er es selber sieht, alle fundamental Denkenden von vornherein ins Schußfeld der Öffentlichkeit geraten, wobei automatisch der Vorwurf erhoben wird, sie seien intolerant.

Die Bandbreite der katholischen Fundamentalen ist, wiederum nicht anders als bei den protestantischen, außerordentlich groß und fließend. Sie reicht von traditionell konservativen Kreisen bis zu militanten Gruppen, denen buchstäblich jedes Mittel recht ist. Zweifellos ist es sachlich falsch, sie alle in den gemeinsamen Topf »Fundamentalismus« zu werfen, wie es vielfach geschieht.

Schließlich zeigt sich noch eine weitere Gemeinsamkeit mit den Protestanten darin, daß sich auch beim katholischen Fundamentalismus zwei Flügel unterscheiden lassen, wie vor allem an ihren Extremen deutlich wird: ein rational-deduktiver (zum Beispiel das Opus Dei) und ein »charismatischer« (zum Beispiel das Engelwerk). Beim ersten stehen bestimmte religiöse und moralische Prinzipien im Zentrum, die es mit List und zugleich Gewalt durchzusetzen gilt: man soll vorgehen mit »einer mächtigen stählernen Keule in einem gepolsterten Futteral«[17]; bei der zweiten dagegen spielen eigene religiöse Erlebnisse sowie wundersame und persönliche Inspirationen eine wesentliche Rolle. Diese stehen zwar im Kontext eines reichen Gebetslebens, einer entfalteten Liturgie und einer strengen Askese. Aber in ihrem rigorosen Moralismus und in ihrer geistigen Unfreiheit widersprechen sie dem Geist der Meditation und damit auch wirklicher Spiritualität, der ja ein Geist der Freiheit, Wachheit und Offenheit ist. Schon Ignatius von Loyola hat in seinen Reden zur Unterscheidung der Geister betont, daß es nicht auf die Übungen als solche ankommt, sondern auf den dahinterstehenden Geist.[18]

Auch in bestimmten anderen Merkmalen gleicht der katholische Fundamentalismus dem amerikanischen protestantischen, obwohl er gerade das wegen seiner gewollt antiökumenischen Haltung nicht wahrhaben will:

- er hat sich am stärksten in Ländern mit relativ weit entwickelter Demokratie verbreitet, in Europa vor allem in Deutschland, der Schweiz, den Niederlanden und in Frankreich sowie in den USA und in Kanada;
- sämtliche katholischen fundamentalistischen Strömungen sympathisieren, nicht anders als die amerikanischen protestantischen Richtungen, mit der extremen Rechten in den jeweiligen Ländern;
- auch in der Art des Kampfes zeigen sich deutliche Ähnlichkeiten: hinter einer äußerlichen Eindeutigkeit steht eine innere Ambivalenz. Begonnen hat sowohl der protestantische wie der katholische Fundamentalismus mit einer ausschließlich negativen Einschätzung unserer säkularisiert gewordenen Welt, der man vorwarf, sie habe der Vernunft eine einseitige Vorrangstellung eingeräumt. Das hält aber den katholischen Fundamentalismus nicht davon ab, sich selber auf ein extrem rationalistisches System zu stützen, die Neuscholastik. Oder man wirft der Moderne vor, sie habe vergessen, den Menschen als Geschöpf Gottes anzusehen. Diese Sicht wolle man wieder verankern. Dies geschah aber auf eine Weise, die sich zwar äußerlich christlich gab (und sich zweifellos auch so empfand), die aber in der Wahl ihrer Mittel dem von Christus gelehrten Geist der Brüderlichkeit vielfach Hohn sprach;
- zu der genannten Ambivalenz gehört auch ein Umschlag von Geborgenheitssehnsüchten in den Eindruck, verfolgt zu werden[19], wie ihn die Psychoanalyse beschrieben hat. An

vielen Einzelheiten wird deutlich, daß die meisten katholischen Fundamentalisten an das vom Verlust bedrohte »Objekt« (Kirche, Gott) ursprünglich weniger geistig als extrem dinglich konkretistisch gebunden waren. Dessen Verlust beziehungsweise Bedrohung wird daher auch weniger mit »normaler« Trauer als vielmehr mit einer weit darüber hinausgehenden Angst und Depression beantwortet. All das findet man bereits am Anfang sowohl des protestantischen wie des katholischen Fundamentalismus: stand am Beginn des ersteren wie beschrieben (Siehe S. 52 ff) der Eindruck, durch Überfremdung, Entwurzelung und Bedeutungslosigkeit bedroht zu werden, so setzt der katholische Fundamentalismus mit einer überscharfen Reaktion auf die Liturgiereform des II. Vaticanum ein, die im genannten Sinne als ängstigender Verlust eines tragenden Haltes erlebt wurde. Erzbischof Lefèbvre hat dieses bedrohende Gefühl in einer Predigt anschaulich beschrieben[20]: Die »neue Messe« des Vaticanum sei ein Angriff des Teufels auf die Kirche, sie sei gültig, aber vergiftet. Die einzig logische Haltung, um den katholischen Glauben zu bewahren, sei, die katholische Messe zu retten (die ja durch das Konzil nicht abgeschafft wurde!). »Ohne katholische Messe kommen wir nicht mehr in den Himmel«. Wie konkretistisch die Vorstellungen dabei waren, hat ein anderes prominentes Mitglied der Lefèbvre-Bewegung in seiner Ablehnung der neuen Handkommunion bestätigt. Er betonte, daß in jedem Partikel der Hostie Christus gegenwärtig sei. Bei der Handkommunion würden aber »so und soviele Teilchen in der Hand bleiben und auf den Boden fallen«[21];

– in der weiteren Geschichte sowohl des protestantischen wie des katholischen Fundamentalismus traten dann sämtliche wesentlichen ideologischen Merkmale auf den Plan[22], nicht isoliert, sondern sich wechselseitig bedingend, tragend, ergänzend und steigernd. Dazu gehören die Evidenz, im Besitz einer nicht mehr hinterfragbaren, bereits endgültig geoffenbarten, unverrückbaren Wahrheit zu sein, die somit nicht mehr erneuert, erweitert oder neu interpretiert werden muß; der Besitz dieser Wahrheit führt zum Bewußtsein von Auserwähltheit und zu einem strengen Traditionalismus, der als einzig angemessene Haltung der Wirklichkeit gegenüber angesehen wird; die Konsequenz daraus ist eine sture Intransingenz: der eigene »Glaube« beziehungsweise die Sätze, die dafür ausgegeben werden, müssen starr und unnachgiebig verteidigt werden; die

Folge davon ist eine konsequente Isolation nach außen, die die Verweigerung jeglichen Dialogs mit dem »Gegner« einschließt (hinter der aber offenkundig eine primäre eigene Dialogunfähigkeit steht); tragend ist hier wie dort das Gefühl, daß es »nach außen« nur um Kampf und nicht um Beziehung geht, was sich zum Beispiel in der Bevorzugung von kriegerischen Metaphern in der eigenen Sprache ausdrückt, die mit Vorliebe bei der Verteufelung des Gegners eingesetzt werden; beide Seiten tendieren auch zu einem strengen Moralismus und zu dessen Kehrseite: zur Projektion alles Bösen auf den Gegner; allgegenwärtig ist auch die Überzeugung, daß die Welt im Sinne eines radikalen Dualismus von Gut und Böse ohne Abschattierungen und Differenzierungen strukturiert ist, wobei sich im eigenen Lager alles Gute vereint findet. Das entbindet aber nicht vom Operieren mit dem großen Hammer der Angsterzeugung. Im Gegenteil: die ständige Drohung mit ewiger Verdammnis gehört zu den am meisten bevorzugten Waffen aller echten Fundamentalisten.

Gegenüber diesen Gemeinsamkeiten, die letztlich das Evangelium der Liebe und Freiheit in ein regressives System von Furcht und Zwang, von Rigorismus und Konformismus umwandeln, sind die Unterschiede zwischen den beiden »christlichen« Fundamentalismen eher peripher. Sie beziehen sich weniger auf Strukturen als auf Inhalte. Der Hauptunterschied ist, daß es dem katholischen Fundamentalismus anders als dem protestantischen primär nicht um Reevangelisation geht (was immer man darunter versteht), sondern um Rekatholisierung. Darin drückt sich die unterschiedliche Tradition aus;

– gab und gibt sich der protestantische Fundamentalismus in den USA überwiegend naiv »amerikanisch«-hemdsärmelig und draufgängerisch, so zeigt sich der katholische Fundamentalismus in allen Spielarten fast ausschließlich taktiererisch und geheimnistuerisch und bevorzugt die »U-Boot-Taktik« nach dem Motto: »zur rechten Zeit verschwinden und zur rechten Zeit wieder auftauchen«. Besonders in Verlautbarungen des Opus Dei wird das unmißverständlich geäußert: »Offenbare nicht ohne Grund das Vertrauliche deines Apostolats: siehst du nicht, daß die Welt voller egoistischer Verständnislosigkeit ist?« oder an anderer Stelle: »Besser: Heiß brennen wie eine Fackel, im Verborgenen, alles in Brand stecken, was du berührst. Das ist dein Apostolat«[23];

– gewisse Unterschiede gibt es wegen der unterschiedlichen

Ausgangssituation naheliegenderweise auch bei einem der zentralsten Ideologiemerkmale, dem Autoritarismus (Siehe S. 53), obwohl selbst hier die Gemeinsamkeiten überwiegen: sowohl der katholische wie der protestantische Fundamentalismus ist, wie jede Ideologie, autoritär strukturiert und zeigt eine ausgesprochene Festungsmentalität. Gemeinsam ist auch der feste Wille, diese Festung von allem eingedrungenen Unreinen zu säubern. Wenn beide Seiten von »Rechristianisierung« reden, dann meinen sie damit zunächst den Kampf gegen dieses Unreine im Inneren und dann erst die Missionierung nach Außen.

Nicht identisch ist natürlich auf den ersten Blick auch der Gegner im eigenen Lager: für die amerikanischen fundamentalistischen Protestanten ist das vor allem der liberale Protestantismus, für den katholischen Fundamentalismus dagegen sind es primär die »unheilvollen« Folgen des II. Vatikanischen Konzils. Aber in einem tieferen Sinne steht dahinter ein und derselbe gemeinsame Feind: das von der Aufklärung geprägte Denken. Das Opus Dei formuliert das noch relativ verdeckt, wenn es das Christentum von dem befreien möchte, »was wir Modernismus, Subjektivismus, Marxismus und Materialismus nennen«.[24] Die Lefèbvre-Bewegung dagegen läßt auch hier eher die Katze aus dem Sack. So sagte zum Beispiel Bischof Lefèbvre bei einem Interview: »Vordem stand die Freiheit vornehmlich in Beziehung zur Wahrheit. Jetzt steht die Freiheit in Beziehung zum menschlichen Gewissen… Das ist der Tod der Kirche. Es ist ein Hereinbringen des Giftes der Revolution, der von der Kirche beglaubigten Menschenrechte«.[25] Konsequenterweise mußte diese Haltung zu einer Abspaltung von der katholischen Kirche führen, da man keine Lust habe, sich mit dem »geistigen AIDS dieser Leute« anzustecken, einer »ansteckenden Krankheit«[26];

  – diese ans Paranoide grenzende Angst vor der Vergiftung durch das »Fremde« förderte innerhalb des katholischen Fundamentalismus die Bereitschaft zur Bindung an die eigene Gruppe, und zwar in Form einer infantilen Abhängigkeit, für die es im protestantischen Fundamentalismus in dieser Intensität trotz aller Verbohrtheit und trotz alles Infantilismus kaum Analogien gibt. Wie das »idealerweise« aussieht, hat J. Escriva ausgedrückt: »Sei klein, sehr klein. Sei nicht älter als zwei, höchstens drei Jahre. Größere Kinder sind schon Spitzbuben, die ihre Eltern mit den unwahrscheinlichsten Lügen täuschen wollen«, und an anderer Stelle sagt er: »Suche nie, ein Erwachsener zu sein. Kind, immer Kind, auch wenn du vor Alter umfällst«.[27]

Gelegentlich werden solche Sätze sowohl von Gegnern des Christentums als auch von christlichen Fundamentalisten als »typisch christlich« angesehen, unter Berufung auf Mt. 18, 3, wo Jesus vom »Werden wie die Kinder« spricht. Unverkürzt aber lautet dieser Satz: »*Wenn ihr nicht umkehrt* und werdet wie die Kinder«. Damit fordert Jesus also nicht Regression, sondern eine Umkehr der Existenz, die nur dann möglich wird, wenn sie in jener vertrauenden, offenen und partizipativen Haltung erfolgt, wie sie gerade Kindern zu eigen ist. Wie wenig eine Nachfolge Christi mit Infantilismus vereinbar ist, wird gerade an dem bedeutendsten Interpreten des Jesus von Nazaret, Paulus, deutlich, der sich nicht ohne Stolz zur eigenen Reife bekennt, wenn er schreibt: »Als ich ein Kind war, redete ich wie ein Kind, dachte wie ein Kind und urteilte wie ein Kind. Als ich ein Mann wurde, legte ich ab, was Kind an mir war« (1. Kor. 13, 11).

Vielleicht nirgends mehr als an der Spiegelung des christlichen Fundamentalismus an diesen beiden zentralen Bibelstellen wird deutlich, daß dieser in seinem Wesen zutiefst unchristlich ist, wie immer er sich selber auch verstehen und geben mag: unchristlich ist die Starrheit statt der Bereitschaft zur Wandlung, unchristlich ist »bösartige« anstelle einer »guten«, das heißt konstruktiven, Regression im Sinne des Psychoanalytikers M. Balint[28] (von ihr spricht Jesus im genannten Satz) und unchristlich ist die fehlende Bereitschaft zur Reife, ja deren Verketzerung.

Der letztgenannte Punkt ist zugleich ein Zentralpunkt bei der Prüfung der These, Fundamentalismus sei »Aufstand gegen die Moderne«[29]. Sofern die hinter der Moderne stehende Aufklärung dem Menschen zur Mündigkeit verhilft, entspricht sie einer christlichen (und zum Beispiel auch einer buddhistischen) Forderung. Wo sie ihm freilich nur Geborgenheit und Orientierung wegnimmt, ohne die niemand leben kann (häufig aus Gründen, die mit dem Zynismus zusammenhängen, mit dem nach Carl Friedrich von Weizsäcker die Welt des modernen Denkens durchseucht ist)[30], ist dieser fundamentalistische Aufstand, wie soviele andere Aufstände im Laufe unserer Geschichte, zumindest verständlich. Die entscheidende Frage ist dann nicht die nach der Berechtigung dieses Aufstandes, sondern die nach der Angemessenheit seiner Mittel.

Der islamische Fundamentalismus

Voraussetzungen zum Verständnis des Islamismus

Den sogenannten islamischen Fundamentalismus unvoreingenommen zu sehen, fällt uns hier im Westen besonders schwer; ihn auf wenigen Seiten darzustellen, ist schier unmöglich. Am ehesten hilft vielleicht, sich diese Schwierigkeiten klarzumachen:

1. »Islamischer Fundamentalismus« ist ein Wort, das jene, die wir damit belegen, selber nie verwenden würden. Sie würden für sich nicht nur die mit dem Begriff »Fundamentalismus« verbundenen negativen Konnotationen in Abrede stellen, sondern auch bestreiten, daß sie etwas Neues, noch nie Dagewesenes anstreben. Allenfalls würden sich einige von ihnen »Islamisten« nennen. Ein Islamist ist nach seinem eigenen Selbstverständnis Anhänger einer Erneuerungsbewegung, von denen es im Laufe der Geschichte des Islam schon viele gegeben hat und deren Ziel es ist, die islamische Gemeinschaft, die Umma, zu einer strengen Gesetzerfüllung hinzuführen.

2. Zweifellos gibt es bei uns eine verbreitete Tendenz, aus Unkenntnis den Islam mit dem Islamismus zu identifizieren und beide als monolithische Einheit anzusehen, die man vorschnell mit dem Begriff »Fundamentalismus« zusammenfaßt. Von daher ist es dann oft nicht mehr weit zu der schlichten Gleichung: »Islam bedeutet Gewalt, letztlich sogar Nähe zum Terror«. Dazu kommt ein weiteres, ein emotionales Element: Die Kritiker wissen sich meist im Besitz einer einzigartigen Meßlatte, die sie »Rationalität« nennen. Diese legen sie mit Vorliebe an den Islam an, weil dieser für sie aufgrund seiner religiösen Basis der Inbegriff eines »primitiven« Weltanschauungssystems ist, dem man als aufgeklärter Mensch innerlich nur noch angeekelt begegnen kann.

   Was diese selbsternannten Sprecher in Sachen Aufklärung nicht wahrhaben wollen, ist, daß auch sie fanatische Monotheisten sind, wobei ihr Gott derjenige einer einseitigen Rationalität ist, die blind dafür ist, daß ihr Absolutheitsanspruch sich selber nicht rational begründen läßt.[1] Ihre Kritik an Menschen, deren Wesen ihnen fremd und unheimlich ist, zeigt in ihrer Besserwisserei und Rigidität oft selber Züge, die strukturell dem Fundamentalismus ähnlich sind. Sie ist in ihrem Geist der Tod jeglichen Verständnisses und daher ihrerseits zutiefst antiaufklärerisch.

3. Die Geschichte der Begegnungen zwischen Christen und Muslimen ist für beide Seiten so schmerzhaft und verletzend verlaufen, daß es auch dem Wohlmeinenden hier wie dort schwer fällt, den anderen unvoreingenommen zu sehen. Die ersten islamischen Eroberungszüge, die Kreuzzüge, die Einnahme Konstantinopels und die beiden Belagerungen Wiens 1529 und 1683 formten das Bild der jeweils Anderen bis zum heutigen Tag. Bei soviel gegenseitiger Grausamkeit liegt es nahe, daß uns die »Türkengefahr« immer noch in den Knochen steckt, während für die meisten Muslime die Kreuzzüge Vorläufer des späteren Kolonialismus sind.[2] Wer sollte da nicht dazu neigen, in den (vermeintlichen oder tatsächlichen) Greueltaten islamischer Fundamentalisten etwas »typisch Islamisches« zu sehen, allein schon, weil dabei zwei angstauslösende Worte zusammentreffen: das Wort »Islam« auf der einen Seite und jener Begriff, der inzwischen zu einem »Reizund Schlüsselwort der politischen Sprache« geworden ist – auf der anderen[3]: Fundamentalismus!

Wir sollten uns nichts vormachen, nach wie vor gilt das Wort des Orientalisten von Ess, der gesagt hat: »Kein Mensch hat Angst vor dem Buddhismus oder dem Hinduismus; gegenüber dem Islam ist Angst hingegen die normale Haltung«[4]. Der Umgang mit dieser Angst hat viele Gesichter: das des primitiven, blinden Agierens (wenn man »Türken raus!« brüllt) ebenso wie das des Projizierens in die Zukunft unter wissenschaftlichen Vorzeichen (»das 21. Jahrhundert wird das Jahrhundert des Islam sein«, so der Politologe Samuel Huntington)[5]. Aber auch das bloße Verleugnen zählt dazu (wenn viele heute so tun, als gäbe es keine wesentlichen Mentalitätsunterschiede zwischen Muslimen und Nichtmuslimen, obwohl sie angesichts von etwa 1,7 Millionen Muslimen, die heute in der Bundesrepublik leben, mit eigenen Augen täglich oft etwas ganz anderes sehen). Weder Panik noch Verleugnen, sondern eine Besinnung auf die eigenen Werte ist stattdessen gefragt. Es wäre eine »Niederlage des Denkens« (Finkielkraut), wollte man die politische Kultur Europas zugunsten einer Dritte Welt-Kultur aufgeben, die weder Demokratie noch eine Menschenrechtstradition kennt.[6]

4. Später wird gezeigt werden, daß die gegenseitige Angst noch eine weitere Ursache hat. Sie ist in dem mit Ausschließlichkeitsansprüchen verbundenen Monotheismus beider Religionen begründet. Zum Verständnis der heutigen Sicht gilt es jedoch erst einmal zu begreifen, daß fast jeder Mensch seine Feinde, bzw. diejenigen, mit denen ihn eine beiderseits demütigende Geschichte verbindet, homogener sieht, als sie tatsächlich sind. Zu dieser Sichtweise verführt der Islam zudem selber, denn er beansprucht sowohl nach innen als nach außen eine Homogenität, die es faktisch gar nicht gibt.[7] Er bietet also sozusagen eine weiße Wand, auf die wir nur allzuleicht unsere Voreingenommenheiten projizieren.

5. Erschwerend kommt hinzu, daß die Bereitschaft, Islam und Fundamentalismus gleichzusetzen, für manche schon deshalb naheliegt, weil der fundamentalistische Siegeszug offenbar nirgendwo unaufhaltsamer vonstatten ging als in bestimmten islamischen Ländern. Namentlich manche Journalisten mit ihrer an Schlagwörtern orientierten Mentalität erklären ihn daher kurzerhand zum Fundamentalismus schlechthin.

Zu den Schlagworten tritt nicht selten die Doppelmoral: Fundamentalisten in Ländern, die sich direkt gegen den Westen oder gegen Israel richten, werden vielfach von der Presse als gefährlicher angesehen als jene in Ländern, die sich mit Amerika verbündet haben, zum Beispiel in Saudi-Arabien; die Unterdrückung der Wahlsieger in Algerien, der »Islamischen Front«, durch die gleichfalls nicht gerade zimperlichen Vertreter des dortigen politischen Systems stößt oft sogar auf Billigung durch unsere Presse.

Angesichts dieser durch die eigenen Vorurteile und Interessen bestimmten Verleugnung und Doppelzüngigkeit im »demokratischen Westen« ist es besonders wichtig, wenn wir den Islamismus auf dem Hintergrund des islamischen Selbstverständnisses betrachten:

1. Der Islam begreift sich als die einzig wirkliche Religion. »Islam« bedeutet soviel wie Ergebung, Hingabe und Hinnahme des Willens Gottes. Dieser Wille ist im heiligen Buch des Islam, dem Koran, klar und unmißverständlich niedergelegt. Der Koran ist nach islamischer Auffassung das durch Verbalinspiration auf den Propheten Muhammad überkommene Wort Gottes. Es wurde ihm im Alter von 40 Jahren von Gott in Arabisch unmittelbar offenbart, ohne daß er es selber auch nur im Geringsten interpretiert hätte. Aus diesem Grunde läßt sich der Koran in letzter Konsequenz auch nicht in andere Sprachen übersetzen.

2. Gott hat zwar nach islamischer Sicht seinen Heilsplan zum ersten Mal den Juden und dann den Christen offenbart, aber diese haben seine Botschaft verfälscht. Daher hat Allah diesen Plan zum dritten und letzten Mal dem Propheten mitgeteilt, damit die Menschen nicht ohne Weisung und Führung in ihr Verderben rennen. Der Koran ist somit das *wirkliche* Wort Gottes, aber ist zugleich auch sein *letztes* Wort an uns; durch Muhammad hat Gott *endgültig* gesprochen. Er ist, wie es im Koran steht, das »Siegel Gottes«. Immer wenn sich Gott an Muhammad wandte, geschah das konsequenterweise in der imperativischen Form des »Sprich!«[8].

3. Die Überzeugung von der Einzigartigkeit der eigenen Religion drückt sich auch im historischen Selbstverständnis des Islam aus: De facto steht er in der Tradition der beiden monotheistischen Religionen Judentum und Christentum. Deshalb sieht er in Muhammad den sechsten großen Propheten nach Adam, Noah, Abraham, Moses und Jesus. Aber anders als das Christentum, wo der Neue Bund den Alten Bund voraussetzt, greift der Koran nach Überzeugung der Muslime hinter die Thora und das Neue Testament zurück: In ihm wird die Religion Abrahams, des ersten Monotheisten, unmittelbar wieder aufgenommen.[9] Der Mensch war also von Anfang an mit dem Willen Gottes vertraut. Alle nicht muslimischen Religionen sind insofern Abfallbewegungen von diesem Willen Gottes.

4. Während im Christentum der Bote von der Botschaft »infiziert« wurde, sodaß Jesus im Johannesevangelium selber zum göttlichen Wort, zum Logos, wurde (Joh. 1, 1–5), bleibt Muhammad das reine Sprachrohr Gottes ohne eigene göttliche Qualität. Die Offenbarung wurde ihm nur durch unverdiente, unerklärliche Gnade zuteil.[10] Er sagt von sich: »Ich bin nur ein Mensch wie ihr, einer dem eingegeben wurde, daß euer Gott ein einziger Gott ist (Sure 41, 5).

5. Zwar gibt es im Islam bis heute eine tiefgründige Mystik[11]. Aber der Koran selbst ist *inhaltlich* im Vergleich zum Neuen Testament einfacher, veräußerlichter und weniger spirituell.[12] Geheimnisvolles wie Dreifaltigkeit, Fleischwer-

dung oder Erlösung kennt er nicht, sondern beschränkt sich darauf, Aspekte des Wissens ('ilm) und des Gesetzes (schari'a) für das menschliche Handeln in sich zu vereinigen. Das gibt ihm in unseren westlichen Augen eine fatale Geschlossenheit, da wir seit der Neuzeit mit zunehmender Selbstverständlichkeit den religiösen »Faktor« isoliert von anderen Faktoren, zum Beispiel kulturellen, sehen.

Unsere Trennung in einen weltlichen und einen geistlichen Bereich sowie die Unterscheidung zwischen einem Diesseits und einem Jenseits ist für jeden strenggläubigen Muslim, nicht nur für Fundamentalisten, unislamisch, ja blasphemisch: der Islam ist wie ein durchgehender »grüner Faden«[13] allen Lebensformen, Riten und Institutionen der Muslime eingeflochten. Er läßt sich am ehesten als ein allumfassendes System von Gesetzen zur Wahrung der Rechte Gottes gegenüber seinen Geschöpfen und zur Regelung der Verhaltensweisen der Menschen untereinander sowie im Hinblick auf die übrige Schöpfung begreifen. Zugleich schließt er die Kultur, die die Gemeinschaft der Muslime hervorgebracht hat, in sich.

Aufgrund dieses Anspruchs des Islam auf die gesamte Wirklichkeit können sich Islamisten, anders als christliche Fundamentalisten, im Hauptstrom ihrer Religion fühlen, wenn sie eine Verschmelzung von geistlicher und weltlicher Autorität, von Religion und Politik fordern, denn nicht nur für sie, sondern für jeden wahren Muslim repräsentiert der Islam beides zugleich.[14] Er kennt, streng genommen, auch nur ein Allheilmittel zur Überwindung der Krise der gesamten Menschheit[15]: die »islamische Lösung« (el-hall es-isla-mi). Diese Lösung gründet nicht im Dialog mit Andersgläubigen, sondern in deren Bekehrung zum Islam. Der Gedanke an eine die Religionen übergreifende Ökumene dagegen ist mit dem Islam nicht vereinbar.

6. »Islam«, »Hingabe«, ist also auch kein theologisches Konzept, sondern eine Lebensform.[16] Diese Hingabe geschieht auch nicht etwa an die Person Gottes, sondern an den göttlichen Willen[17], wie er im Koran offenbart wurde. Dazu bedarf es »in Richtung auf Gott« keiner Kirchen, keines Priesterstandes, der zwischen Gott und den Menschen vermittelt, keiner Sakramente, sondern nur die Befolgung der »fünf Grundpflichten«: Glaubensbekenntnis (»Es gibt keinen Gott außer Gott und Muhammad ist sein Prophet«), Gebet, Armensteuer, das Fasten im Monat Ramadan und die Wallfahrt nach Mekka. Und in Richtung auf das menschliche Zusammenleben bedarf es einer Art von Spezialistentum, das die Schari'a interpretiert. Schari'a ist das im 7. und 8. Jahrhundert entstandene islamische Rechtssystem, das beansprucht, auf Gottes Gebote und auf das Vorbild des Propheten (Hadith) zurückzugreifen. Begreiflicherweise kann sie nicht die ganze Wirklichkeit erfassen, vor allem nicht in ihrer gegenwärtigen Komplexizität. Daraus folgen unterschiedliche Ausgestaltungen der islamischen Realität, wobei freilich insgesamt der Interpretationsspielraum auch unter Nichtislamisten geringer ist als vergleichsweise im Christentum.

Islamischen Fundamentalisten ist selbst dieser Spielraum zu groß. Daher ist es eines ihrer Hauptanliegen, die Schari'a wieder vollständig einzuführen, wobei sie sich zugleich energisch gegen alle Versuche wehren, diese in irgendeiner Form zu dynamisieren oder gar zu historisieren, sei es durch Analogieschlüsse (Qijas) oder Konsens (Idjma).[18]

7. In einer früheren Arbeit habe ich auf das verhängnisvolle Wort des Kirchenvaters Tertullian hingewiesen, daß nach Christi Erscheinen weiteres Suchen nicht mehr not tue, was im Christentum zu einer tragischen Überbetonung der Dogmen gegenüber dem Erfahrungsaspekt und zu einer seine Substanz gefährdenden Extroversion geführt hat.[19] Im Islam ist – verglichen damit – trotz aller islamischen Mystik (Sufismus) die Spiritualität womöglich noch geringer entwickelt und die Angewiesenheit auf äußerliches Handeln noch extremer: Gebet ist nicht Dialog mit Gott, sondern primär Liturgie; es wird »zelebriert«, nicht nur mit Worten, sondern auch mit Bewegungen[20]; Wohltätigkeit hat nichts mit dem Gewissen zu tun, sondern ist religiöse Pflicht, Glaube ist nicht wie bei uns eine »Gewißheit, die uns führt« (K. Jaspers)[21], kein Begehren, Liebhaben, für gut und wertvoll halten, das eng mit der produktiven Liebe im Sinne von Erich Fromm zusammenhängt[22], sondern in erster Linie Bekenntnis (Shahada)[23], Zustimmung zu den zwei Grundwahrheiten des Monotheismus und der Prophetie Muhammads.

8. Zweifellos ist auch die Aufstachelung zum Kampf gegenüber Andersgläubigen ein fester Bestandteil des Islam. Unbestreitbar enthalten Sätze wie » . . . und rüstet wider sie, so viel ihr an Kriegsmacht und Schlachtrossen aufzubrin-

85

gen vermögt, um damit Gottes und eure Feinde einzuschüchtern« (Koran, Sure 8, 8) ein hohes Aggressionspotential, das nur darauf wartet, aktualisiert zu werden. Das zeigte sich zuletzt, als es innerhalb des Islamismus seit den beginnenden achtziger Jahren immer mehr zum Aufruf zum offenen Kampf, zur Dschihad, kam. Der Auslöser dafür war die Ermordung des ägyptischen Präsidenten Answar al Sadat, nachdem er Schwäche gezeigt hatte, indem er die islamistischen Muslimbrüder durch Zugeständnisse zu beschwichtigen suchte. Diese hatten vorher zwar heftig gedroht, sich im Wesentlichen aber auf verbale Äußerungen beschränkt. Der Tod von Sadat war dann wie ein Signal für eine bis dahin nicht gekannte Welle der Gewalttätigkeit. Wieder einmal bewahrheitete sich dabei offenbar die traurige Wahrheit, daß Dialoge mit Fanatikern weniger Erfolg haben als Gegendruck.

Es läßt sich auch nicht leugnen, daß die geschilderten Wesenszüge des Islam beinahe identisch mit den Hauptmerkmalen von religiösen Ideologien sind, wie sie in dem Buch »Glaube, Ideologie und Wahn« zusammengefaßt wurden: das Pochen auf eine ungebrochene Verbalinspiration, das von vornherein jeden kritischen Zugang zum geoffenbarten Wort ausschließt, die damit einhergehende Überzeugung, im Besitz einer überzeitlichen und daher ungeschichtlichen Wahrheit zu sein, das einseitige Überwiegen von jederzeit abrufbaren und vorzeigbaren äußeren Sittenregeln gegenüber allen Akten von Innerlichkeit, ein veräußerlichter Ritualismus mit letztlich magischen Zügen, das Fehlen einer Dialogbereitschaft bzw. -fähigkeit, das dazu führt, daß man nicht bereit ist, die Aussagen der eigenen Glaubensüberzeugung rational zu verantworten sowie eine insgesamt erhöhte Aggressionsbereitschaft.

Damit wäre aber zugleich die Nähe zum Fundamentalismus ausgedrückt, der ja zu den Ideologien zählt, und einige schwerwiegende Fragen wären unabweisbar: ist am Ende der Islam trotz seiner vielen Gesichter, die er mit jeder anderen großen Religion teilt, *im Grunde* doch eine Ideologie, was wohlmeinende Nichtmuslime möglicherweise bloß um des lieben Friedens willen oder aus Naivität nicht wahrhaben wollen? Dann aber wäre der Islamismus tatsächlich nur eine Rückkehr zu den Quellen im Sinne einer restaurativen Erneuerungsbewegung (Siehe S. 80), bei der das wahre Wesen des Islam wieder deutlich wird, wie er selbst von sich behauptet. Oder kommen mit ihm lediglich Züge ins Spiel, die mit dem wirklichen Islam nichts zu tun haben, wie wir insgeheim hoffen? Um diese Fragen zu beantworten, muß man nochmals auf den historischen Hintergrund des Islam eingehen und ihn mit der Entwicklung der anderen zwei monotheistischen Religionen in Beziehung bringen.

1. Zweifellos teilen alle drei monotheistischen Religionen – Judentum, Christentum und Islam – von vornherein ein Merkmal, das sie in die Nähe von Ideologien rückt, jedenfalls wenn man diese im heutigen Sinne auffaßt, nämlich ihren beispiellosen Absolutheitsanspruch. Dessen Schwerpunkt ist freilich bei jeder dieser Religionen verschieden: bei den Juden liegt er in der Gewißheit einer einzigartigen Auserwähltheit Israels als *Volk* Gottes, bei den Christen in der Lehre von Christus als dem *Sohn* Gottes und für den Islam im Koran als dem *Wort* Gottes[24]. Einen vergleichbaren Anspruch gab und gibt es in anderen Religionen zwar auch, aber nur selten wie hier in Form der Bereitschaft, diesen auf Biegen und Brechen durchzusetzen. Die Unterschiede lassen sich an einem Beispiel aus dem 17. Jahrhundert veranschaulichen:
Damals reiste ein Missionar der Jesuiten, António de Andrade (1580–1634), ins tibetische Königreich Guge. Er wurde vom dortigen König, einem Bruder des damaligen Großlamas, freundlich empfangen und durfte sogar eine Kirche erbauen und 5 Jahre lang missionieren, da die Tibeter mit Recht der Ansicht waren, man könne von einer fremden Religion nur lernen. Andrade blieb allerdings relativ erfolglos und hegte im übrigen, wie sich in seinen Briefen zeigt, ein enormes Überlegenheitsgefühl gegenüber der »primitiven« Religion seines Gastlandes. Dennoch fürchteten seine Vorgesetzten um seine Rechtgläubigkeit und ernannten ihn – eine geniale Idee, um einen potentiell Abtrünnigen zur Raison zu bringen! – zum Großinquisitor von Goa. In dieser Funktion wurde er dann von einem zum Christentum zwangsbekehrten Muslim vergiftet.[25]

2. Unbestreitbar ist, daß ideologieähnliche Symptome bei den monotheistischen Religionen besonders häufig vorkommen. Unbestreitbar ist aber auch, daß sich in ihnen allen zugleich Menschenliebe und Toleranz ausgedrückt hat. (In nichtmonotheistischen Religionen war das allerdings, wie das letzte Beispiel lehrt, nicht minder der Fall). Diese Zwiespältigkeit in den monotheistischen Religionen schlägt sich in ihren Heiligen Büchern ebenfalls nieder: sie

enthalten, auch wo ihr Grundtenor menschenfreundlich ist, immer auch Passagen, die für unser heutiges Verständnis unmenschlich klingen (Siehe S. 40). Die selben Züge finden sich auch in der weiteren Kirchengeschichte. Viele Exegeten wollen die Wucht dieser Tatsachen bis zum heutigen Tag nicht zur Kenntnis nehmen, sondern verreden sie lediglich mit ein paar »Killerphrasen« (man müsse das alles »von der damaligen Zeit her verstehen«). Oder sie äußern ein bloßes Bedauern, wodurch keiner, der auf Betreiben der Inquisition verbrannt wurde, wieder zum Leben erweckt wird. Der Anspruch jedenfalls, der mit der christlichen Religion und dem Islam verbunden war, konnte in der gelebten Praxis niemals auf die Dauer durchgehalten werden. Daher ist es absurd, sich mit den eigenen Heiligen Texten oder der eigenen Geschichte völlig zu identifizieren und diese unkritisch auf die Gegenwart zu übertragen, wie die Fundamentalisten das wollen.

3. Geht man davon aus, daß es ein Strukturmerkmal aller drei monotheistischen Religionen ist, daß sie von Anfang an humane Züge aufweisen und gleichzeitig zur Intoleranz neigen, dann war unter ihnen das Christentum in einem besonderen Maße heilsmonopolistisch, der Islam dagegen vergleichsweise die toleranteste Religion: Christen und Juden konnten im Mittelalter in islamischen Ländern ihre Religion unter dem Schutz der Muslime praktisch ungestört praktizieren[26], jedenfalls freier, als es in vielen totalitären Ländern heute noch der Fall ist. Dahinter stand die Überzeugung, daß Christen und Juden als Schriftbesitzer Anteil am Monotheismus haben. Tatsache ist auch, daß die Muslime bis heute den christlichen Geistlichen Achtung entgegenbringen, obwohl sie selber ganz andere Lebensideale vertreten. Kaum je haben sie die Andersgläubigen vom Tisch ausgeschlossen, wie die Juden, oder sie in Ghettos eingepfercht, wie die Christen[27]. Vor allem: Pogrome waren selten und wurden als Sünde angesehen.

Wenn uns heute das Christentum toleranter vorkommt als der Islam, dann sollten wir uns keine Illusion über die Entstehung dieser Toleranz machen: so lange das Christentum auch politisch das Sagen hatte, war es als Gesamtinstitution – anders als viele seiner Heiligen! – nur selten tolerant. Hinter dem Weg vom extra ecclesiam nulla salus (»kein Heil außerhalb der Kirche«) und zum Beispiel dem fürchterlichen Verdammungsurteil gegen alle Nichtkatholiken, wie es

1492 beim Konzil von Florenz ausgesprochen wurde, zu den milden Äußerungen über Nichtkatholiken, die das II. Vaticanum 320 Jahre später formulierte, steht weniger ein Prozeß zunehmender Einsicht noch gar eine Zunahme an Spiritualität – im Gegenteil: Die Spiritualität hat, verglichen mit der Klosterkultur des Mittelalters, eher abgenommen. Maßgeblich für die Zunahme der Toleranz war vielmehr ein permanenter Machtverlust seit der Reformation und der Aufklärung.[28] Gerade die angeblich so antireligiöse Aufklärung, gegen die die Fundamentalisten vorgehen wie gegen nichts sonst, hat im Endergebnis den Christen – oft gegen deren Willen den Kern der Botschaft Jesu von der Nächstenliebe nähergebracht als ganze Kompanien von Heiligen.

Daß uns heute der Islam intoleranter vorkommt als unsere eigene Religion, hängt damit zusammen, daß es in ihm keine zur Reformation und Aufklärung analoge Entwicklung gegeben hat, die ihn in unserem Sinne milder und menschlicher gemacht hätte. Gerade dieses Fehlen eines notwendigen Korrektivs ist für den heutigen Islam problematisch, und ein statisch gebliebener Islam wurde zur wesentlichen Voraussetzung für die Entstehung des Islamismus.

Es gibt noch einen zweiten, geschichtlichen Grund, warum sich der Islamismus, verglichen etwa mit dem christlichen Fundamentalismus, viel militanter entwickelt hat[29]: Das Christentum entstand innerhalb des Römischen Reiches und konnte bis zum 4. Jahrhundert keine äußere Macht an sich reißen. Dies hat mit dazu beigetragen, den Satz Jesu, sein Reich sei nicht von dieser Welt (Joh. 18, 36), im Bewußtsein der Christen zu verankern und äußerlichen Erfolg oder Mißerfolg nicht untrennbar mit Glauben oder Religion zu verknüpfen. Dieser Satz lieferte zugleich die Legitimationsgrundlage dafür, daß es seit dem Mittelalter zur immer konsequenteren Trennung von »sacerdotium« und »imperium«, von Kirche und Staat gekommen ist und damit zum Ende jeglichen Gottesstaates.

Zwar gab es im Christentum zeitweilig entsetzliche Kreuzzüge, Religionskriege, Hexenverfolgungen und Inquisitionsprozesse und bis in die Neuzeit eine Abhängigkeit der Religion des Volkes von der Konfession der Herrscherhäuser (»cuius regio eius religio«). Aber mit dem Geist der Bibel vertraute Christen wußten im Grunde immer, ahnten zumindest, daß solche Allianzen von Staat und Kirche letztlich unheilig waren und mit der Botschaft Jesu nichts zu tun hatten. Wenn daher noch in diesem Jahrhundert Papst Pius XII. dem Verlust der mittelalterlichen Einheit von Staat und Kirche nachgetrauert hat[30], kommt das heute selbst kirchentreuen Katholiken anachronistisch vor, es sei denn, sie seien Fundamentalisten.

Die Geschichte des Islam war, verglichen damit, völlig anders, insgesamt homogener. Nicht nur daß er, wie geschildert, von

Anfang an viel »diesseitiger«, weltlicher und weniger innerlich konzipiert war als das Christentum. Zudem schien er, auf den ersten Blick betrachtet, durch einen ständigen Erfolg gesegnet zu sein. Dieser war in den Augen der Muslime alles andere als nur eine erfreuliche Nebenerscheinung, die den Kern des eigenen Glaubens gar nicht berühren konnte, ja ihn eventuell sogar gefährdete, weil er die Aufmerksamkeit einseitig nach außen lenkte. Im Gegenteil! Er war im Koran selber als Auftrag Allahs verankert, hing aber in Wirklichkeit eng mit der persönlichen Entwicklung des Propheten zusammen:

Hätte es damals bereits ein geschichtliches Denken im heutigen westlichen Sinne gegeben, dann hätte man ein differenzierteres Bild dieser Zusammenhänge gewinnen können. Das aber hätte vermutlich auch den äußeren Erfolg stärker relativiert: Anfangs, in Mekka, hatte der Prophet zunächst Gewaltlosigkeit, Liebe und Toleranz gepredigt – ohne Erfolg! Das änderte sich aber, nachdem er mit seiner Botschaft bei den halsstarrigen Mekkanern nicht »landen« konnte und schließlich 622 zur Flucht, zur Hidschra, nach Medina gezwungen wurde. Erst nachdem es dort zur ersten Gemeindegründung, zur Umma, gekommen war, beschloß er, seinen Gegnern mit der Waffe entgegenzutreten. Nach zeitweiligen schweren Rückschlägen hatte er damit zunehmend Erfolg, den auch Allah rechtfertigte: »Und wenn sie eurer Aufforderung zum Glauben kein Gehör schenken, dann greift sie (die Frevler) und tötet sie, wo immer ihr sie findet« (Sure 4, 89). Die siegreiche Schlacht von Badr, 624, in der die arroganten Mekkaner besiegt wurden, bestätigte diesen Auftrag und leitete eine schier beispiellose Expansion ein, die dann später zum Maßstab für das weitere Vorgehen genommen wurde.

Übrig blieb von alledem nicht der Zweifel am äußeren Erfolg, sondern ein Angewiesensein auf ihn, das sich heute mehr und mehr als problematisch erweist: Der Gott, der arabisch sprach und im Koran seine Gesetze so unverstellt geoffenbart hatte, daß sie niemals reformiert, sondern nur möglichst direkt angewendet werden durften, hatte sogar direkt versprochen (und bis ins 19. Jahrhundert offensichtlich auch gehalten), daß die Muslime »das beste aller Völker« seien (Sure 3, 110).[31] Wie hätte es da zu einer der christlichen Entwicklung analogen Trennung von religiöser und weltlicher Macht kommen können?

Gleichsam im Glanze dieser Gewißheit und unter dem offenbaren Schutz Allahs vollzog sich die weitere Entwicklung zweigleisig: Auf der einen Seite kam es zu einer ungeheuren Expansion des Islam mit kriegerischen Mitteln bis an die Enden der damaligen Welt. Im Zuge dieses Erfolgs brachte der Islam jahrhundertelang eine Fülle kultureller Leistungen hervor, seitdem feinsinnige Kalifen im 9. und 10. Jahrhundert die philosophischen Schätze der Antike ins Arabische übersetzen ließen. Von diesen Schriften hat in der Folge gerade auch das Abendland profitiert: Es erhielt – vor allem über Spanien – durch diese Quellen Zugang zur griechischen und römischen Welt, (was dann später eine entscheidende Basis für das Heraufkommen der Renaissance bildete). Aber nicht nur das! Der Westen gewann über die Araber Kenntnisse auf fast allen Gebieten der Wissenschaft und des praktischen Lebens, von der Mathematik über die Naturkunde bis zur Sprachwissenschaft und der Technik. Dabei stammte zwar, worauf der Politologe Bassam Tibi mit Recht hinweist, ein wesentlicher Teil dieses Wissens von islamischen Rationalisten wie Avicenna oder Averroes, die in der eigenen Kultur inkriminiert wurden. Aber immerhin: auch ihr Werk ist »unter der Sonne Allahs« entstanden.

Daß sich dieser Erfolgskurs der islamischen Länder ab 1600 zunächst wissenschaftlich und spätestens ab dem 19. Jahrhundert auch wirtschaftlich und dann immer mehr auch machtpolitisch im Vergleich zu der Entwicklung im Abendland ins Gegenteil verkehrte, hat offenbar keine äußerlichen Gründe. Vielmehr hängt es mit einem geistigen Prozeß zusammen, den der Islam nicht vollziehen konnte: Tibi führt dessen Beginn mit dem Wissenschaftshistoriker Edgar Zilsel[32] auf das Zusammenspiel zweier Komponenten zurück, die bis dahin getrennt nebeneinander existiert hatten (und deren Voraussetzungen, wie gezeigt, zum guten Teil von den Muslimen importiert wurden), nämlich des analytischen Denkens, wie es die Humanisten entwickelt haben und der experimentellen Fähigkeiten der Techniker. Warum aber konnte der Islam, anders als das Abendland, diese Verschmelzung nicht vollziehen?

Die Voraussetzung dafür war keine Frage einer Geschicklichkeit, die man sich einfach aneignet. Sie war auch keine Frage der Staatsform, denn weder republikanische noch monarchistische, weder sozialistische noch kapitalistische, weder scheinbar progressive noch konservative islamische Staaten konnten mit dem Westen mithalten. Sie war lediglich eine Frage der Wandlung des Bewußtseins durch den Geist der Aufklärung. Diese Wandlung aber wurde im Islam nicht vollzogen.

Der Islam und der Geist der Aufklärung

Was aber war das Neue, Wirksame an den Gedanken der Aufklärung? (Siehe S. 123 ff) Wesentlich war vor allem die Bereitschaft, überkommene Weltbilder und Traditionen auf dem Hintergrund eines neu erwachten unbändigen Freiheits- und Selbstgefühls umzustoßen. Zugleich führte sie zu einer leidenschaftlichen Hinwendung zur Außenwelt, durch die die bisher im Abendland vorherrschende mittelalterliche Betonung der Innerlichkeit abgelöst wurde. Diese Extroversion darf aber nicht mit der genannten islamischen Außenorientierung gleichgesetzt werden. In Gegenteil! Während es im Islam um den Umgang mit nicht in Frage gestellten Gesetzen ging, wurde hier der »Frevel« begangen, vorbehaltlos die Wirklichkeit zu studieren, so wie man sie faktisch antrifft, statt wie bisher nach übermenschlichen jenseitigen Kräften Ausschau zu halten, die angeblich hinter ihr stehen. Die Renaissance hat deutlich gemacht, daß der Mensch offenbar die Welt zunächst säkularisieren, das heißt entheiligen, muß, bevor er bereit und fähig ist, mit ihren Kräften und Möglichkeiten schier nach Belieben zu experimentieren. Vorher wird ihn der Glaube an die Autorität heiliger Lehrmeinungen (»Skripturalismus«) davor abhalten.

Der Aufstieg des Westens im Vergleich zum Islam, der in der Renaissance einsetzte, der aber, wie gesagt, politisch-militärisch zunächst noch nicht zum Tragen kam, sondern im Wesentlichen kulturell-technisch, radikalisierte sich endgültig seit der Aufklärung. Im 19. Jahrhundert setzte er sich auch machtpolitisch durch. Auch diese Entwicklung versteht man nur, wenn man dabei neben der Entfaltung der Technologie zugleich den gewandelten Zugang zur Wirklichkeit aufgrund eines neuen Selbstverständnisses sieht. Programmatisch dafür ist, was Kant in der Vorrede zur »Kritik der reinen Vernunft« formuliert hat: »Unser Zeitalter«, so sagt er, »ist das eigentliche Zeitalter der Kritik, der sich alles unterwerfen muß«[33]. Dies war die rationale Seite der neuen Sicht. Vom Lebensgrundgefühl hingegen bedeutete sie das Heraufkommen eines maßlosen Optimismus in bezug auf das Wesen und die Möglichkeiten des Menschen. Das führte zu einer Emanzipation des Individuums, das endgültig aus dem Kollektiv ausbricht und das Subjektivitätsprinzip ins Zentrum stellt. Damit wurden völlig neue Dimensionen von Humanität, aber zugleich auch von Egozentrik eröffnet und der Fortschritt, ja die Revolution als natürliche Bestimmung des Menschen angesehen. Daß dadurch Entwicklungen in Gang kamen, die sich auch machtpolitisch ausdrücken und daß die Muslime dem kein neues geistiges Konzept entgegensetzen würden, lag auf der Hand.

Konsequenterweise konnte der Islam aufgrund der Fixierung an seine religiösen Voraussetzungen, die er nicht zu »hinterfragen« und damit zu relativieren vermochte, die ihm widerfahrene Entmachtung nur ideologisch rationalisieren und uminterpretieren. An dieser Entmachtung führte freilich kein Weg vorbei, bedeutete doch diese für ihn nicht nur eine fürchterliche Kränkung seines Stolzes, sondern – wie gesagt – zugleich eine Infragestellung der eigenen Religion, die per definitionem auf Überlegenheit und auf äußerlichen Erfolg angelegt war. Anders als sogar für christliche Fundamentalisten läßt sich für den Muslim, geschweige denn für muslimische Fundamentalisten, das Heil nicht ins Jenseits verschieben, sondern muß schon in dieser Welt sichtbar sein.

Auf verschiedene Weisen wurde nun unter Muslimen nach Erklärungen und Rechtfertigungen für diese Misere gesucht: *Nach außen* bildete sich bei ihnen vielfach die Überzeugung aus, man sei Opfer einer jahrhundertelangen Verschwörung und Brutalität des Westens, mit der die Europäer die islamischen Länder seit den Tagen der Kreuzzüge bis in die Gegenwart überzogen hätten. Dazu komme der westliche Hochmut, der nicht sehen wolle, was Europa den arabischen Ländern verdanke und sich statt dessen alle Verdienste auf die eigenen Fahnen schreibe[34]. Immer stärker setzte sich die Meinung durch, nur der Dschihad, der Heilige Krieg, könne den Muslimen ihre durch zahlreiche Niederlagen und Demütigungen beschnittene Ehre wiedergeben.

Nach innen kam die Selbstkritik über eine systemimmamente Sicht der eigenen Situation und gleichfalls systemimmanente Lösungsvorstellungen nicht hinaus. Mehr und mehr akzeptierte man zwar die hoffnungslose eigene Unterlegenheit in technischer Hinsicht, aber man wollte und will nicht wahrhaben, daß die Überlegenheit des Westens nicht eine primär technische ist, sondern daß hinter ihr, wie gezeigt, ein Wandel der Mentalität (des »Bewußtseins«) steht, den man selber nicht vollzogen hat und den zu vollziehen man nicht bereit ist, weil das die Grundlagen der eigenen religiösen Identität zerstören würde. Bassam Tibi hat das mit Recht das »islamische Dilemma« genannt[35]: Die Muslime wollen sich die Instrumente der Moderne bei gleichzeitiger Ablehnung ihrer Denkformen aneignen. Ein Beispiel für diese illusionäre Sehnsucht nach einer »geteilten Moderne«[36], die nicht realisieren kann, daß sich der Umgang mit der Technik nicht von dem historisch-existenziellen Stand trennen läßt, aus dem heraus diese entwickelt worden ist, ist der von Tibi zitierte Satz eines der gegenwärtig einflußreichsten arabischen Fundamentalisten, Al-Qaradwi: »Wenn Modernisierung und Modernität auf den Gebrauch der Errungenschaften moderner Wissenschaft und ihrer technologischen Verwendung begrenzt werden können, dann ist der Islam solchen Versuchen durchaus gewogen«[37].

Die Neuzeit hat immer wieder gezeigt, daß man nur in sehr geringem Maße die technischen Errungenschaften »der Anderen« benutzen kann, wenn man nicht zugleich bereit ist, ihr Weltbild mit zu übernehmen. Das will man auch bei uns oft nicht wahrhaben und führt als Beleg dafür notfalls sogar Illustriertenbilder von fußballspielenden oder den Computer bedienenden Nonnen im Ordenshabit an. Aber jenseits eines solchen Kitsches läßt sich nicht leugnen, daß ein Leben in zwei Welten letztlich kaum möglich ist. Das machten die arabisch-israelischen Kriege im wörtlichsten Sinne »vernichtend« deutlich, besonders der dritte, bei denen keine mit noch soviel Petro-Dollars eingekaufte Kriegstechnologie das Desaster der arabischen Staaten abwenden konnte, zu dem es kam, weil beide Seiten den Krieg in einem unterschiedlichem »Geist« geführt hatten. Das aber wollte die arabische Selbstkritik nicht wahrhaben. Sie blieb auch hierbei systemimmanent.

Noch in anderer Hinsicht schätzte man die eigene Situation falsch ein: Letztlich war man nicht nur bei den Islamisten, sondern in der islamischen Welt insgesamt vielfach davon überzeugt, daß der technische Fortschritt der »Feinde Allahs« im Vergleich zur eigenen religiösen Nachlässigkeit zweitrangig ist. Wäre die Religionsausübung der Muslime, so meinte man, einwandfrei und nicht so lax, dann hätte man heute noch denselben äußeren Erfolg wie früher. Die eigentliche Ursache für den Mißerfolg seien die eigenen »verwestlichten« Regierungen mit ihren Modernisierungstendenzen, die sich einem Gottesstaat unter der Herrschaft der Schari'a in den Weg stellten.[38] Hier das Rad der Geschichte gewaltsam zurückzudrehen, um einen Gottesstaat zu errichten, ist ein Hauptziel des Islamismus. Es ließ sich allerdings bisher nur im Iran und im Sudan konsequent durchsetzen (wenn man von dem konservativ-fundamentalistischen Saudi-Arabien absieht).

Mehr Erfolg als mit dem Plan, ganze Staaten in die Hand zu bekommen, hatten in der jüngsten Vergangenheit fanatische selbsternannte Stellvertreter des »barmherzigen und gütigen Gottes«, indem sie die verbreitete Verelendung weiter Kreise der Bevölkerung kaltblütig auszunutzen wußten.[39] Mit ihren Ideen von einem Gottesstaat, den es gegebenenfalls mit Feuer und Schwert (beziehungsweise mit Bomben und der Kalaschnikow) durchzusetzen gilt, üben sie bis zum heutigen Tag namentlich auf die verelendete Jugend zunehmend einen verheerenden Einfluß aus. Auch hierbei läßt sich die bereits beim amerikanischen Fundamentalismus geschilderte Verschiebung zu immer mehr Primitivität und meist auch Brutalität bei den Spätfundamentalisten verglichen mit den Frühfundamentalisten feststellen, vor allem in Form einer »Sakralisierung« der Willkür, des Despotismus sowie der eigenen Beschränktheit.

Die Schwelle des Terrors hat sich dabei immer mehr erniedrigt. Inzwischen werden vielfach nicht nur Intellektuelle und Ausländer ermordet, sondern sogar Schülerinnen, wenn sie sich schminken oder westlich kleiden, entsprechend dem typischen Ideologiesymptom, daß man namentlich gegenüber Außenmerkmalen sensibel ist[40]. Ja, man schreckt sogar nicht einmal mehr von der Finanzierung der Dschihad durch Drogenhandel zurück.

Aber erneut würde man es sich zu leicht machen, wollte man nur dies sehen. Zugleich sind es Islamisten, die für die Ärmsten der Armen in ihren Ländern Schulen errichten und ihnen nicht nur einen Lebenssinn, sondern auch Arbeit und Brot geben.[41] Sie tun das zwar nicht primär, um ein zentrales Gebot des Islam zu erfüllen (Siehe S. 84), aber immerhin tun sie etwas, was ihre nichtfundamentalistischen Glaubensbrüder oft unterlassen. Vor allem aber wird daran deutlich, daß man den Islamismus nicht schlichtweg mit irgendwelchen terroristischen Fremdkörpern im Stil der RAF gleichsetzen darf.

Zugleich muß noch etwas anderes festgehalten werden: Gleich, ob mit Zuckerbrot oder Peitsche operiert wird, im Grunde sind die Islamisten mit dem bisher Erreichten keineswegs zufrieden. Der islamische Fundamentalismus möchte mehr, nämlich die *ganze* Welt im Sinne des Islam verändern. Sayid Qutb, die höchste Autorität des islamischen Fundamentalismus, sieht im Islamismus eine notwendige Alternative zur allesbeherrschenden westlichen Weltordnung insgesamt[42], denn der Westen ist in der Sicht des Islamismus einseitig menschenzentriert, moralisch verkommen und in zynischer Weise irreligiös und materialistisch. Wie einst der sagenhafte phrygische König Midas, dem sich alles, was er anfaßte, in Gold verwandelte, so daß er letztlich verhungerte, seien auch die Europäer und Amerikaner verarmt, komme auch ihre Wissenschaft dem »touch of Midas« gleich: unter ihren Händen verarme die gesamte Wirklichkeit[43].

Unserer Vorstellung von dem durch das Ausbleiben der Aufklärung ignoranten Islam wird von diesem die Gegenvorstellung vom ignoranten Westen entgegengehalten: So wie nach der islamischen Doktrin die Menschen bis zum Beginn der islamischen Offenbarung im 7. Jahrhundert in Ignoranz (Gahiliyya) lebten, so lebt heute in islamischer Sicht der Westen, der »auf die Maschine und die Fabrik baut«, im Zustand der Ignoranz. Der gegenwärtige Zustand der Menschheit sei derjenige einer »Neo-Gahiliyya«[44].

Es ist im Sinne der durch die Aufklärung eingeläuteten Überschätzung der menschlichen Möglichkeiten leicht, diese Behauptung abzuschmettern. Man braucht dabei nur auf die Ungebildetheit, den Fanatismus und die ideologische Verranntheit vieler islamischer Fundamentalisten zu verweisen. Macht man es sich dabei aber nicht zu leicht, indem man sich vor einigen unangenehmen Wahrheiten verschließt? Hat wirklich die ganze nicht in unserem Sinne geprägte Welt – also nicht nur ein paar armselige Islamisten – unrecht, wenn sie uns vorhält, wir seien trotz unserer unbestreitbaren wissenschaftlichen und technologischen Fortschritte in jüngster Vergangenheit insgesamt geistig und emotional schier unglaublich verarmt? Haben wir nicht mit den Folgen unseres Fortschrittswahns (zum Beispiel in Form von drohenden Umweltkatastrophen und der Bevölkerungsexplosion) inzwischen die ganze Welt in eine Situation gebracht, in der uns eigentlich nur noch ein Gott retten kann (an den viele von uns nicht mehr glauben!), wobei der Gipfel unserer Armut in der unwürdigen Weise besteht, mit der die meisten von uns das alles verdrängen?

Uns allen steht das Wasser zu sehr bis zum Hals, als daß wir es uns leisten könnten, uns den Einwänden zu verschließen, die gegen unseren westlichen Denk- und Lebensstil erhoben werden. Das ändert zwar nichts daran, daß der zunehmende äußerliche Mißerfolg des Islam tatsächlich mit seiner ungenügenden Rezeption der Ideen der Aufklärung zusammenhängt und daß kein Weg daran vorbeiführt, das nachzuholen, auch der fundamentalistische nicht. *Wir* aber müssen uns fragen, ob nicht der Fortschritt der Aufklärung im Sinne von Carl Friedrich von Weizsäcker hochgradig ambivalent war.[45] Das heißt, daß zwar die Aufklärung tatsächlich einen Fortschritt brachte, aber um einen furchtbaren Preis mit vielen Facetten, worauf die Fundamentalisten mit Recht hinweisen. Dazu gehört nicht zuletzt die Abkoppelung des wissenschaftlichen Fortschritts von jeder Ethik und Religiosität. Darauf wird bei der Schilderung des grünen Fundamentalismus eingegangen werden.

An dieser Stelle geht es um eine andere Feststellung, nämlich daß der Islamismus, obwohl er eine Ideologie ist, uns durchaus bittere Wahrheiten über unsere Situation sagen kann, die wir uns zumindest anhören sollten. Das gilt auch für die anderen Fundamentalismen. Zugleich schließt das Gesagte etwas zweites in sich, nämlich daß der islamische Fundamentalismus kein genuiner Islam ist, obwohl dieser, wie erwähnt, strukturell den Ideologien besonders nahe steht. Islamischer Fundamentalismus ist, so behaupten wir, vielmehr eine Verfallserscheinung des Islam, die diesem letztlich selber am meisten schadet. Was spricht für diese These?

Daß man den Islam nicht generell als Ideologie abtun kann, zeigt allein seine enorme Bandbreite und Vielschichtigkeit: etwa jeder fünfte Mensch auf der Welt ist Muslim. Derzeit bezeichnen sich 46 Staaten von Afrika bis Südostasien als islamisch. Zu ihnen gehören extrem arme (z. B. Bangladesch) ebenso wie extrem reiche (z. B. die Öl-Emirate am Persischen Golf). Auch die Staatsformen sind denkbar verschieden. Unter anderem stehen laizistische Diktatoren (z. B. im Irak), aber auch gottesgläubige Revolutionsschwärmer (z. B. im Iran) und Feudalmonarchen (z. B. in den Emiraten) an der Spitze.[46] Zwar sprechen alle Muslime ihre rituellen Gebete in arabisch. Im übrigen aber reden sie in ihrer Muttersprache. Araber bilden unter ihnen nur eine Minderheit; es dürften 160–180 Millionen sein unter insgesamt etwa eineinhalb Milliarden Muslimen. Dies ist vergleichbar mit der Situation der Juden zu Jesu Zeiten. Auch damals beherrschten – außer beim Beten – nur wenige von ihnen Hebräisch, die meisten dagegen benutzten Griechisch und Römisch als Muttersprache.

Es gibt noch ein zweites Argument gegen einen generellen Ideologieverdacht den Muslimen gegenüber: Ideologien mit ihren Vergröberungen entstehen immer nur in Krisenzeiten und niemals in einer blühenden religiösen Situation. Sie kommen, wie am Beispiel des amerikanischen Fundamentalismus gezeigt wurde, vor allem dann zum Vorschein, wenn wirkliche Religiosität zugunsten eines verholzt und starr gewordenen Dogmatismus in den Hintergrund getreten ist.[47]

Daß man es sich zu leicht macht, wenn man den Islamismus mit dem Islam gleichsetzt, wird noch an einer weiteren Tatsache deutlich: zwar gibt es zahlreiche arabisch sprechende Fundamentalisten. Wenn man aber von der Tatsache ausgeht, daß jene Muslime, deren Muttersprache Arabisch ist, sich als Herz der islamischen Welt ansehen[48] – sie sprechen ja Allahs eigene Sprache! – ist es doch bemerkenswert, daß sich der Islamismus zunächst nicht bei ihnen, sondern im Iran entwickelt hat. Da der iranische Fundamentalismus zudem die dramatischste Entwicklung genommen hat und wohl auch am sorgfältigsten untersucht worden ist, soll er hier exemplarisch dargestellt werden. Das ermöglicht am ehesten, so weit als möglich ein abgerundetes Bild des Islamismus zu zeichnen. Der iranische Fundamentalismus soll dabei stellvertretend für die anderen Formen des Islamismus stehen, die wir aus Platzgründen nicht im einzelnen schildern können. Wir verweisen dafür auf bereits vorliegende Darstellungen, zum Beispiel von Hottinger[49] und Kepel[50], die diese Aufgabe erfüllen, wobei allerdings die Entwicklung bis heute so im Fluß ist, daß keine Untersuchung den jeweils neuesten Stand einzuholen vermag.

Der islamische Fundamentalismus im Iran

Es ist bemerkenswert, wann im ehemaligen Persien die fundamentalistische Revolution einsetzte: keineswegs in der späteren Regierungszeit des Vaters des letzten Schahs, Reza-Pahlevi (1921 / 25 – 1941)), wie man aufgrund seiner scheinheiligen Politik den Mullahs, den Trägern der religiösen Macht gegenüber, vermuten könnte: dieser damalige Schah übernahm die Herrschaft in einer schwierigen politischen und wirtschaftlichen Situation (Dauerokkupation des Landes durch Briten und Russen, Wiederbelebung der Macht von Stammesfürsten und Großgrundbesitzern). Aus taktischen Gründen erwies er daher der Geistlichkeit, so lange seine Macht noch nicht gefestigt war, durch einen nach außen demonstrierten strengen religiösen Moralismus erst einmal seine Reverenz; er verbot zum Beispiel den Alkohol und jede Art von Glücksspiel.

Sobald er jedoch fest im Sattel saß, ließ er seiner antiklerikalen Grundeinstellung freien Lauf. Er erließ Gesetze, die das Tragen westlicher Kleidung verlangten, verbot religiöse Feste und übertrug seinen Beamten Funktionen der Mullahs. Auch auf jede sonst nur erdenkliche Art suchte er die Geistlichen einzuschüchtern, sie lächerlich zu machen und vom Volk zu isolieren. Das Ziel dabei war, jegliche Opposition schon im Ansatz auszuschalten, um so seine Modernisierungsabsichten durchzusetzen, die im Endergebnis Teheran zur beherrschenden Metropole machen sollten, notfalls auch auf Kosten des Landes und der Provinzstädte.

Warum die Geistlichen stillhielten, ist schwer zu sagen. Vermutlich spielte dabei ihre eigene Uneinigkeit, aber auch die Einsicht eine Rolle, daß im Falle des Sturzes des Herrschers noch radikalere Reformer an die Macht kommen könnten.

Nach dem Ende der Herrschaft von Reza Pahlevi konnten die Geistlichen erst einmal verlorenes Terrain wiedergewinnen, denn sein Sohn, der neue Schah Mohammed Reza Pahlevi, befand sich bei seiner Machtübernahme in einer ähnlich schwierigen Lage wie damals sein Vater am Beginn seiner Regierung: wieder einmal war der Iran durch fremde Mächte besetzt, diesmal durch die Alliierten wegen des 2. Weltkriegs. Diese protegierten zudem die Opposition und die Stammesführer. Dazu kamen schwierige wirtschaftliche Verhältnisse. Der Sohn reagierte darauf mit denselben Schachzügen wie seinerzeit sein Vater[51]: Er kam zunächst aus taktischen Gründen der Geistlichkeit ein wenig entgegen, um sie zu beschwichtigen, zum Beispiel durch eine Verstärkung des islamischen Unterrichts an den Schulen. Sobald er jedoch etwas Luft bekam, nahm er die Modernisierungsbestrebungen seines Vaters wieder auf. Er holte wirtschaftliche und militärische Berater aus den USA ins Land und leitete ab 1962 seine sogenannte »weiße Revolution« ein. Diese sah in westlichen Augen demokratisch aus und wurde daher vom Westen wohlwollend betrachtet, beinhaltete sie doch unter anderem eine Landreform, Gewinnbeteiligung der Arbeiter an der Produktion, die Einführung des Frauenwahlrechts und die Einrichtung eines Alphabetisierungskorps.

Anders als beim Vorgänger konterte diesmal allerdings der Klerus. Vor allem auf die Landreform und die Einführung des Frauenwahlrechts reagierte er ablehnend, was der Schah mit Beleidigungen und Einschüchterungen beantwortete. Er nannte die Geistlichen »schwarze Parasiten« und »unreine Tiere« und meinte damit speziell den Ayatollah Khomeiny. Schließlich schob er diesen nach immer heftigeren Angriffen 1964 ins Exil nach Paris ab. Anlaß war dessen Kritik an Gesetzen, die allen amerikanischen Beratern diplomatische

Immunität zusicherten, sowie an der hohen Verschuldung des Irans durch Waffenkäufe.[52] Das alles drängte die Opposition in den Untergrund ab und führte zur Organisation ihres Widerstands in Kleingruppen. Dabei bekamen sozialreformerische gegenüber eher quietistischen Gruppierungen zunehmend das Sagen.

Daß sich hier verschiedene Parallelen zur Entstehung des amerikanischen Fundamentalismus aufdrängen, ist unverkennbar. Zweifellos kann man nicht die »guten« Gegner der späteren Fundamentalisten auf der einen Seite ausmachen, denen die »bösen«, ungebildeten Fundamentalisten auf der anderen Seite gegenüberstehen, vor allem nicht am Anfang. Zu einer derartigen »aufgeklärten« Sicht neigen die meisten von uns fast automatisch, während Fundamentalisten das Ganze natürlich mit umgekehrtem Vorzeichen ansehen. In Wirklichkeit findet man eine tief zwiespältige, konfliktträchtige Situation, bei der sich die Gegner der Fundamentalisten alles andere als human verhalten, so daß es fast unvermeidlich ist, daß diese sich in vielfacher Hinsicht »verschaukelt« vorkommen müssen. Dennoch reagieren sie anfangs eher meist erstaunlich zurückhaltend, wobei quietistische Strömungen eine wichtige Rolle spielen. Ab einem gewissen Zeitpunkt aber ist der Druck nicht mehr erträglich, und die Situation kippt in aggressives Agieren um, das dann unter Umständen sogar in direkte Gewalttätigkeit entgleitet.

Die Phase offener Gewalt von seiten der Islamisten war freilich im Iran längst noch nicht erreicht. Im Gegenteil! Ihre Lage war durch Ohnmacht gekennzeichnet. Das Land wurde in hohem Maße von der Absicht des Schahs geprägt, »Persien« zunehmend zu verwestlichen und zu amerikanisieren. Die Voraussetzung dafür sollten jene Petrodollars liefern, die etwa ab den beginnenden siebziger Jahren zunehmend ins Land flossen. Die Regierung war freilich dieser Geldschwemme weder moralisch noch organisatorisch gewachsen. Das führte zu maßloser Korruption und zur Bereicherung der Oberschichten rund um den Hof bei gleichzeitiger Verelendung der Bauern, die deshalb in Massen in die Städte strömten.[53] Und wieder, wie damals bei den Fundamentalisten in den USA, wurde erst dadurch die entscheidende Voraussetzung für den Ausbruch nach außen geschaffen, der sich im Iran allerdings in einem Aufstand ausdrücken sollte, der das Land völlig umkrempelte.

Verstärkend kam dazu, daß alle legalen Unmutsäußerungen gegenüber diesen Zuständen durch den immer mehr an Bedeutung zunehmenden Geheimdienst des Schahs unterbunden wurden. Dadurch bekamen die letzten offenen »Ventile« der Opposition in Form der Predigten der Geistlichen, heimlich verbreiteter Tonbandkassetten des Ayatollah Khomeiny sowie die Moscheen und Basare eine besondere, übermächtige Wirksamkeit. Die Revolution kam dann schließlich im Februar 1979 fast explosionsartig zum Durchbruch, und seitdem besitzt die Geistlichkeit das Monopol im Iran.

Nun würde man die Wirklichkeit auch hier unangemessen vereinfachen, wollte man aus alledem den Schluß ziehen, es sei primär die Mißwirtschaft und die Unfähigkeit des Schahregimes gewesen, die zu dessen Ablösung durch das theokratische System der Mullahs geführt hat. Hinter der islamischen Revolution im Iran steht vielmehr eine massive Gesellschaftskritik, die im wesentlichen dieselben Elemente enthält wie die Kritik von seiten *aller* fundamentalistischen Muslime, Christen und Juden am Lebensstil des Westens.

Sucht man nach deren gemeinsamem Nenner quer durch die verschiedenen Bekenntnisse und Religionen, ohne sich dabei vorschnell in eigene Polemik gegenüber dem oft paternalistisch-autoritativen Stil der Kritik der Fundamentalisten beziehungsweise an den Ungereimtheiten des jeweiligen religions- und kulturspezifischen »Sonderguts« festzubeißen, dann stößt man vor allem auf folgende Elemente[54]:

1. Im Zentrum der fundamentalistischen Gesellschaftskritik steht der Eindruck eines moralischen Verfalls der Gesellschaft, der als Abfall vom göttlichen Geist gedeutet wird und der sich vor allem in einer Zunahme an leidenschaftlicher, triebhafter Abhängigkeit sowie in materialistischer Gier äußert. Fundamentalisten bestreiten zwar kaum jemals, daß es »das Böse« und Unmoral immer schon gegeben hat. Sie sehen aber das Neue und Gefährliche darin, daß heute die Normen selber weitgehend ihre Gültigkeit verloren haben, so daß in letzter Konsequenz Vergehen nicht mehr bestraft werden, weil den Beteiligten dabei immer mehr das Unrechtsbewußtsein fehlt. Der moderne Mensch lebe in einer chaotischen und verkehrten Welt. Das aber könne man nicht einfach hinnehmen[55];

2. ein besonderes Augenmerk legen sie auf die zunehmende Entprivatisierung der weiblichen Sexualität. Dazu rechnen sie die Aufreizung der männlichen Sexualität durch verändertes weibliches Verhalten (zum Beispiel in der Kleidung) sowie die unkontrollierten Kontakte und Begegnungsmöglichkeiten zwischen den Geschlechtern (die von der Koedukation bis zur Enttabuisierung der sexuellen Freizügigkeit reicht);

3. das gewandelte Konsum- und Freizeitverhalten in unserer Zeit aufgrund der Abwendung von den asketischen Idealen der »Väter« und der allgemeinen Faszination durch den Konsumterror, der von einer ausschließlich profitorien-

tierten Industrie ausgeht und der sich de facto kaum jemand entziehen kann, hat eine Vielzahl von destruktiven Auswirkungen auf Familie und Moral. Auf diese Weise werden Familien vielfach in Armut und Unglück gestürzt;

4. die Sozialbeziehungen werden durch die modernen Wirtschaftsstrukturen mit ihren versachlichten Großbetrieben entpersönlicht. An die Stelle überschaubarer persönlicher Beziehungen auf dem Hintergrund gemeinsamer Wertvorstellungen und Ideale der Lebensführung treten ausschließlich materielle Interessen mit den zwangsläufig sich daraus ergebenden Rivalitäten um deren Verteilung. Das führt zu einer extremen Anonymisierung. Ein Ausdruck dafür ist der Ersatz der Fürsorgepflicht der Reichen für die Armen, einem zentralen Wert gerade des Islam, durch eine staatlich organisierte bürokratische Wohlfahrt. Diese Entwicklung führte dazu, daß eine wertblind und zynisch gewordene Welt das zunehmende Massenelend in all seinen Spielarten – Anwachsen von Kriminalität und Drogensucht, Verwahrlosung und Mißbrauch von Kindern, eine sich steigernde Verslumung der Städte mit ihren Folgeerscheinungen – apathisch und tatenlos hinnimmt und nicht mehr sehen will, daß das mit dem Abfall vom angestammten Glauben zusammenhängt;

5. an die Stelle eines »organischen« sozialen Integrationsmodells trat das moderne Klassen- und Konkurrenzdenken mit seinen zahllosen Sonderinteressen und -egoismen. Das schlägt sich in einer »demokratischen« Hauptbeschäftigung nieder: im permanenten Feilschen um Umverteilung des Vorhandenen. Zwischenmenschlich drückt es sich in einem den einzelnen überfordernden und seine Identität gefährdenden kulturellen und strukturellen Pluralismus aus;

6. an die Stelle des Geistlichen als einer mehr oder minder intellektuellen Leitfigur, die die Werte und Ideale der Gesellschaft repräsentiert, tritt der Mächtige beziehungsweise der Star. Der Mächtige hat es geschafft, aus den rapiden Umwälzungsprozessen der Gesellschaft seinen Profit zu ziehen, eventuell sogar mit unmoralisch verdientem Geld, während der Star nicht durch Substanz, schon gar nicht mehr durch ethisch-moralische Qualitäten zu wirken beansprucht, sondern bloß noch durch »Ausstrahlung«.

7. an die Stelle eines Repulikanismus, der göttliche Gesetze zu verwirklichen und zu verkörpern sucht, tritt eine bloße

Abzähldemokratie. Diese wird vom schiitischen Fundamentalismus des Iran abgelehnt, weil sie dem eigenen Volk von einer fremden Kultur aufgepropft wurde. Im amerikanischen Fundamentalismus stößt sie zumindest an Grenzen, wenn sie nicht mit dem harmoniert, was dieser für göttliches Gebot hält. Generell werfen alle Fundamentalisten der Demokratie vor, aufgrund ihrer Wertneutralität unfähig oder zumindest unwillig zu sein, Ordnung und sittliches Handeln zu garantieren, die planmäßige Benachteiligung des traditionellen Milieus zu verhindern und der Überfremdung von Staat und Gesellschaft, sei es durch Berater (Iran) oder Einwanderer (USA) Einhalt zu gebieten. Die Erfahrung von Gesetzlosigkeit bei den Fundamentalisten ist also im Legitimationsverlust staatlicher Ordnung begründet[56];

8. Der Fundamentalismus ist schließlich einer der wirksamsten Auswege aus demjenigen Teil der Identitätsprobleme der Religiösen, das man Theodizeeproblem nennt. Dieses besteht darin, erklären zu müssen, warum es den Frommen oft so schlecht geht, den Gottlosen und Bösen dagegen gut. Namentlich dem islamischen Fundamentalismus, der von seinem Ansatz her auf äußerlichen Erfolg besonders angewiesen ist (S. 90), stellt sich diese Aufgabe verschärft. Er löst sie nicht zuletzt durch Politisierung im Sinne eines Kampfes gegen die vermeintliche oder wirkliche Bedrohung beziehungsweise gegen das Unrecht, von dem er sich umgeben fühlt. Da Religiöse, wie erwähnt, an sich dazu neigen, sich von der Politik fernzuhalten, jedenfalls solange sie noch »fundamental« sind, ist das Maß ihres Engagements an der Politik immer auch ein gewisser Gradmesser für das Ausmaß an Verzweiflung, die sie angesichts einer bestehenden Situation verspüren. Diese Verzweiflung ist auch der eigentliche Motor des Islamismus.

Der jüdische Fundamentalismus

Voraussetzungen zum Verständnis des jüdischen Fundamentalismus

Auch bei der Darstellung des jüdischen Fundamentalismus ist Vollständigkeit nicht möglich. Daher richtet sich unsere Aufmerksamkeit wiederum in erster Linie auf mögliche Sondertendenzen, die ihn von anderen Fundamentalismen abgrenzen beziehungsweise das Wesen des Fundamentalismus insgesamt verdeutlichen.

Zunächst bedarf es aber auch hier einiger klärender Vorbemerkungen:

1. Der Begriff »jüdischer Fundamentalismus« ist ebenso aufoktroyiert wie der Begriff »islamischer Fundamentalismus«. Niemals würde sich ein Jude selber als Fundamentalisten bezeichnen.

2. Aufgrund der leidvollen Geschichte zwischen Christen und Juden ist die Neigung zur Voreingenommenheit auf beiden Seiten ähnlich groß wie in der Beziehung zwischen Christen und Muslimen. Das drückt sich in Bezug auf unser Thema zum Beispiel darin aus, daß viele Christen – heute freilich meist eher insgeheim – bereitwillig nichtreligiösen Juden zustimmen, wenn diese ihren religiösen Brüdern typisch ideologische Züge unterstellen. Solche sollen sich vor allem in Form eines fetischartigen Umgangs mit ihren Heiligen Texten ausdrücken. Der Vorwurf ist nicht neu. Schon in Luthers Tischreden lesen wir: »O, die Hebräer – ich sag auch von unseren – judenzen sehr... Sie hängen schlechthin an den Wörtern, achten nicht auf die Bedeutung der Worte«[1]. Mit dem Wort »judenzen« spielte Luther dabei auf eine häretische Praxis unter Christen an, die die mosaischen Gesetze wörtlich einhielten.
Fromme Juden wiederum weisen diese Argumente meist von vornherein ab. Dabei vermischen sie oft Wahres mit Falschem. Zwar betonen sie mit Recht, daß es in ihrer Religion vor allem um Tun geht, d. h. um die Einhaltung der klaren und bindenden Aussagen, wie sie in der Halacha (dem jüdischen Gesetz) und der Mitzwot (den Religionsgeboten) niedergelegt sind. Glaubens- und Bekenntnissätze dagegen, wie sie zum Beispiel im Neuen Testament Röm 10, 9 stehen (»wenn du mit deinem Mund bekennst:

›Jesus ist der Herr‹ und in deinem Herzen glaubst: ›Gott hat ihn von den Toten auferweckt‹, so wirst du gerettet werden«), finden sich in der Tat dort ebensowenig wie mystische Gnadenmittel in der Form von Sakramenten.

Anders als das Christentum ist das Judentum auch keine Religion der Dogmen, sondern der Traditionen. Dabei steht die dauernde Wiederbelebung der schriftlichen und der mündlichen Überlieferungen der Thora ganz im Zentrum.[2]

Unrichtig ist allerdings, wenn man daraus jüdischerseits ein »Dogma der Dogmenlosigkeit« im Judentum (Schlechter) konstruiert hat. Aus gutem Grund war diese Behauptung von Anfang an heftig umstritten, ja, angesichts der Rezeptionsgeschichte der Thora ist sie sogar unhaltbar.[3] So verweist zum Beispiel Krochmalnik auf Äußerungen, die im Gegenteil sogar einen mitunter extremen Literalismus sowie ebenso extreme Auffassungen über Inspiration nahelegen. Hinter ihnen stand die Sorge, man könne andernfalls in der Thora »göttliche« Worte, wie den Dekalog, von »menschlichen« Worten unterscheiden und damit ihre Einheit zerstören.

Diese im Prinzip verständliche Sorge wurde im Laufe der Geschichte bis zur scheinbaren Absurdität zugespitzt, in einer Weise, die man in heutiger Diktion als »typisch fundamentalistisch« bezeichnen würde, hätte es damals diesen Begriff bereits gegeben. So behauptete zum Beispiel Moses Maimonides (1135–1205), ein scheinbar nebensächlicher Satz aus der Genealogie der Genesis wie »Timna war das Kebsweib des Eliphas« (Gen. 36, 12) wiege genauso schwer wie der Satz: »Ich bin der Ewige, dein Gott« (Dtn. 5, 6).

3. Das genannte Beispiel zeigt, wie schwierig die Frage zu beantworten ist, wo auf die Spitze getriebene jüdische Orthodoxie aufhört und wo jüdischer Fundamentalismus anfängt. Zu den sachlichen Schwierigkeiten kommt die historische Belastung. Dabei verschränkt sich häufig fehlende Sensibilität auf der einen Seite mit einer durch lange Zeiten unberechtigter Angriffe übermäßig verletzlich gewordenen Haltung auf der anderen. Sie neigt dazu, hinter jeder Kritik bereits einen grundsätzlichen Angriff zu wittern.[4]

4. Der genannte Satz des Moses Maimonides ist noch in einer weiteren Hinsicht für unsere Fragestellung wichtig.

Er wurde nicht von irgend jemandem formuliert, sondern von einem Mann, der im Judentum eine vergleichbare Rolle spielt wie Thomas von Aquin im Christentum. Auf den ersten Blick enthält dieser Satz scheinbar alles, was man heute fundamentalistisch nennt: Er klingt buchstabengläubig, dogmatisch und intolerant. Das ist aber nur ein Aspekt im Werk des Maimonides, den man freilich nicht leugnen sollte.

Trotz solcher Äußerungen war aus gutem Grund das Ansehen von Maimonides bei jüdischen Traditionalisten immer schlecht, bei den Vertretern der Aufklärung dagegen war er immer angesehen.[5] Warum das so ist, wurde von Krochmalnik am Beispiel der Äußerungen des Maimonides zur Verbalinspiration veranschaulicht. Was er dazu sagt, sollte sich noch heute jeder Fundamentalist ins Stammbuch schreiben: die Rede vom Wort Gottes sei nur ein Bild. Gott sei in Wirklichkeit kein körperliches Wesen, habe demnach keine Sprachwerkzeuge, spreche also nicht. Daher seien alle Stellen in der Bibel, in denen vom Reden Gottes berichtet werde – und das sind ja immerhin die zentralsten! – nur im übertragenen Sinne zu verstehen. Mit solchen sinnlichen Bildern sollen die Menschen nach Maimonides zur Annahme einer Kommunikation zwischen Gott und dem Menschen geführt werden. Eigentlich könne es sich dabei, entgegen dem buchstäblichen Sinn der Schrift, nur um eine spirituelle Kommunikation handeln[6].

Wir verstehen also Maimonides nur dann wirklich, wenn wir seine Äußerungen innerhalb eines enormen Spannungsbogens begreifen, den er zwischen dem Ernstnehmen eines Textes und dessen spirituellem Verständnis schlägt. Auf diese Spannung sind wir bereits beim Umgang Jesu mit der Bibel gestoßen (Siehe S. 42 ff).

Wer sich von den Höhen einer solchen kühnen Sicht, die bei aller scheinbaren Überspitztheit immer die ganze Wahrheit in ihrer Komplexität ausloten will, auf den Boden des heutigen jüdischen Fundamentalismus begibt, der betritt eine ganz andere Welt. Auch hier findet sich – wie bei allen Fundamentalismen – eine enorme Bandbreite, freilich ganz anderer Art. Sie erstreckt sich von der starren Absonderung von den Mitmenschen bis zu jenen sinnlosen terroristischen Aktionen, von denen die Medien fast täglich aus aller Welt berichten, gerade auch aus dem Spannungsgebiet zwischen Juden und Muslimen.

Einer der furchbarsten Züge vieler jüdischer Fundamentalisten ist ihre Wesensverwandtschaft mit den extremistischen, gewaltbereiten Islamisten, obwohl beide Seiten gerade das wie nichts sonst bestreiten und die Unvergleichbarkeit des eigenen Anliegens hervorheben. Aber nicht nur die Mystiker quer durch die verschiedenen Kulturen und Religionen sprechen weitgehend eine gemeinsame Sprache, sondern auch fundamentalistische Extremisten, wenngleich aus völlig anderen Gründen: die einen, weil sie auf weitgehend identische Erfahrung zurückgreifen, die anderen, weil sie durch eine gemeinsame Pathologie verbunden sind. Deren zentrales Kriterium ist der Verlust jeglichen Bezugs zur Mitmenschlichkeit, aber auch zu jeder wirklichen Religiosität. Dieser findet sich auch dann, wenn sie behaupten, sie hätten ihren Molotowcocktail im Namen Jahwes beziehungsweise Allahs ins gegnerische Lager geschleudert.

Wenn hier gesagt wurde, Fundamentalisten hätten jeden Bezug zu wirklicher Religiosität verloren, wie steht es dann mit der oft erhobenen Behauptung, daß alle orthodoxen Juden Fundamentalisten seien? Sollte das zutreffen, dann würde das einen schweren Schatten auf die jüdische Rechtgläubigkeit werfen.

Dazu ist zu sagen, daß es für orthodoxe Juden ebensowenig wie für Muslime jene strenge Trennung des theologischen vom politischen Bereich gibt, wie ihn die Aufklärung fordert. Das führt konkret bei ihnen zu der Überzeugung, Anspruch auf ein von Gott zugesprochenes Land erheben zu können, und zwar bis zum letzten Quadratzentimeter. Da dieser Anspruch zudem mit einem gewissen »messianischen Oberton« (G. Scholem) vertreten wird[7], steckt darin zweifellos ein erhebliches Konfliktpotential. Die jüdischen Fundamentalisten rekrutieren sich aber nicht nur aus Orthodoxen. Wir finden bei ihnen auch romantische Nostalgiker, die sich nach der geschlossenen Welt des ostjüdischen Stetls zurücksehnen, sowie enttäuschte Intellektuelle, die eine neue Identität suchen. Wir treffen aber auch auf abergläubische Chassiden, die im messianischen Fieber taumeln, sowie auf bigotte Frömmler, die sich auf die neue fundamentalistische Welle einstellen. Nicht zuletzt stoßen wir auf fanatische Zeloten, die eine Blut- und Boden-Ideologie vertreten und vom heiligen Krieg träumen (Krochmalnik).[8]

Somit ist es falsch, beinahe jeden religiösen Juden, der nicht dem »Reformjudentum«[9] zugehört, per definitionem in die Nähe des Fundamentalismus zu rücken. Vielleicht können hier einige Überlegungen zur Klärung beitragen, die teilweise an Gesagtes anschließen:

1. Was von den Muslimen gesagt wurde, gilt auch für die Juden: man nivelliert die Unterschiede innerhalb einer Religion, wenn man diese insgesamt unter Fundamentalismusverdacht bringt;

2. dennoch gibt es im Glauben der Juden, Christen und Muslime jeweils eine spezielle »Achillesferse« (die Landnahme

bei den Juden, die Göttlichkeit Jesu bei den Christen und die wörtliche Überlieferung von Allahs Wort bei den Muslimen) (Siehe S. 87). An ihnen haben sich, wie nicht anders zu erwarten, auch die meisten ihrer Fundamentalismen entzündet. Dies allein macht zwar den *einzelnen* Gläubigen keineswegs zwangsläufig zum Fundamentalisten, steigert aber zweifellos seine Bereitschaft dafür, wenn bestimmte Mängel in seiner Persönlichkeit, meist verbunden mit äußerem Druck, hinzukommen: Diese Aspekte verstärken sich dann meist gegenseitig im Sinne einer Ergänzungsreihe. Zwingend ist allerdings die Notwendigkeit eines interreligiösen Dialogs über diese Fragen, wie ihn besonders Hans Küng fordert.[10] Seiner These »Kein Weltfriede ohne Religionsfriede«[11] ist nichts mehr hinzuzufügen;

3. Wichtig ist, dabei jenen Doppelaspekt zu sehen, der die drei großen monotheistischen Religionen besonders kennzeichnet: er besteht darin, daß ihr innerster Kern unbestreitbar und in ganz zentraler Weise die drei Sätze umfaßt: »du sollst Gott lieben«, »du sollst deinen Nächsten lieben« sowie »du sollst Gott in deinem Nächsten lieben«. Unbestreitbar ist aber auch, daß sie im Laufe ihrer Geschichte in Bezug auf die Praxis dieser Gebote bis heute unbegreiflich schlecht abgeschnitten haben. Auch daran wird deutlich, wie hauchdünn im gelebten Leben der Graben zwischen Glauben und Ideologien sein kann, obwohl sich die Grenzen zwischen beiden idealtypisch durchaus klar ziehen lassen.[12]

Strömungen innerhalb des jüdischen Fundamentalismus

Fragt man sich, wo man heute de facto auf einen jüdischen Fundamentalismus stößt, obwohl dieser Begriff, wie gezeigt, vom jüdischen Selbstverständnis her nicht die Sache trifft, so findet man in Analogie zum christlichen Fundamentalismus im wesentlichen zwei Richtungen:

Die eine ist *rational* ausgerichtet und dabei in einer starren, intoleranten Weise orthodox. Sie geht mit der Bibel auf die Spitze getrieben literalistisch um und legt dementsprechend deren Gesetze aus. Die andere Richtung ist zwar gleichfalls gesetzestreu, aber wesentlich *emotional*. Sie gründet in der jüdischen mittelalterlichen Mystik, dem von Israel Baal Schem Tov (1698–1740) begründeten Chassidismus. Dieser appellierte vor allem an die innere Erfahrung von in unserem Sinne wenig gebildeten Menschen und nicht an die theoretische Gelehrsamkeit. Dementsprechend kennt er auch keine schriftlich fixierte Tradition und sieht als Imperativ des eigenen Handelns das messianische Ideal an.[13]

Beide Richtungen stehen einander diametral gegenüber und bekämpfen sich gegenseitig, weisen aber im übrigen, wie es in späteren Phasen des Fundamentalismus immer der Fall ist, jeweils einige weitere Unterströmungen auf. Verbunden untereinander sind sie nur noch durch den kleinstmöglichen Nenner eines jeden »entwickelten« religiösen Fundamentalismus: durch den Kampf gegen die Offenheit der Aufklärung mit ihrem »sapere aude« (Horaz / Kant), dem Mut, sich des eigenen Verstandes zu bedienen, durch ihre Unterwerfung unter eine Autorität (insbesondere von Ideen) und durch ihren Kampf gegen alles Fremde, vor allem gegen alles Andersgläubige.

1. Die erstgenannte Strömung geht auf den ersten Oberrabiner von Palästina, Rabbi Abraham Isaac Kook (1868 – 1935), zurück, der eine Brücke zwischen den ersten Pionieren des säkularen Zionismus und dem orthodoxen Judentum schlug. In seinen Augen waren diese weltlichen Zionisten, ohne daß sie es realisierten, ein Instrument der göttlichen Absicht, die Rückkehr des auserwählten Volkes ins verheißene Land zu ermöglichen, wenn sie den alten Spruch: »Im nächsten Jahr in Jerusalem« durch ein »Jetzt! Sofort« ersetzten.

Sein Sohn, Rabbiner Zwi Jehuda Kook, hat diese mystische Sicht zu einer handfesten »Ganz-Israel«-Ideologie verdichtet und vereinfacht. So wurde er zum geistigen Führer der »Gush Emunim«, der »Gemeinschaft der Getreuen«, einem wenig straff organisierten und daher zu Einzelaktionen tendierenden Sammelbecken von Extremisten und Aktivisten aller möglichen national-religiösen Gruppen. Ihr Ziel war die Wiedererrichtung des Königreiches Gottes in Erez Israel. 1974 gab er eine Erklärung heraus, in der es hieß: »Alle Völker der Erde sollen erkennen, daß dieses Land vollständig uns gehört und daß es auch in seinen einzelnen Teilen unveräußerlich ist«[14]. Die Landnahme und Besiedlung besetzter Gebiete wurde dementsprechend in fundamentalistischer Weise biblisch gerechtfertigt. Ja, man versuchte, anhand der Bibel politische und militärische Entscheidungen, etwa über den Grenzverlauf, mit zu beeinflussen. Die davon betroffenen Staaten und der andersartige Glaube ihrer Bürger wurde dabei aufgrund des eigenen religiösen Chauvinismus mißachtet: die Juden besitzen das volle Recht, andere Völker so zu behandeln, wie Josua sie behandelt hat[15]. Daß man dabei von der jüdischen Tradition her unjüdisch mit der Bibel umging, indem man diese wie im amerikanischen protestantischen Fundamentalismus wörtlich benutzte (Siehe S. 45), spielte im eigenen Selbstverständnis keine Rolle.

2. Den Gegenpol zu dieser Bewegung, die sich in einer für die Geschichte fast aller Fundamentalismen typischen Abfolge von ihren mystischen Quellen zur militanten Organisation mit einfach formulierten Zielen mauserte, bildet die genannte kabbalistische Strömung der Ultra-Orthodoxen. Man spricht auch von einer »schwarzen Orthodoxie«, wobei sich dieser Begriff vom äußeren Aufzug ihrer Anhänger ableitet: dem schwarzen Anzug im litauischen Stil und dem schwarzen Hut oder der Pelzmütze.

Nicht nur in ihrer Kleidung, sondern auch in ihrem Irrationalismus blieb diese Bewegung ihrer Herkunft treu: litauischen chassidischen beziehungsweise kabbalistischen Ursprüngen. Mit aller Radikalität und mit voller Überzeugung wendet sie sich gegen jegliche Form von Zionismus, auch gegen jeden zionistischen Staatsgedanken. Zwar bedient sie sich des Staates Israel, in dem sie lebt, weil er ihr den Lebensraum und die Lebensform garantiert. Zugleich lehnt sie ihn wegen seiner Verfassung und seiner Siedlungsbewegung mit aller Entschiedenheit ab und fordert nachdrücklich die Rückgabe aller besetzten Gebiete. Ihre Argumentation ist zwar für unser heutiges Denken schwer nachvollziehbar, aber keineswegs so gedankenlos, wie ihr von ihren Gegnern unterstellt wird. Dabei spielen für ihre Anhänger teilweise abschreckende Erinnerungen an falsche messianische Bewegungen im Laufe der jüdischen Geschichte eine Rolle, von denen sie meinen, daß sie sich im heutigen Israel in säkularisierter Form wieder antreffen ließen. Aber selbst die Judenvernichtung im dritten Reich deuten sie im Sinne ihrer Ideologie: so lange sich das Judentum entsprechend den Mahnungen der Thora vom Leben der sie umgebenden Gesellschaften ferngehalten habe, so behaupten sie, sei sein Fortbestand in der Diaspora gesichert gewesen. Erst als die Juden den Ideen der Aufklärung gefolgt seien und sich durch die Gründung eines modernen Staates den anderen Nationen angleichen wollten, seien sie den schlimmsten Verfolgungen ausgesetzt gewesen. Die Vernichtung der Juden sei eine Strafe Gottes für diejenigen, die sich auf diese Weise der Thora widersetzt hätten[16].

Man sollte sich an dieser Stelle klar machen, von welchen geschichtlichen Voraussetzungen her hier argumentiert und wie aus einer jahrhundertelangen Not eine Tugend gemacht wird. Die Voraussetzung für dieses Denken ist, daß es im Judentum bis ins 19. Jahrhundert, anders als bei Christen und Muslimen, keine festen politischen und weltanschaulichen Aspekte gab, die aus der eigenen Religion abgeleitet werden konnten, und zwar deshalb nicht, weil man sich fortwährend an die fremden Länder und deren Regierungen anpassen mußte, bei denen man lebte.[17] Angesichts dieser historischen Situation wird auch verständlich, warum fundamentalistische Strömungen, seien sie rationalistisch-biblizistisch oder mystisch, neuerdings für viele, vor allem junge, Juden so attraktiv sind und eine zunehmende Anhängerschaft gewinnen. Die einen begehren leidenschaftlich gegen eine jüdische Geschichte auf, die immer nur von Fremden diktiert wurde und wollen selber zu einer eigenen Geschichte finden. Die anderen jedoch möchten die alte quietistische Tradition weiterführen. Da sie aber ihre eigenen Ziele nicht militant durchsetzen, wird manchmal gesagt, daß sie zum Staat Israel ein »dialektisches Verhältnis« pflegen.

Konkret hat die Anziehungskraft des Gush Emunim vor allem seit dem Schock des Jom Kippur-Krieges zugenommen, weil seitdem der politische Zionismus mit seiner Pionier- und Siedlungsbewegung als Verkörperung einer nationalen Aufbruchsstimmung an Bedeutung verlor und eine rat- und richtungslose Jugend zurückließ. Die schwarze Orthodoxie dagegen rekrutiert sich vor allem seit den achtziger Jahren aus der immer mehr um sich greifenden Aussteigerwelle und macht zugleich deutlich, wie eng die beiden Pole Radikalismus und totales Aussteigen nebeneinanderliegen, beide Ausdruck desselben totalen »Verlusts der Mitte«, der unsere Gegenwart wie nichts sonst kennzeichnet.[18]

3. Da geistige Strömungen nicht per Knopfdruck verschwinden, gibt es begreiflicherweise neben den beiden genannten religiös motivierten Gruppen auch noch Restbestände eines Zionismus mit säkular-sozialistischen ideologischen Zügen aus der Gründerzeit Israels, die sich vom Erscheinungsbild her gleichfalls in die Nähe des Fundamentalismus rücken lassen. Da sie aber ihre geistigen Wurzeln aus der Bibel beziehen (beziehungsweise neuerdings, gerade auch bei nichtreligiösen Juden, »wissenschaftlich« aus einer Archäologie, die auf Biegen und Brechen Zusammenhänge zwischen dem alten Israel und dem modernen Judenstaat konstruiert), wäre es falsch, hier von einer »dritten fundamentalistischen Kraft im Judentum« zu reden. Realistischer ist, darin ein Bindeglied zu sehen, das auf die erstgenannte der beiden zur Zeit tonangebenden jüdischen fundamentalistischen Strömungen zuführt.

Fundamentalistische Tendenzen in Asien

Aus guten Gründen nannte Gilles Kepel sein Buch über den Fundamentalismus, in dem er diese Strömungen nicht nur unter Muslimen, sondern auch unter Christen und Juden nachwies, »Die Rache Gottes«[1]. Schon durch diesen Titel wird mitgesetzt, daß diese Bewegungen im wesentlichen in Ländern blühen, die ursprünglich streng monotheistisch geprägt waren. Nun wird neuerdings immer wieder behauptet, daß es Fundamentalismus nicht nur im Umfeld der drei monotheistischen Buchreligionen gebe, sondern zum Beispiel auch bei Hindus, Sikhs und Buddhisten.

Einschränkend fügt dem zwar fast jeder Kenner der Verhältnisse hinzu, daß, gemessen an dem Riesenkontinent Asien mit seiner Milliardenbevölkerung, der Fundamentalismus dort nur ein untergeordnetes Phänomen ist, jedenfalls wenn man im Vergleich dazu die Fundamentalismen im ursprünglich monotheistischen Einflußbereich heranzieht. Außerdem ist unverkennbar, daß der größte Teil »fundamentalistischer« Aktionen, zum Beispiel von Hindus oder Buddhisten, kaum je untereinander erfolgt, sondern fast immer in Auseinandersetzung mit Muslimen, also mit der Religionsgruppe, unter der – vom heutigen Verständnis her gesehen – der Fundamentalismus »blüht« wie nirgends sonst. Man wird sich also fragen müssen, ob die Nichtmuslime dort nicht lediglich in fundamentalistische Aktionen mit hineingezogen werden und auf diese sozusagen scheinfundamentalistisch reagieren, ohne daß man sie im eigentlichen Sinne als Fundamentalisten bezeichnen kann. Erinnern wir uns: in der Einführung wurde gezeigt, daß Fundamentalismus insgesamt nichts Primäres, sondern nur eine Reaktionsbereitschaft ist, und daß man im übrigen inzwischen mit diesem Modebegriff alle möglichen Formen von Unwissenheit, Nationalismus und Fanatismus umschreibt. Diese aber gibt es natürlich auch in Asien.

Bemerkenswert ist auch, daß zum Beispiel der Hinduismus zwar eine rigide, konservative Sozialstruktur zeigt, an der sich trotz aller – westlich angehauchten – Reformen auch in jüngster Zeit nur wenig geändert hat, daß er aber dennoch bisher von allen Kennern als religiös und philosophisch sehr liberal angesehen wurde. Hieße das aber nicht, daß sich in jüngster Zeit in seinem geistigen Klima etwas Grundlegendes geändert haben müßte, wenn man ihn nunmehr mit dem Fundamentalismus in Beziehung bringen könnte? Wenn hier also gefragt wird, ob er tatsächlich neuerdings dort auftritt, dann soll dieser – wie von Anfang an betont – fragwürdige Begriff, dem heutigen Sprachgebrauch entsprechend, erst einmal unscharf benutzt werden, um nicht aus Gründen terminologischer Reinheit Phänomene abzuschneiden, die insgesamt doch auf einen Wandel in der Mentalität hindeuten.

Besonders geeignet für unsere Fragestellung scheinen aus zwei Gründen die Kämpfe zwischen Buddhisten und Muslimen in Ladakh zu sein, das zu den indischen Staaten Jammu und Kaschmir gehört.

1. In Ladakh haben generationenlang Buddhisten und Muslime zusammengelebt, ohne daß es je nennenswerte religiöse Streitigkeiten zwischen ihnen gegeben hätte. Das änderte sich ab Mitte der achtziger Jahre. Immer häufiger kam es seitdem dort zu Auseinandersetzungen zwischen beiden Gruppen. Diese fanden ihren bisherigen Höhepunkt im Herbst 1989 in blutigen Kämpfen, die einen derartigen Umfang annahmen, daß man wegen der Unsicherheit der Situation an einem Tag etwa 2000 Touristen mit Taxis und Bussen evakuieren mußte. Bisher friedliche Buddhisten bewarfen diese dabei mit Steinen, wobei es eine Reihe von Verletzten gab. Die Verhältnisse konnten erst durch eine wochenlange Ausgangssperre und eine verstärkte Präsenz von Militär und Polizei wieder unter Kontrolle gebracht werden.[2] Das war freilich durchaus im Sinne der indischen »Schutzmacht«, die dadurch einen willkommenen Anlaß bekam, mehr Militär ins Land zu holen, ist Ladakh doch ein wichtiger Stützpunkt in Indiens ständigen Grenzstreitigkeiten mit China (das Land selber ist in 2 Distrikte aufgeteilt: das primär buddhistische Leh und das islamisch geprägte Kargil. Insgesamt leben in Ladakh auf zirka 65000 Quadratkilometer ungefähr 130000 Menschen in etwa 3500 Metern Höhe).

2. Wichtig für unsere Fragestellung ist aber auch, daß sich diese Entwicklung unter den Augen einer geradezu genialen Beobachterin vollzogen hat, die mit der Sprache und den Lebensgewohnheiten der Ladakhis bestens vertraut war, der Trägerin des alternativen Nobelpreises (Right livelihood Award), Frau Helena Norberg-Hodge, die sich seit Mitte der siebziger Jahre alljährlich jeweils etwa ein halbes Jahr zu Sprachstudien in Ladakh aufgehalten hat. Sie hat ihre Beobachtungen in ihrem Buch: »Ancient Futures, Learning from Ladakh«[3] beschrieben. Es erlaubt uns, die Entstehung von Phänomenen, die man heute »Fundamentalismus« nennt, sozusagen »in statu nascendi« zu studieren.

Im Deutschen hat man übrigens dem genannten Buch leider den sinnentstellenden Titel »Leben in Ladakh« gegeben.[4] Ich halte das für mehr als ein bloßes Versehen und meine, daß es derselben Matrix entstammt, aus der sich in anderem Milieu der Fundamentalismus entwickelt hat. Sollte dem Lektorat die Vorstellung, daß wir Mitteleuropäer von den »altmodischen«, nicht aufgeklärten Ladakhis höchstpersönlich etwas lernen könnten, verkaufshemmend erschienen sein? Das würde jedenfalls gut zu dem verbreiteten Chauvinismus bei uns passen, sehen wir doch vielfach unsere Kultur, wenn es wirklich zum Schwur kommt, trotz alles »selbstverständlichen« humanitären Interesses für die Entwicklungsländer als Standardkultur an. Was wir dabei übersehen, ist der Unterschied zwischen einer jahrtausendealten Entwicklung und den Folgen der durch die technische Revolution hervorgerufenen Veränderungen. So sind wir blind dafür, daß zu den Zeiten, als Europa durch die Industrialisierung verwandelt wurde, ein Großteil der Welt weiterhin in Übereinstimmung mit tradierten Grundsätzen und Werten lebte, die uns fremd geworden sind und uns daher rückständig vorkommen.[5]

In grenzenloser Naivität meinen wir immer noch, daß die anderen von uns lernen sollten, wenn sie überleben wollen, während sie in Wirklichkeit in ihrem Überleben bedroht sind, weil sie uns nachahmen. Außerdem sind wir allein schon wegen unserer Aufklärungsideale davon überzeugt, daß alle Menschen letztlich so denken und so sind wie wir selber – angeblich sind wir ja alle gleich! –, und wenn sie schon wirklich nicht so sein sollten, dann möchten sie zumindest insgeheim so werden wie wir.

Es gibt einige gewichtige Hinweise, die auf den ersten Blick diese westlichen Größenideen zu bestätigen scheinen. Wer, wie der Autor dieses Buches, immer wieder Gelegenheit hatte, abgelegene Gebiete in Asien, speziell im Himalaya, kennen zu lernen, kann nur die Beobachtungen von Frau Norberg-Hodge voll bestätigen: es gibt in diesen Ländern einen geradezu unheimlichen Drang, uns zu imitieren, jedenfalls so, wie man sich dort vorstellt, daß es bei uns zugeht. Das spricht weniger für unsere geistige Überlegenheit als für die Faszinationsbereitschaft der anderen sowie für den dampfwalzenartigen Effekt, der von vielen unserer hyperstereotypen Zivilisationsmerkmale ausgeht. Tatsache ist jedenfalls, daß auch die fundierteste Kultur, selbst wenn sie auf einer tiefen, gewachsenen Spiritualität fußt, offenbar weitgehend abgemeldet ist, sobald »Dallas« im Kasten flimmert. Bisherige Lebensgewohnheiten fallen angesichts der westlichen Reklame in sich zusammen wie Kartenhäuser. Aber ist dies wirklich nur, weil es sich bei uns so viel besser lebt?

Allenthalben stellt man fest, wie die negativen Begleiterscheinungen unserer Zivilisation in diese Länder unaufhaltsam eindringen wie ein Karzinom und ihre Substanz gefährden. Immer mehr nimmt dort die Inflation der blue jeans, der Kassettenrekorder, aus denen stumpfsinniger Pop und Rock grölt, nehmen die Mopeds, auf denen »Mann« machoartig herumdonnert und nimmt die Mampf-»Kultur« der Burger zu, in der sich unser kritiklos-verschlingender Weltbezug aufs Getreulichste abspiegelt, und, was viel schlimmer ist: dringen die Formen unseres Zusammenlebens ein mit ihren Defekten im Zwischenmenschlichen, die sich vor allem in Profitstreben, Rivalitätsdenken, in Gefühlskälte, Nihilismus, Zynismus und Fanatismus äußern. Wie es dagegen ursprünglich war und wie und warum es zu der genannten Wandlung kam, zeigt das genannte Buch auf:

Tatsache ist, so weist Frau Norberg-Hodge nach, daß die Ladakhis vor ihrer engen Berührung mit unserer Zivilisation einige Probleme optimal lösten, die uns inzwischen so entglitten sind, daß wir in unserer augenblicklichen Lebensform daran zugrundegehen werden, wenn nicht eine Wandlung eintreten sollte, die einem Wunder gleichkäme. Obwohl sie an einem der unwirtlichsten Plätze unseres Globus leben (im Winter ist der Boden 8 Monate lang gefroren und Tornados peitschen bei Temperaturen bis – 40 Grad durch die Täler, im Sommer herrscht sengende Sonne, Regen fällt nur wenig), hatten praktisch alle ein gutes Auskommen. Die meisten westlich geschulten Wirtschaftswissenschaftler würden freilich sagen, das Land habe damals zu den ärmsten der Welt gehört, weil nur wenig Geld hin- und herbewegt wurde.

Durch die Formen ihres Zusammenlebens (viele Frauen und Männer hielten sich im zeugungsfähigen Alter jahrelang in buddhistischen Klöstern auf, im übrigen gab es eine weitverbreitete Polyandrie) war praktisch ihre Bevölkerungszahl konstant. Durch eine optimale Nutzung ihrer Ressourcen gab es so gut wie keine Abfälle und keine Luftverschmutzung. Das Alltagsleben wurde in hohem Maße von der Religion bestimmt.

Ein hochgebildeter ladakhischer Gelehrter – Tashi Rabgyas (kein Mönch!) –, der Frau Norberg-Hodge bei der Abfassung ihres Wörterbuchs half, hat den Unterschied der Lebensweise seines Landes und des european bzw. american way of life in einem Gedicht trefflich zum Ausdruck gebracht, das er auch selber ins Englische übersetzte:

Im großen Europa, woher du kamst,
gedeihen viele freie Staaten
mit Technologien und Industrien
zu materiellem Wohlstand, unermeßlich.

Ein Mehr gibt es dort an weltlicher Lust,
ein Mehr an Geschäftigkeit,

ein Mehr an Forschung und Literatur,
an Wechsel in allen Bereichen.

Trotz uns'res Mangels an Fortschritt hier,
genießen wir den Frieden des Herzens.
Obwohl ohne jede Technologie,
besitzen wir tieferes Dharma.

Unsere Sprache in Ladakh und Tibet
ist die uns'rer weisen Lamas,
ist ein Schatz, erfüllt mit Dharma.
Keine andere Zunge kann ihr gleichen.

All der Erscheinungen Pracht,
schau sie an mit Achtsamkeit.
Eignet ihnen erhabener Sinn?
Ich fand keinen Sinn in ihnen.

Ob du Unmengen konsumierst
Und Vergnügen im Überfluß hast
und über Ruhm und Macht verfügst –
auch dir ist nur der Tod gewiß.

Zur Todesstunde wird uns – außer unseren Taten –
kein Bestandteil uns'res Reichtums nützen.
Das Gute oder Schlechte, das wir tun,
erschafft uns uns're Freuden oder Sorgen.

Was bleibt, ist Wahn und Illusion,
wo Dharma nicht verwirklicht wird
und, bis Verstehen Sprache transzendiert,
endlose Worte und Begrifflichkeiten.

Arbeite hart und konzentriere dich,
es wird nicht lange dauern, und du wirst es lernen,
du wirst das Schauspiel sehen,
und dir wird klar, wohin ich ziele.[6]

Nun wäre es falsch und im übrigen völlig gegen die buddhistischen Überzeugungen gerichtet, denen der Autor verpflichtet war, daraus eine Idylle zu konstruieren. Nichts ist nur schwarz und nichts nur weiß! So fehlte es in Ladakh etwa an grundlegenden Annehmlichkeiten wie Heizungsmöglichkeiten während der eiskalten winterlichen Temperaturen. Der Austausch mit der Umwelt war beschränkt und die Analphabetenrate hoch; die Säuglingssterblichkeit war höher und die durchschnittliche Lebenserwartung niedriger als im Westen.[7] Allerdings würde man Wesentliches wie die subjektive Lebensqualität außer Betracht lassen, wollte man dies alles bloß mit unseren Augen sehen. Gerade hierbei hat das Prinzip Gültigkeit, das wir »Besserwessis« (und die gibt es nicht nur im ehemaligen Westdeutschland, sondern im Westen überhaupt!) so oft vernachlässigen: rede *mit mir* und nicht *über mich*.

Wer sich mit den Ladakhis näher beschäftigt, wird feststellen, daß sie zumindest über Dreierlei verfügten, was uns weitgehend abgeht: eine auf gegenseitige Unterstützung statt auf Wettbewerb basierende, also eine synergistische Wirtschaft, persönliche Identität und Würde sowie ein allen gemeinsames System von Sinngebung und Orientierung, das den einzelnen trägt. Unsere Situation läßt sich, gemessen daran, gut mit einem Wort des gegenwärtigen Dalai Lamas kennzeichnen, das er oft gebraucht: »Geht man mit Millionen Dollars über die Märkte dieser Welt, kann man alles erwerben; verlangt man jedoch Frieden für den Geist, wird man ausgelacht«.

Psychologisch formuliert könnte man die Unterschiede auch auf die Formel bringen, daß die Ladakhis – gemessen an uns – viel introvertierter lebten. So meinen zum Beispiel im Ladakhischen »Angchuk« (machtvoll) und »Wangyal« (siegreich), die dort auch als Rufnamen gebraucht werden, nichts, was auf die Überwindung von äußeren Feinden zielt, sondern die Überwindung des Ego.[8]

Generell kann man sagen, daß die Mentalität der (buddhistischen) Ladakhis ursprünglich in hohem Maße durch eine Bewußtseinslage bestimmt wurde, die auch bei einfachen Leuten stark von der Meditation bestimmt war, selbst wenn sie kaum eine Ahnung von der buddhistischen Lehre hatten. Charakteristisch war dabei, daß eher in Ganzheiten wahrgenommen wurde. Die Menschen erfuhren die Welt durch etwas, was sie »semba« nennen, was man am besten mit »Verbindung von Geist und Herz« übersetzen könnte. In der Sprache wurde in hohem Maße die Relativität betont. Das zwang sie stärker als uns, den Kontext dessen mit auszudrücken, was sie sagen wollten. Im Unterschied zu uns sprachen die Ladakhis nie mit Sicherheit von etwas, was sie nicht selber erlebt hatten.[9]

Es ist unbestreitbar, daß wir im Vergleich dazu »extrovertierter« im Sinne von direkt, unmittelbar, auf den Effekt ausgerichtet, auf die Wirklichkeit zugehen. Dennoch wird man dabei nicht von einer wirklichen Extrovertiertheit, sondern von Pseudoextrovertiertheit sprechen müssen, weil es dabei meist weniger um den anderen, sondern um das eigene Vergnügen geht. Dahinter steckt der in unserer Zivilisation seuchenartig verbreitete Narzißmus, der Ichwahn von Leuten, die sich permanent wie Kreisel um sich selber drehen, weil sie sich selber nicht »haben«. Ihr Bezug zur Mitwelt besteht weitgehend darin, sich diese »reinzuziehen«, wie man das auf Neudeutsch heute so trefflich nennt.

Christopher Lasch hat viele davon sich ableitende Phänomene subtil geschildert.[10] Dazu gehört unsere egomane Jagd nach Lust statt einer Bemühung um Freude oder Zufriedenheit, ja letztlich sogar ein Nichtwissen von dem, was Freude überhaupt ist. Das kommt in Freuds Werk ebenso zum Ausdruck wie in unseren Schlagern:

wenn sich zum Beispiel im Registerband von Freuds Werken etwa 200 Hinweise auf Lust finden, während wir beim Stichwort »Freude« nur einen einzigen Eintrag finden, (»Körperliche Wirkungen der F., V, 294«)[11], dann steht das geistig auf einem ähnlichen Blatt wie der Schlagertext von Cole Porter: »How can I get a kick out of you?«: Der Partner wird nicht in seiner »Eigen-Art« gesehen, sondern gebraucht, um sich von ihm einen »kick« zu holen, »kick« etwa in der Bedeutung von »Adrenalinstoß«.

Nochmals stellt sich aber angesichts des Gesagten die Frage: was hat sich bei den Ladakhis geändert, daß sie auf unser Niveau, beziehungsweise weitgehend auf Zerrbilder unseres Niveaus abgeglitten sind, die sie für unser Niveau halten, und dabei möglicherweise nicht einmal unseren Fundamentalismus ausgelassen haben?

Der Wandel setzte ein, nachdem fremde Einflüsse über Ladakh seit seiner Eröffnung für den Tourismus 1974 lawinenartig hereinbrachen. Hinter der Öffnung stand vermutlich die Absicht, dieses Land fest in das indische Territorium einzubinden.[12] Nicht etwa, daß die Ladakhis bis dahin von anderen kulturellen Einstrahlungen völlig abgeschirmt gewesen wären! Ladakh liegt an einem der Haupthandelswege Asiens und stand daher immer unter dem Einfluß anderer Kulturen. Aber der Wandel erfolgte langsam und ermöglichte eine ständige Anpassung von innen, bei der fremde Einflüsse allmählich, in einer der eigenen Kultur angemessenen Weise, übernommen wurden. Das änderte sich aber seit 1974. Seitdem setzten auch massive Entwicklungshilfeprojekte ein, unter der Federführung von Beamten, die weder Ladakhis waren noch deren Sprache sprachen. »Entwicklung« hieß dementsprechend »Entwicklung nach westlichen Vorstellungen«. Konkret lief das auf eine enorme Steigerung der Einfuhren und des Verkehrs hinaus.

Die überhastete Begegnung mit der westlichen Welt löste zugleich eine ungeheure Bevölkerungsexplosion aus: nahm die Zahl der Bewohner zwischen 1901 und 1911 um 3 % zu, so steigerte sie sich zwischen 1971 bis 1981 um 31 %. Das führte zu einer verbreiteten Landflucht und damit verbunden einem Hausbau-Boom in und um Leh mit der Herausbildung einer Slum-Stadtlandschaft.[13]

Vorher hatten praktisch alle Ladakhis ihr Auskommen, das sie im großen und ganzen zufriedenstellte. Geld spielte bei ihrer Wirtschaftsstruktur nur eine untergeordnete Rolle, da sie weitgehend autark waren und Geld im wesentlichen nur zum Kauf von Salz oder für Luxusartikel brauchten, vor allem für den Kauf von Schmuck. Nun aber erfuhren sie sich angesichts des Einbruchs der Fremden auf einmal als unsäglich arm: an einem Tag gab ein Tourist etwa soviel aus wie eine gesamte Ladakhi-Familie in einem Jahr: etwa 100 Dollar. Das hieße, auf US-Verhältnisse übertragen, daß sie erlebten, daß

Fremde tagtäglich etwa 50 000 Dollar ausgeben. Daß sie die völlig andersartige Rolle von Geld hier und dort nicht begreifen konnten, liegt nahe.[14]

Einen weiteren Einbruch brachten zunächst die indischen Filme und dann das Fernsehen. Namentlich auf junge Leute wirkte dadurch das eigene Leben primitiv, töricht und aussichtslos, ja angesichts des Lebensstils der Touristen und der Filmstars erschien es ihnen geradezu aberwitzig. Eine der Folgen davon war, daß ihre (wie so oft unter der asiatischen Landbevölkerung) sanfte Kultur, in der zum Beispiel auch junge Männer ihre Zärtlichkeit Babies oder den Großeltern gegenüber frei ausdrücken, dadurch weitgehend ihren Sinn verlor.

Dieses Beispiel ist aber nur die Spitze des Eisbergs eines ungeheuren Mentalitätswandels, vor allem bei jungen männlichen Ladakhis. Nehmen wir nochmals das Beispiel ihrer Sanftheit. Sie steht diametral zu unserer augenblicklichen westlichen Vorstellung, daß wir unbedingt unsere Affekte ausagieren müssen, a. um uns (vor allem vor uns selber) als autonom zu erweisen und b. um sie nicht zu verdrängen und deshalb krank zu werden (als wären wir Dampfmaschinen, bei denen andernfalls infolge defekter Sicherheitsventile der Kessel platzt). Den Unterschied zwischen Gefühlen und Affekten kennen ja die meisten von uns ebensowenig wie eine ganzheitliche Sicht, angesichts derer solche mechanistischen Behauptungen absurd sind. Selbst unsere Psychologen sind da oftmals noch im materialistischen Denken des 19. Jahrhunderts befangen.

Ganz im Kielwasser machtvoller westlicher Vorstellungen verspürten nunmehr zahllose junge Ladakhis eine geradezu unheimliche Wut, im bisherigen Leben zu kurz gekommen zu sein und setzten alles in Bewegung, um dagegen etwas zu unternehmen. Ganz auf derselben Ebene viriler westlicher Ideale gewann auch ein bis dahin völlig unbekanntes Streben nach Selbstdurchsetzung sowie ein Rivalitätsdenken eine neue, ungeahnte Bedeutung.[15]

Naheliegenderweise änderte sich vor allem die Einstellung zum Besitz: während sich vorher jeder nur um eine bestimmte Zahl von Yaks kümmern oder nur eine gewisse Menge von Gerste aufbewahren konnte, machte er jetzt die Erfahrung, daß sich Geld beliebig kumulieren läßt und vor allem, daß – gut westlich ausgedrückt – der Teufel immer auf den größten Haufen scheißt: Reiche werden in diesem System immer reicher, Arme immer ärmer. Das erzeugte einen bislang unbekannten Erfolgszwang.

Eine der wenigen Ausbruchschancen aus dem neu erfahrenen Elend schienen bessere Bildungschancen zu sein. Inzwischen besitzt Ladakh etwa 200 Schulen, deren Bildungspläne aber armselige Kopien dessen sind, was in Indien unterrichtet wird, wobei die indischen Bildungsvorstellungen wiederum verzweifelt hinter den englischen herhecheln. Westliche Bildung, kritiklos nach Ladakh exportiert, vermittelt den Glauben, man müsse überall auf der Welt auf dieselben Ressourcen zurückgreifen und im übrigen die eigene Umgebung außer Betracht lassen.

Hier ist nicht der Ort, die Veränderungen der gesellschaftlichen und geistigen Situation der Ladakhis in Anlehnung an die Ausführungen von Frau Norberg-Hodge noch weiter nachzuzeichnen. Wesentlich ist aber das Ergebnis. Es läuft darauf hinaus, daß die Ladakhis durch die neue Entwicklung weitgehend ihre Selbstverständlichkeit, ihre Sicherheit und Identität verloren haben, die sie ursprünglich aufgrund ihrer Beziehung zu ihren Mitmenschen und mit bestimmten tragenden Ideen – vor allem religiöser Art – besaßen. Inzwischen identifizieren sie sich weitgehend nur noch mit dem, was sie *haben* und nicht mehr mit dem, was sie *sind*. Und da die meisten von ihnen – gemessen an ihren Vorstellungen – Habenichtse sind, läßt sich ihr Zustand nur noch mit dem Begriff »schwere Identitätskrise« angemessen beschreiben.

»Ironischerweise« wuchs in dieser Situation, wie Frau Norberg-Hodge anmerkt, die Rivalität zwischen den religiösen Gruppen in dem Maße, in dem die traditionelle Frömmigkeit abbröckelte.[16] Ihre Beobachtung bestätigt somit unsere These von der Entstehung der religiösen Intoleranz beim Fundamentalismus, die bereits dargelegt wurde: *Wer in einem lebendig überlieferten und praktizierten Glauben aufwächst, neigt im Gegensatz zu der Behauptung von vielen im Geiste Comtes erzogenen Soziologen nicht zur religiösen Intoleranz, jedenfalls nicht in der Neuzeit.* Und wer sich in seinem eigenen Glauben sicher fühlt, wird einem Andersgläubigen meist als Freier unter Freien begegnen. Das ändert sich erst angesichts des Gefühls der bedrohten eigenen Identität. Hier wird diese Begegnung meist unter den Vorzeichen von Abschätzung und Abwertung stehen, wobei abgewehrte eigene Zweifel und die Angst vor dem Identitätsverlust eine wesentliche Rolle spielen.

Ab 1986 beobachtete Frau Norberg-Hodge, wie ihre Freunde immer mehr damit begannen, Menschen danach zu definieren, ob sie Buddhisten oder Muslime seien. Im Sommer 1989 brachen dann schließlich offen die Kämpfe zwischen den beiden Gruppen aus, wobei es auch Tote gab.

Mit Recht betonte die Autorin, daß es sich dabei um kein vereinzeltes Phänomen gehandelt habe. In ihrer Analyse kam sie praktisch zum gleichen Ergebnis, das sich bereits bei der Entstehung des protestantischen Fundamentalismus in den USA gezeigt hat:

»Was in Ladakh passiert, ist kein vereinzeltes Phänomen. Die Spannung zwischen den Muslimen von Kaschmir und der von Hindus beherrschten Zentralregierung in Neu-Delhi, den Buddhisten und der Hinduregierung in Nepal und die zahlreichen ähnlichen Ereignisse in aller Welt sind meiner Meinung nach durch ein und denselben unterschwelligen Grund miteinander verbunden. Das gegenwärtige Entwicklungsmodell zentralisiert ganz intensiv, indem es verschiedenste Völker aus ländlichen Regionen in große städtische Zentren zieht und Macht und Entscheidungsbildung in die Hände einiger weniger legt. In diesen Zentren sind Arbeitsgelegenheiten knapp, Gemeinschaftsbande zerstört, und der Konkurrenzkampf nimmt dramatisch zu. Besonders junge Männer, die für Aufgaben im modernen Sektor ausgebildet wurden, finden sich plötzlich in einen Überlebenskampf verwickelt. In dieser Lage werden religiöse und ethnische Differenzen natürlich überbetont und verzerrt. Zusätzlich hat die Gruppe, die an der Macht ist, natürlich unvermeidlich die Neigung, die eigene Gruppe zu bevorzugen, und die anderen leiden oft an Diskriminierung«.[17]

Wichtig sind aber vor allem auch die Hinweise von Frau Norberg-Hodge auf eine weitverbreitete falsche Interpretation der genannten Phänomene durch den Westen:

»In Entwicklungsländern erkennen die Menschen zwar, daß Modernisierung ethnische Rivalitäten verschärft oder sogar erst schafft, doch sie halten das für den notwendigen Preis für ›Fortschritt‹. Sie meinen, daß nur die Erschaffung einer ganz und gar säkularisierten Gesellschaft diese Rivalität überwindet. Im Westen andererseits glaubt man, daß ethnische und religiöse Zwistigkeiten wegen der modernen Demokratie zunehmen, die die Menschen befreit und es alten Vorurteilen und Haßgefühlen erlaubt, an die Oberfläche zu kommen. Sie gehen davon aus, wenn es früher Frieden gegeben hätte, könne das nur das Ergebnis von Unterdrückung gewesen sein«.[18]

Es liegt auf der Hand, daß hier das genannte alte materialistische »Dampfmaschinenmodell« (Siehe S. 119) die Sichtweise mit bestimmt. Es ist Ausdruck der religiösen Unbelecktheit vieler unserer Intellektueller, die immer noch den Traum von einer insgeheim nach ihrem Verständnis demokratischen und aufgeklärten Weltgemeinschaft träumen. Die Realität dürfte auch hier eher so sein, wie Frau Norberg-Hodge sie sieht:

» Es ist leicht verständlich, warum (westliche) Menschen glauben, daß Gewalt das Resultat kultureller und religiöser Differenzen sei, und warum sie das eher der Tradition als der Modernisierung zur Last legen. Sicherlich sind ethnische Spannungen ein Phänomen, das der Kolonialisierung und Modernisierung vorausgeht. Aber nach der 16jährigen Erfahrung, die ich aus erster Hand auf dem indischen Subkontinent gesammelt habe, bin ich überzeugt, daß ›Entwicklung‹ nicht nur vorhandene Spannungen verschärft, sondern sie in vielen Fällen überhaupt erst schafft. Entwicklung verursacht künstliche Knappheit, die unvermeidlich zu stärkerem Konkurrenzkampf führt und die Menschen zwingt, sich dem westlichen Standardmodell anzupassen, bei dem sie einfach nicht mithalten können . . . Einem solchen Ideal nachzustreben bedeutet, die eigene Kultur, die eigenen Wurzeln abzulehnen, ja schließlich die eigene Identität zu verleugnen. Die daraus entspringende Selbstentfremdung läßt Ressentiments und Wut entstehen. Sie ist der Auslöser eines großen Teiles der Gewalt und des Fundamentalismus in der Welt von heute. Sogar in der industrialisierten Welt sind wir Opfer stereotyper Medienbilder, aber in der ›Dritten Welt‹, wo zwischen der Wirklichkeit und dem westlichen Ideal ein noch viel tieferer Abgrund liegt, ist die Verzweiflung ein noch viel größeres akutes Problem«.[19]

Es ist unbestreitbar, daß die Untersuchungen von Frau Norberg-Hodge einige wesentliche generelle Entstehungsbedingungen des Fundamentalismus deutlich machen. Dennoch bemerkt man beim Vergleich der fundamentalistischen Formen, die aus dem Buddhismus hervorgehen, mit den entsprechenden Erscheinungsformen im Umfeld monotheistischer Religionen deutliche Unterschiede. Vor allem ist bei den erstgenannten der Drang zur penetranten Rechthaberei und zum abgeschlossenen System sowie das »rückwärtsgewandte Prophetentum«, das auf ein angebliches ehemaliges »goldenes Zeitalter« zurückgreifen möchte, geringer als bei uns.

Fassen wir zusammen: Daß Menschen, die aus dem materiellen Elend ihrer Gegenwart herauswollen und dabei ihre angeblich glücklicheren Zeitgenossen imitieren, nicht die Wiederkehr eines goldenen Zeitalters herbeisehnen, liegt nahe. Daß sie stattdessen zur Habsucht neigen und daß davon auch entwurzelte Buddhisten (beziehungsweise Ex-Buddhisten) nicht frei sind, gleichfalls. Aber in ihnen klingt offenbar trotz ihrer elenden Verfassung noch soviel Wissen um die Wandelbarkeit und den illusionären Charakter aller Erscheinungen nach, daß es sie nicht zu einer Fundamentalisten-»Karriere« im strengen ideologischen Sinn mit all ihrer Starre drängt. Ob man sie überhaupt Fundamentalisten nennen soll, ist fraglich. Wenn man aber auf diesem Begriff beharrt, dann wird man sie am ehesten den fundamentalistischen Randgruppen zuordnen können.

Fundamentalismus und Moderne

Bereits die bisherigen Untersuchungen haben deutlich gemacht, wie künstlich es ist, ein einheitliches Phänomen »Fundamentalismus« zu konstruieren. In den Blick trat vielmehr eine Vielfalt von Erscheinungen und Motiven, die sich offenbar nicht einfach über einen Leisten schlagen lassen, sondern allenfalls die Rede von »Fundamentalismen« nahelegen. Aber gibt es nicht dennoch, trotz dieser Vielfalt, wenigstens ein gemeinsames Bindeglied zwischen all diesen Fundamentalismen? Hier bietet sich der »Aufstand gegen die Moderne« an, von dem heute so viel die Rede ist. Um zu untersuchen, wie berechtigt dies ist, muß zunächst einmal der Begriff der »Moderne« näher betrachtet werden. Dies soll im folgenden geschehen.

Der Begriff der Moderne

Der Begriff der »Moderne« teilt mit dem Begriff »Fundamentalismus« das Schicksal, daß er im Laufe seiner Geschichte immer mehr ausgedehnt wurde. Ursprünglich bezog er sich eher auf die Literatur und Kunst als auf die Philosophie[1] oder auf gesellschaftliche Verhältnisse. Später hat man ihn im allgemeinen Sprachgebrauch stillschweigend erweitert und versteht heute darunter eine Aufbruchbewegung im Zusammenhang mit der Aufklärung, die fast alle Lebensbereiche zunächst Europas und der USA erfaßte und sich bis heute zunehmend auf den gesamten Globus ausdehnt.

Angesichts der gezeigten Aufbiegung der beiden Begriffe »Fundamentalismus« und »Moderne« im Lauf ihrer Geschichte wird man sich fragen müssen, ob nicht im Zusammenhang mit unserer Fragestellung auch unter »Aufklärung« mehr verstanden werden muß als nur jene geistige Bewegung, die im 17. Jahrhundert in Frankreich und England ihren Ausgang nahm (Siehe S. 128 f) und die Kant dann in seiner Schrift: »Beantwortung der Frage: Was ist Aufklärung?« folgendermaßen definiert hat[2]:

> »Aufklärung ist der Ausgang des Menschen aus seiner selbst verschuldeten Unmündigkeit. Unmündigkeit ist das Unvermögen, sich seines Verstandes ohne Leitung eines anderen zu bedienen. Selbstverschuldet ist diese Unmündigkeit, wenn die Ursache derselben nicht am Mangel des Verstandes, sondern der Entschließung und des Mutes liegt, sich seiner ohne Leitung eines anderen zu bedienen. Sapere aude! Habe Mut, dich deines eigenen Verstandes zu bedienen! ist also der Wahlspruch der Aufklärung«.

In der Tat ist es für das Verständnis des Fundamentalismusphänomens hilfreich, auch den Begriff »Aufklärung« weiter zu fassen, als es Kant getan hat, und mit Franz Rosenzweig von drei großen Aufklärungen in Europa zu sprechen[3]:

- die **erste Aufklärung** fand in Griechenland statt und ist mit dem Namen jenes Sokrates verbunden, wie er in der Apologie des Plato erscheint. Bei dem gegen ihn angestellten Gerichtsverfahren tritt er zum ersten Mal als ein Mensch auf, der sich und seine Mitbürger in eine bis dahin noch nicht gekannte Pflicht der Selbstüberprüfung nimmt. Nur seinem eigenen Gewissen (eudaimonion) und den Göttern verpflichtet, windet er sich dadurch aus dem Geflecht von Mythen und Sagen heraus, in denen Götter, Menschen und (Natur)-Schicksal ein unentwirrbares Netz bildeten;

- die **zweite Aufklärung** läßt sich mit dem Begriff »Kopernikanische Wende« beziehungsweise mit dem Prozeß gegen Galilei identifizieren. Sie brachte eine bis dahin unvorstellbare wissenschaftliche Entwicklung und in deren Gefolge tiefgreifende Veränderungen des Weltbildes, der geistigen Arbeit und der Kommunikation. Seitdem können sich Welt, Erde und Natur als das zeigen, was sie sind und wie sie sich der Beobachtung darbieten. Marksteine sind neben der Ablösung des geozentrischen Weltbildes durch das heliozentrische unter anderem die Entdeckung Amerikas, die Erfindung der Buchdruckerkunst, der dynamischen Kapitalwirtschaft und der Durchbruch zu einer neuen Medizin durch die Begründung der Anatomie und die Entdeckung des Blutkreislaufs;

- die **dritte Aufklärung** kann man am besten mit Kants genannter Forderung kennzeichnen, der Mensch müsse aus seiner selbstverschuldeten Unmündigkeit aufbrechen. Das heißt zugleich, er müsse endgültig das mittelalterliche Weltbild mit seinem Primat des religiösen Glaubens verlassen, soweit es ihn bis dahin noch bestimmte. Damit wurde nicht mehr wie bisher Gott, sondern die Vernunft zur Letztinstanz erklärt, und an die Stelle kirchlicher Dogmen und Machtansprüche trat das Ideal von Toleranz und Religionsfreiheit.

Stillschweigende Voraussetzung für Kants Forderung war, daß sich mittlerweile bei den Menschen ein Bewußtseinszustand herausgebildet hatte, der es ihm unmöglich machte, nicht einsehbare Dogmen blind zu übernehmen.

»Wir leben ja«, so hat es der Theologe Karl Rahner formuliert, »in einer Zeit, in der ›Gott‹ (oder was man darunter versteht) nicht mehr brauchbar zu sein scheint, um die ›Löcher zu stopfen‹, die wir in der Unzulänglichkeit unseres Daseins entdecken; wir haben vielmehr den

Eindruck, daß wir diese Löcher entweder selber stopfen müssen oder sie auch durch Gott ungestopft bleiben«[4].

Betrachtet man von der genannten Einteilung her zunächst den religiösen Fundamentalismus, dann wird offenkundig, daß er nicht nur gegen die von der dritten Aufklärung geprägte Moderne anrennt, sondern gegen die Prinzipien aller drei Aufklärungsschübe: gegen das Prinzip der Autonomie des Gewissens, gegen das Prinzip der »objektiven« Betrachtung der Wirklichkeit sowie gegen das Prinzip der Vernunft als Letztinstanz. Mit diesen Prinzipien sind zugleich die drei Stoßrichtungen des Fundamentalismus präzise umschrieben. Aus diesem Grund ist es ungenau, den Fundamentalismus *allein* auf den Kampf gegen die Moderne festzunageln.

Zunächst aber wird man die Geschichte der Moderne näher betrachten müssen. Denn obwohl seine Angriffsziele weiter zurückreichen, hat sich der Fundamentalismus doch erst in diesem Jahrhundert entwickelt, also zu einer Zeit, als die Moderne auf ihrem Zenit stand. Dazu kommt, daß wir ihn als Ideologieform verstehen, wobei man von Ideologien erst spricht, seitdem dieser Begriff Anfang des 19. Jahrhunderts geprägt worden ist. Vorher gab es allenfalls Vorformen.[5]

Die Geschichte der Moderne

Die Moderne begann als Aufbruchsbewegung vor etwa 250 Jahren, und zwar sowohl als Prozeß der geistigen und kulturellen Emanzipation als auch als Prozeß der Demokratisierung und Industrialisierung. Damit steigerte sich die seit der zweiten Aufklärung zunehmende wissenschaftliche, industrielle und kulturelle Revolution ins schier Unermeßliche. Seitdem hat sie über die Wege von Urbanisierung, Motorisierung, Elektrifizierung und Information das Bewußtsein zunächst des westlichen Menschen und inzwischen mehr und mehr der ganzen Menschheit ähnlich einschneidend gewandelt wie die »neolithische Revolution« vor etwa 8000 Jahren und die »Achsenzeit« um 600 Jahre vor Christus[6] (Siehe S. 160 ff).

Der Beginn dieser Wandlung sah in jeder Hinsicht segensreich aus. Am schönsten hat das vielleicht Martin Wieland (1733–1813), der Dichter der Aufklärung, vor etwa 200 Jahren formuliert: Man läßt die »Jahrhunderte der Barbarei und Verfinsterung« hinter sich, stellt fest, daß jetzt »die Wirkung des Lichts von einem Jahrzehnt zum andern immer deutlicher wird«, und ist davon überzeugt, schließlich in einer »goldenen Zeit der Humanisierung, Aufklärung und Verschönerung des bürgerlichen und gesellschaftlichen Lebens« leben zu können.[7] Diese Entwicklung hatte eine innere und eine äußere Seite: *Innerlich* entwickelte sich ein bis dahin noch nicht gekanntes Vertrauen des Menschen in sich und seine natürlichen Hilfsquellen. Wenn er jetzt nicht mehr in erster Linie über sich auf den Himmel beziehungsweise unter sich auf die Hölle mit ihren Strafen blickte, sondern vor sich, so bemerkte er zum ersten Mal seit der großen Zeit der Griechen: die Erde gehört mir und gefällt mir. Dem entsprach ein gewaltiger *äußerlicher Entwicklungsschub* in Form neuartiger Erkenntnisse und Fortschritte.

Auch die weitere Entwicklung schien im genannten Sinne weiterzugehen. Nur ein Böswilliger oder ein Verblendeter kann daran vorbeisehen, daß dank der direkten und indirekten Errungenschaften der Aufklärung ein bis dahin noch niemals möglicher Fortschritt bei der Bekämpfung von Krankheiten und frühem Tod erzielt wurde. Dazu kamen schier unglaubliche Erleichterungen der Lebensbedingungen sowie eine einzigartige Anhebung der allgemeinen Bildung für breiteste Bevölkerungsschichten. Wer könnte im Ernst die Errungenschaften in Abrede stellen, an denen wir alle dank der Sozialhilfe, der Presse, der Elektrizität und der modernen Verkehrsmittel teilhaben?

Hundert Jahre nach Wielands begeisterten Sätzen, am Ausgang des 19. Jahrhunderts, dem »Fin de Siècle«, schien sich das westliche Denken, dem ausschließlich diese Entwicklung zu verdanken war, auf dem Höhepunkt seiner Macht und Möglichkeiten zu befinden, wobei es fast keine Rolle spielte, ob man rückwärts in die Vergangenheit oder vorwärts in die Zukunft blickte. Als 1897 das diamantene Regierungsjubiläum der Queen Victoria gefeiert wurde, hatte, wie der Historiker Toynbee feststellte, der Westen seine Vorherrschaft über die übrige Welt abgeschlossen und damit eine Entwicklung vollendet, die 400 Jahre vorher begonnen hatte – mit der Überquerung des Atlantik durch Kolumbus und der Entdeckung des Seewegs nach Indien über das Kap der Guten Hoffnung durch Vasco da Gama.[8] Die Zukunft sah gleichfalls glänzend aus. Fünf Jahre vorher, 1892, hatte der Deutsche Kaiser versprochen: »Herrlichen Tagen führe ich euch entgegen«.

Viele kritische Köpfe spürten freilich damals schon, daß sich trotz dieses imponierenden Expansionismus und solcher markigen Worte die patriarchalischen, hierarchisch und feudal gegliederten Gesellschaftsstrukturen, die sich darin ausdrückten, ihrem Ende zuneigten. Aber das konnte man damit erklären, daß sich mehr als 100 Jahre seit Kants Sätzen die Forderungen der französischen Revolution – Freiheit, Gleichheit, Brüderlichkeit – und die Gedanken der Aufklärung über die Mündigkeit immer noch nicht durchgesetzt hatten und daß hier ein Wandel schon längst überfällig sei.

Einige wenige setzten mit ihren Zweifeln sogar noch tiefer an, wenngleich kaum jemand sie klar formulierte: War nicht das von

Wieland gepriesene Licht der Aufklärung allzu einseitig ein bloß äußerliches Licht geworden?

Die uralte Lichtmetapher, die auch im Wort »Auf-Klär-ung« mitschwingt, umfaßt jedenfalls mehr. Sie schloß immer auch einen ganzheitlichen, Innen und Außen verbindenden »intuitiven« Aspekt in sich, den der »Er-leucht-ung«. Davon aber wollte man jetzt nichts mehr wissen, seitdem man nach Kant alle Erkenntnismittel außer der Vernunft für ungeeignet ansehen mußte, die Wirklichkeit zu erfassen. Diese Vernunft beziehungsweise der Verstand aber wurde ausschließlich »diskursiv« und nicht auch »intuitiv« begriffen. Eine unmittelbare Anschauung der Wirklichkeit dagegen sei uns Menschen nicht möglich.[9]

Damit wurden viele bis dahin bestimmende Erkenntnismittel außer Kraft gesetzt, nicht nur die intuitiven (wie man sie zum Beispiel heute wieder bei der Meditation glaubt gewinnen zu können), sondern vor allem auch religiöse. Das mochte in einer Zeit, in der gerade die Gebildeten von der Aufklärung in vielerlei Hinsicht profitierten, von diesen noch hingenommen werden. Aber insgesamt sägte man sich damit letztlich den Ast, auf dem man saß, selber ab, sogar den Ast der Ratio. Denn selbst hinter dem krassesten Rationalismus und erst recht hinter der Aufklärung stehen vorrationale Prozesse von Glaubenscharakter, die sich rational nicht begründen lassen. Das hat dann später der Mathematiker Gödel aufgezeigt[10]: Kein System kann sich selber erklären, sondern fußt auf vorrationalen Grundentscheidungen. Der Mensch »interpretiert (also) seine Erfahrung immer schon von einem ihr vorausgehenden, sie umfassenden Horizont apriorischer Vorentscheidungen her«.[11] Davon abgesehen umfaßt das Paradigma der Aufklärung auch bei Kant mehr als bloße Vernunft, nämlich »Vernunft *und guter Wille*«.[12]

Seitdem drängt sich immer mehr der Eindruck auf, daß mit der Aufklärung »fundamental« etwas schiefgelaufen ist. In klassischer Weise wurde das von Horkheimer und Adorno in dem berühmten ersten Satz ihrer »Dialektik der Aufklärung« thematisiert: »Seit je hat Aufklärung im umfassendsten Sinn fortschreitenden Denkens das Ziel verfolgt, von den Menschen die Furcht zu nehmen. Aber die vollends aufgeklärte Erde strahlt im Zeichen triumphalen Unheils«.[13] Wurde am Ende gar diese ach so humane Entwicklung mit ihren drei Stoßrichtungen – psychisch mit einer bis dahin noch nie dagewesenen Kombination von Tatkraft und Wissensdurst, sachlich mit einem ausschließlich empirisch-pragmatischen Zugang zur Wirklichkeit und mental mit einem nüchtern-rationalen Kalkül – von den eigenen Anfängen eingeholt? Diese Richtungen, mit denen die Moderne eingeläutet wurde, reichen ins ausgehende 16. und ins 17. Jahrhundert zurück und waren keineswegs so human und lichtvoll, wie man sie zu Beginn der Aufklärung idealisiert hatte:

– da war die *Kehrseite der Willensleistung,* die hinter der Entdeckung der Welt durch die Europäer steckte. Sie bestand in einer höchst unheiligen Allianz von brutalen Machtansprüchen und kaltherziger Menschenverachtung den »Primitiven« gegenüber, die zur Vernichtung ganzer Kulturen, zum Beispiel der Indianer, führte;

– da war der *Umgang mit der Natur* durch die immer mehr aufblühende Naturwissenschaft keineswegs von der Sicht eines Goethe bestimmt, bei dem sich, nicht anders als ursprünglich auch in der Romantik, die Ideen der Aufklärung mit einer ganzheitlichen Betrachtungsweise der Wirklichkeit verbanden. Goethe zu Ehren errichtete man zwar geschmacklos-pompöse Denkmäler. Wirklich den Ton angegeben hat aber damals nicht sein Denken, das das Gespür für das Lebendige und Entwicklungsaspekte mit einbezog. Bestimmend war vielmehr gerade umgekehrt die Entwicklung von Methoden, deren Credo es war, daß das Bewußtsein nur das Bewußtlose, ja das Tote wirklich »in den Griff« zu bekommen vermag. Die beiden Instrumente dafür waren ein auf die Spitze getriebener *Empirismus* und ein ebenso monoman gehandhabter *Rationalismus,* beide im höchsten Maß effektiv und zugleich sinnblind, aber erfüllt von einem unbändigen Fortschrittsglauben, der seine Anhänger ohne Rücksicht auf Verluste nach vorne stürmen ließ, als befänden sie sich in einer permanenten Schlacht. Diese Haltungen brachten schier unglaubliche Erfolge. Dennoch sollte man sich ansehen, wie sie entstanden waren:

– der *Empirismus* ging auf die Ideen des ehrgeizigen englischen Philosophen und Kronjuristen Francis Bacon (1561 – 1626) zurück. Dessen Werke las zwar kaum jemand, aber man ging so vor, wie er es predigte: man solle die Natur »wie eine widerspenstige Zeugin vor das Tribunal der Wissenschaft zitieren«, sie »sich gefügig und zur Sklavin machen« und sie »im Verhör, notfalls unter Anwendung von Gewalt, zwingen, ihre Geheimnisse und Reichtümer preiszugeben«.[14] Wenn man sich klarmacht, daß »Natur« zu allen Zeiten im Gegensatz zu »Geist« weiblich verstanden worden ist, dann bedarf es keiner besonderen Phantasie, um den geradezu paranoiden, virilen (Zeit-)Geist herauszuspüren, von dem der Herr Generalstaatsanwalt von King James I besessen war und der in den Hexenprozessen seiner Zeit, mit denen er durchaus vertraut war, ihren Höhepunkt fand;

– der *Rationalismus* und mit ihm die gesamte moderne Philosophie wurde von dem französischen Mathematiker und Philosophen René Descartes (1596–1650) begründet. Kennzeichnend für ihn war sein ungeheurer Abstand der Natur gegenüber, die er mechanistisch begriff. Selbst die Tiere haben in seinen Augen lediglich den Charakter von empfindungslosen Automaten.[15] Auch der menschliche Körper war für ihn eine Maschine.

Da die Natur den Charakter des Belebten verloren hatte, war sie auch beliebig verfügbar und konnte ohne Skrupel manipuliert werden. Diese Distanziertheit allem Lebendigen gegenüber verband den Empirismus mit dem Rationalismus und bildete die Grundlage für das wissenschaftliche Denken bis heute;

– auch die *Sinnblindheit* prägt sowohl kollektiv wie individuell dieses Zeitalter. *Kollektiv* führte sie zur zunehmenden Auflösung der Dinge und Werte in käufliche beziehungsweise verkäufliche Waren, die dem Gesetz des Marktes unterworfen sind. *Individuell* finden wir sie in vielen Biographien der bahnbrechenden Gestalten der heraufkommenden Moderne. Ein Beispiel dafür sind die Überlegungen von Charles Darwin (1809–1882) zur Frage, ob er seine vermögende Cousine Wedgwood, seine spätere Frau, heiraten solle oder nicht. In seinem Tagebuch listet er die Vor- und Nachteile dieses Schrittes pedantisch auf. Den Nachteilen »schrecklicher Zeitverlust – Spazierengehen mit der Ehefrau« stehen die Vorteile vor allem »für die Gesundheit« gegenüber, die dann schließlich den Ausschlag gegeben haben.[16]

Wie ist es da zu deuten, wenn der Ex-Theologe Darwin im höheren Alter bei sich selber den Verlust »des höheren ästhetischen Empfindens«, zum Beispiel für Gemälde und Musik, aber auch an Religiosität, registrierte. Ist es wirklich nur organisch zu sehen, wie er selber meinte, als er es in typisch mechanistischer Weise auf eine Art von Atrophie bestimmter Hirnpartien zurückführte, die medizinisch übrigens nie bei ihm verifiziert wurde? Ist es nicht mindestens ebenso wahrscheinlich, daß er dabei das Resultat seiner inneren Entwicklung schildert? Wohin das führte, charakterisiert er mit dem Satz:

»Mein Geist scheint eine Art von Maschine geworden zu sein, die dazu dient, allgemeine Gesetze aus großen Sammlungen von Tatsachen herauszumahlen«.[17]

Damit sagt Darwin, daß er sich innerlich zunehmend jenem Instrument angeglichen hat, das sich ohne die von Bacon, Descartes und ihren Geistesverwandten geschaffenen mentalen Voraussetzungen nie in dieser Form und Intensität entwickelt hätte, die es heute besitzt: der *Maschine*. Als unser Diener und Taktgeber zugleich ist sie zur

Chiffre der tiefen Zwiespältigkeit geworden, die etwa seit Mitte des 18. Jahrhunderts den Westen und in den letzten Jahrzehnten immer mehr den gesamten Globus beherrscht. Auf der einen Seite liefert sie unendlich viele Annehmlichkeiten, von denen wir alle profitieren. Ja, der Tatsache, daß man damals begann, den Menschen wie eine Maschine zu betrachten und wenn nötig sogar wie eine Maschine zu reparieren, verdanken viele von uns ihr Leben, zumindest ihre Gesundheit, ob sie es wissen oder nicht, ob es ihnen paßt oder nicht. Auf der anderen Seite ist aus gutem Grund die Maschine zum Symbol jener Kälte, Distanz und Manipulationsbereitschaft geworden, die heute fraglos das geistige Klima unserer Zeit prägt.

Früher als fast jeder andere hat Goethe das Zwiespältige der Maschine vorausgeahnt. Im »Wilhelm Meister« schreibt er:

> »Das überhandnehmende Maschinenwesen quält und ängstigt mich, es wälzt sich heran wie ein Gewitter, langsam, langsam, aber es hat seine Richtung genommen; es wird kommen und treffen«.[18]

Dieser Satz war selber zwiespältig, denn er enthielt auf der einen Seite zweifellos eine Persiflage auf die namentlich in Deutschland zwischen 1789 und 1848 blühende Rückzugsbewegung vor der neuen Zeit ins Private, die man »Biedermeier« nennt. Daß dies aber nicht alles war, wird in Goethes größter Dichtung deutlich: Faust erblindet, als er die absolute Macht über seine Mitmenschen erreicht hat, und als er sich anschickte, das letzte Stück freier Natur zu unterdrücken, wurde ihm das Grab geschaufelt.[19]

Vor allem aber hat Goethe wie niemand sonst zu seiner Zeit die Schwierigkeit gespürt, Natur und Technik miteinander zu versöhnen. Diese Schwierigkeit stammt letztlich aus der Deformation unseres Wahrnehmungshorizontes durch die Maschinen und Apparate und den aus ihrem Gebrauch entspringenden Herrschafts- und Allmachtsphantasien des »entfesselten Prometheus«. Daher ist auch eine Integration von Natur und Technik bis heute noch nicht gelungen. Den radikalsten Versuch in dieser Richtung unternahmen bezeichnenderweise die Nazis mit ihrem Amalgam von Technikeuphorie und kruder Naturpseudomystik. Das Ergebnis ist bekannt. Wie naiv und antiquiert ist angesichts dessen der von vielen Politikern bis heute favorisierte Produktionsmythos! Er ist ähnlich verlogen wie der Mythos der Nazis. Selbst wenn man ihn mit dem Satz garniert, daß die Technik dem Menschen zu dienen habe, wird immer deutlicher, daß diese sich faktisch schon längst verselbständigt hat und uns immer mehr zwingt, uns den Erfordernissen anzupassen, die sich aus ihrer Eigendynamik ergeben.

Um das Jahr 1900, als »offiziell« der Fortschrittsglaube des Viktorianismus und des Wilhelminischen Zeitalters auf dem Höhepunkt stand, konnte allerdings auch der größte Pessimist nicht ah-

130

nen, welche zweischneidige Rolle die Maschinen im heraufkommenden Jahrhundert spielen sollten. Wenn man von verschwindend wenigen Ausnahmen absieht, hat allenfalls der eine oder andere gespürt, daß neuerdings »etwas« fehlte, vor allem dem Gemüt. Die Zeit wurde außerdem, wie man meinte, schneller und hektischer. Aber waren derartige »Grillen« nicht eher der Ausdruck einer bourgeoisen »Gartenlaube«-Idylle, und wurde man nicht für den angeblichen Verlust dadurch reich entschädigt, daß nunmehr die Wirklichkeit berechenbarer, das Leben länger und sicherer sowie das Bewußtsein heller geworden war?

Betrachten wir die *Gegenwart,* so ist uns der Optimismus der Jahrhundertwende verloren gegangen. Am ehesten erfüllt uns ein Gefühl tiefer Zwiespältigkeit. Sicherlich kann niemand die genannten Fortschritte bestreiten. Vor allem haben wir zu schätzen gelernt, daß heute in zentralen Teilen Europas und in den USA die Idee unaufgebbarer Menschenrechte wenigstens abstrakt begründet und trotz aller Mißlichkeiten in einem bisher noch nie genannten Maße zur Wirklichkeit gemacht wurde. Gleichzeitig wissen wir, wie in eben diesem jetzt zur Neige gehenden Jahrhundert die menschliche Würde mit Füßen getreten wurde wie nie zuvor. Wenn wir an Verdun, Stalingrad, Auschwitz und den Gulag denken, dann lassen sie sich nicht nur deshalb nicht aus unserem Bewußtsein löschen, weil wir sie nicht vergessen wollen, sondern auch, weil wir uns eingestehen müssen, daß sie sich auch heute noch in weiten Teilen der Welt in irgendwelchen Formen wiederholen. Und wenn wir an die technische Entwicklung denken, dann drängen sich uns Hiroshima und Tschernobyl mindestens ebenso auf wie die Entdeckung der Relativitätstheorie oder die erste Landung des Menschen auf dem Mond. Ihre Wiederholung hängt wie ein Menetekel über uns.

Wie konnte es zu diesen entsetzlichen Ereignissen kommen? Und wie soll man es verstehen, daß es auch weit unterhalb der Ebene der allerschockierendsten Geschehnisse in den 250 Jahren nach der Aufklärung nicht möglich war, rationales Denken als handlungsleitendes Prinzip im Alltag der Menschen zu verankern? Das ist bisher noch nicht einmal in Europa und in den USA in einem weiten Umfang möglich geworden, jedenfalls nicht so weit, daß »naturwidrige Lehren« im Sinne von Max Planck (Siehe S. 9) nicht mehr in dem Maße das Feld bestimmen können, wie sie es real immer noch tun.

Unter den vielen Gründen dafür sollen zwei herausgehoben werden, die für unsere weiteren Überlegungen besonders wichtig sind:

1. eine definierbare Fehlentwicklung im Laufe der Moderne sowie

2. eine Fehleinschätzung der Natur des Menschen von seiten
der Aufklärung. Beide hängen eng miteinander zusammen.

Die Krise der sogenannten Moderne

1. Die genannte *Fehlentwicklung* hat H. E. Richter in seinem
Buch »Gotteskomplex« in einer psychologischen Deutung auf den
Punkt gebracht[20]: Zu Ende des Mittelalters setzte zunehmend die
Auseinandersetzung mit dem damals vorherrschenden Bild eines einzigen, strengen, übermächtigen Gottes ein. Die bisherige hilflose
Abhängigkeitsbeziehung zu diesem Gott konnte immer weniger ertragen werden. Im Gefolge dieser Auseinandersetzung beziehungsweise Ablösung verstärkte sich aber zugleich das Gefühl, Gott nicht
mehr zu *haben*, was eine unerträgliche Einsamkeit mit sich brachte.
Als Ausweg aus der Krise bot sich gleichsam eine Neuauflage der alten Versuchungsgeschichte an, sich von der Schlange im eigenen Inneren »eritis sicut deus« sagen zu lassen. Ins Psychologische transponiert heißt das, daß das Gefühl, Gott nicht mehr zu haben, zu
dem Versuch führte, gleichsam mit einem Sprung der Identifizierung
selber göttliche Allmacht zu erfahren, selber Gott zu *sein*.

Mit dem durch Identifizierung gewonnenen Omnipotenzanspruch steigerte sich der Drang, alles selber zu wissen und selber zu
machen, das beste Mittel, um sich nicht mehr abhängig zu fühlen.
Auch hierfür bietet sich die Paradiesgeschichte als Verständnismodell an: Wie in der Genesis ging es auch bei dieser Versuchung um
Erkenntnis, und am Ende stand wiederum die Vertreibung aus dem
Paradies. Diese Parallele ist nicht zufällig: In der Entwicklung eines
jeden von uns haben sich bei der Ablösung von seinen Eltern alle die
geschilderten Schritte bereits einmal ereignet.

Der Drang, aus infantiler Ohnmacht in die Illusion narzißtischer Allmacht zu fliehen, stand offenbar in erheblichem Maße auch
hinter der Entwicklung des modernen Empirismus und Rationalismus.
Die damit verbundenen Allmachtsphantasien prägten zweifellos in
hohem Maße das Verhalten ihrer Gründerväter mit ihrem Hochmut
und mit ihrer Menschenverachtung, so wie es oben geschildert
wurde (Siehe S. 128).[21]

Die Entstehungsgeschichte des heutigen Bewußtseins hat somit zwei Aspekte: eine beeindruckende Vorderseite, die von Wieland in seinem genannten Hymnus verherrlicht worden ist, und eine
problematische Rückseite in Form von narzißtischer Anmaßung und
Beziehungsverlust, die Wieland nicht sehen konnte (oder wollte). Bezeichnenderweise haben die Urfundamentalisten in den USA in vager Weise gerade diese Rückseite gespürt und sich einseitig darauf

eingeschossen, ohne aber die Vorderseite zu würdigen. Eine tiefere Analyse war ihnen aufgrund ihrer Polemik und ihrer tendenziösen Einseitigkeit freilich auch hier nicht möglich, ja sie wurde von ihnen auch gar nicht angestrebt. Wir Heutigen dagegen, die es in globalem Maße mit der Zwiespältigkeit der neuen Entwicklung zu tun haben, müssen lernen, endlich einmal *beide* Seiten der Aufklärung und ihrer Folgen (der »Moderne«) *gleichzeitig* anzusehen.

Eine der folgenschwersten Einseitigkeiten der Moderne besteht in der fast ausschließlichen Betonung des denkenden und herrschenden Ichs gegenüber allen anderen menschlichen Anlagen und Möglichkeiten. Daraus speiste sich eines ihrer vielen äußerlichen »Symptome«, nämlich eine immer radikalere Aufspaltung der Geschlechterrollen:

> »Der Mann sorgt für die Errechnung und Bemächtigung der Natur. Er okkupiert ›raison‹ und ›volonté‹. Die Fau begleitet ihn in emotionaler Ergebenheit. Ihr verbleibt das ›cœur‹, aber gewissermaßen im Sinne einer potentiell jederzeit abrufbaren Dienstleistung«.[22]

Diese bereits bei Bacon geschilderte Entwicklung (Siehe S. 128), die auf eine Unterdrückung der als »weiblich« empfundenen Natur durch den »männlichen« Geist hinausläuft, hat zugleich eminent folgenreiche philosophische Entsprechungen. Dazu zählt der Eindruck von Descartes und seiner rationalistischen Nachfolger, daß die Emotionalität den Geist nur störe (perturbatio). Dazu zählt aber auch das tiefe Mißtrauen Kants natürlichen Gefühlen und Strebungen gegenüber. In der »Kritik der praktischen Vernunft« verwahrte er sich gegen die Möglichkeit, sich aus emotionalen Motiven moralisch zu verhalten: »Pflicht und Schuldigkeit sind die Benennungen, die wir allein unserem Verhältnisse zum moralischen Gesetze geben müssen«[23]. Schon Schiller hat sich trotz seiner Kantverehrung gegen diese Einseitigkeit gewandt und schrieb dagegen sein bekanntes Epigramm: »Gerne dien' ich den Freunden, doch tue ich es leider aus Neigung, und so wurmt es mir oft, daß ich nicht tugendhaft bin«.

Von den von Schiller angesprochenen Triebkräften (der »Neigung«) hat man immer schon gewußt. Aber von der ersten Ahnung bis zum klaren Wissen führte ein weiter Weg. Erst durch die Psychoanalyse in der Nachfolge Freuds wurde ihre Existenz wissenschaftlich erhärtet. Seitdem können wir begründet sagen, daß die natürlichen Triebkräfte im Umgang der Menschen miteinander nicht in der Moral, sondern im Urvertrauen[24] beziehungsweise im Urbedürfnis nach Teilhabe an den anderen, nach Partizipation[25] bestehen. Carl Friedrich von Weizsäcker hat das auf die Formel gebracht: »Letzter Grund der Möglichkeit menschlichen Zusammenlebens ist die Liebe und nicht die Moral«.[26] Auf unser Verhältnis zur Natur freilich vermögen wir diese Einsicht noch kaum zu übertragen.

2. Ähnlich folgenreich wie ihre Weltdeutung war das *Menschenbild*, das sich die Philosophen der Aufklärung zusammengedacht haben. Seine Auswirkungen muß man als irreal und tragisch bezeichnen. Es war dies das Bild vom homo sapiens und fußte in der optimistischen Aufbruchsstimmung des alten Griechenland. Daß die Griechen damals gleichzeitig auch den gegenteiligen Aspekt im Blick hatten, übersah man freilich.

> Er drückt sich zum Beispiel bei Sophokles in dem Chorlied der Antigone aus, wo es heißt: »Vieles Entsetzliche gibt es, doch nichts ist entsetzlicher als der Mensch. Denn er versklavt die Tiere, die Natur; sich selbst weiß er jedoch nicht zu beherrschen«.[27]

Irreal an diesem Bild vom Menschen, wie es die Aufklärung geschaffen hatte, ist, daß es etwas als Wesensmerkmal des Menschen voraussetzt, was er nur zeitweilig unter günstigen Umständen und bis zu einem gewissen Grad sein kann, nämlich »sapiens«. Dieses »sapiens« bedeutet weniger »intelligent« als vielmehr »weise«, »klug«, »einsichtsvoll« und »verständig«. Der Mensch ist lediglich weitgehend einsichtsfähig in bezug auf das Erkennen von Naturtatsachen. Seine Einsichtsfähigkeit in bezug auf seine existenzielle Situation ist dagegen nur mangelhaft ausgebildet. Dazu kommt unsere Entgleisungsbereitschaft, also die Neigung, zu bestimmten Zeiten, insbesondere zu solchen, die die Historiker gerne die »großen« nennen, sowie in Belastungszeiten immer wieder in urtümliche Bewußtseinszustände zurückzufallen (zu »regredieren«). Bedeutende Köpfe der Gegenwart, die auch von der Empirie des Menschen etwas verstanden – wie S. Freud, K. Lorenz, A. Koestler, H. von Ditfurth und L. Szondi –, haben darauf mit Nachdruck hingewiesen. Natürlich kann man nicht ausschließen, daß der Mensch in irgend einer fernen Zukunft (falls es diese für ihn geben sollte) tatsächlich einmal ein homo sapiens sein wird. Aber das ist Zukunftsmusik!

Daß wir so wenig »sapiens« sind – jedenfalls wenn man den Begriff in seiner eigentlichen Bedeutung nimmt –, dürfte vor allem damit zusammenhängen, daß wir im Laufe der Evolution das »Tier-Mensch-Übergangsfeld« (Sri Aurobindo) noch nicht wirklich durchschritten haben.

> »›Nicht mehr Tier und noch nicht Engel‹, dieser Satz Pascals trifft unser Wesen ganz gewiß präziser und ehrlicher als die verbreitete Ansicht, wir seien schon identisch mit dem Lebewesen, das wir als ›Menschen‹ theoretisch zu beschreiben in der Lage sind. Es ist nicht unsere Schuld, daß wir uns im Ablauf der Zeiten just an jener Stelle der Entwicklung vorfinden, an der wir das Ziel der Menschwerdung schon klar zu erkennen vermögen, dem unsere Art allem Anschein nach zusteuert, an der wir jedoch noch zu sehr unter der Knute des Neandertalers in unserem Hirnstamm stehen, um dem Anspruch gerecht werden zu können, den der Begriff ›Mensch‹ setzt. Die Evolution hat uns bis an den Punkt geführt, von dem aus wir das Ziel sehen können.

Aber wie Moses, den der Engel des Herrn auf einen Berg führte, um ihm das ›Gelobte Land‹ zu zeigen, bleibt es auch uns versagt, das Gezeigte schon erreichen zu können. Es ist nicht unsere Schuld. Aber wir sollten sie zur Kenntnis nehmen. Anthropologische Bescheidenheit ist geboten«[28].

In der Tat! Wir können dem Autor dieses Zitats, Hoimar von Ditfurth, zustimmen, daß diese Situation insofern nicht tragisch ist, als wir sie nicht selber geschaffen haben. *Tragisch ist jedoch, daß uns das von der Aufklärung geformte Menschenbild mit seinem Optimismus in bezug auf unser Wesen und unsere Möglichkeiten eine Idealnorm zu einer Durchschnittsnorm macht.* Damit aber gaukelt sie uns Chancen vor, die wir in Wirklichkeit schlichtweg nicht haben. Das verhindert, daß wir wenigstens das Mögliche tun. Den meisten von uns wird inzwischen zwar unheimlich, wenn sie an die Zukunft denken. Aber insgeheim meinen sie, vom Denken der Aufklärung entsprechend präpariert, daß alles schon nicht so schlimm kommen wird. Zudem sind sie – wiederum gemäß dem Vorbild der Aufklärung geprägt – Meister in der Abwehr von Trauer (Siehe S. 132). Abgewehrt wird die Trauer über unsere reale Lage – psychoanalytisch formuliert – heute vor allem »oral«, und zwar in Form eines immensen konsumistischen Materialismus. Dieser läßt unser Dasein weitgehend in einem »besorgenden Umgang mit Zeug« (Heidegger)[29] beziehungsweise in einer zwischen »gedankenlos« und »zynisch« pendelnden »Nach-uns-die-Sintflut«-Mentalität aufgehen.

Ist die Moderne am Ende?

100 Jahre nach den Versprechungen von Wilhelm II., in denen sich der leere, pompöse Stil seiner Zeit präzise abspiegelte, bestimmt die Überzeugung, daß wir mit unserem Latein am Ende sind, das Denken fast aller Einsichtigen. Sie stellen fest:

> »Das einst in Europa ersonnene Modell der Zivilisation hat sich zwar als konkurrenzlos dynamisch und erfolgreich erwiesen. Doch für die Gestaltung der Zukunft ist es nicht geeignet«.[30]

Es paßt zu dieser Feststellung, daß mit dem Glauben der Moderne an die Zukunft inzwischen auch die geistloseste und zugleich absurdeste Manifestation dieses Glaubens im August 1991 buchstäblich über Nacht in sich zusammenfiel: die Vision einer paradiesischen Welt in Form einer realsozialistischen Diktatur in Rußland. »Geist«-los war an diesem Glauben, daß er im Sinne von Lenin auf den beiden Pfeilern »Marxismus und Elektrifizierung« gegründet sein sollte, und das Absurde bestand darin, daß er zwar bei einer der großen Menschheitsideen ansetzte, der Idee der Gerechtigkeit, aber die menschliche Misere nur in politischen und sozialen und damit in letzt-lich äußerlichen Verhältnissen sah. In 70 Jahren ist er auch nicht an-satzweise real geworden. *Real* wurde lediglich einerseits der Alp-traum eines lernunfähigen »real vegetierenden Sozialismus« (Helmut Schmidt) voller alltäglicher Öde, Mißwirtschaft, Behördenwillkür, Perspektivelosigkeit und Mangel an allem und jedem, den man am besten noch mit Lepenies auf die Formel bringen kann: »Bürokrati-sierung der Insuffizienz«[31]. Und real wurde andererseits die Einsicht, daß sich der Anspruch auf »absolute Wahrheit« ab einem gewissen Grad der inneren Verkarstung, aus der buchstäblich alles Leben aus-geronnen ist, auf die Dauer selbst dann nicht durchsetzen läßt, wenn man ihn mit ganzen Armeen von Geheimpolizisten und Arsenalen von Atomraketen stützt.

An ein irdisches Paradies, wie es der Kommunismus verspro-chen hat, glaubt heute kaum jemand mehr, nicht nur im Raume der ehemaligen Sowjetunion. Nachdem man statt einer »Diktatur des Proletariats«, die dieses Paradies bringen sollte, lediglich die Dikta-tur von gewissenlosen Psychopathen im Stil eines Stalin oder Ceaucescu beziehungsweise eine Diktatur unwürdiger Greise erlebt hat, ist begreiflich, daß jeder froh ist, wenn sich unsere Welt – mit oder ohne Sozialismus – nicht in eine Hölle verwandeln sollte. Sie ist auf dem besten Weg dorthin.

Welche Triebkräfte standen hinter der Revolte im ehemaligen Ostblock? Wichtig für unser Thema ist, daß wir, anders als bei den meisten früheren Revolutionen, zum Beispiel der Französischen, auf kein Programm stoßen. Bestimmend war lediglich der Wunsch, das bisherige Elend mit Hilfe der Einführung der freien Marktwirtschaft zu beseitigen. Im Jahre des Heils 215 nach dem Buch von Adam Smith über den »Wohlstand der Nationen« haben sich dessen Ge-danken vom endgültigen Fortschritt durch das marktgerechte Han-deln des einzelnen endgültig auch im ehemaligen Ostblock durch-gesetzt. Außer ein paar verbohrten Fanatikern fiel es kaum jemand schwer, das Surrogat einer Fortschrittsutopie hinter sich zu lassen, die keinen Fortschritt brachte, sondern nur unvorstellbares Elend. Was blieb, war die Hoffnung, dafür wenigstens an der westlichen Wirtschaftsreligion partizipieren zu können. Damit stand man durch-aus im Kontext einer weltweiten Entwicklung: Wer heute noch mit Ideen oder gar Utopien daherkommt, setzt sich der Lächerlichkeit aus, meistens sogar aus gutem Grund:

So wenig sich der Fortschritt bezweifeln läßt, der durch die Aufklärung in vielen Lebensbereichen auf uns gekommen ist, so we-nig bezweifelt man auf der anderen Seite, daß uns der weitere »Fort-schritt des Fortschritts« in unabsehbare Katastrophen hineinzutreiben droht. Immer mehr drängt sich der Eindruck auf, daß der Mensch wie ein Zauberlehrling inzwischen schon längst von seinen eigenen Möglichkeiten überrollt worden ist.

Kaum jemand bezweifelt auch, daß für Thesen wie die des kanadischen Wissenschaftlers und Publizisten aus den siebziger Jahren McLuhan und 10 Jahre später des japanischen Politphilosophen in amerikanischen Diensten Francis Fukuyama am ehesten noch die Psychiater zuständig sind. Der erstere prognostizierte, daß sich die Erde zum »globalen Dorf« weiterentwickeln werde, in dem »die demokratischsten Zustände aller Zeiten« herrschen würden.[32] Fukuyama sah gar mit dem Ende des Kalten Krieges das »Ende der Geschichte« heraufkommen, »beerdigte den ›zahn- und bedeutungslos gewordenen Nationalismus‹ und begründete dies auch noch mit Hegels Vision einer »endgültigen, rationalen Form der Gesellschaft«.[33] Mit Recht wurde er deswegen auf dem deutschen Historikertag in Hannover des »exquisiten Schwachsinns« gezogen.

Bedenklicher ist, daß man selbst einem so kritischen Kopf wie Ralf Dahrendorf kaum noch zustimmen kann, wenn er schreibt: »Zum ersten Mal in meinem mittlerweile langen und jedenfalls ereignisreichen Leben kommt mir der Gedanke, daß das Projekt Moderne scheitern könnte« – wobei er unter diesem Projekt die Kombination von Bürgerrechten und Wohlstand versteht.[34] Weniger optimistische Zeitgenossen beurteilen unsere Situation aufgrund unabweisbarer Tatsachen eher so, daß das »Projekt Moderne« inzwischen schon längst gescheitert ist, und zwar auf allen Ebenen: technologisch, wirtschaftlich und gesellschaftlich. Die Belege für diesen Pessimismus sind leider schier erdrückend:

Die konkrete Situation unserer Welt

Die Bevölkerungszunahme hat inzwischen ein unvorstellbares Ausmaß erreicht; täglich werden auf unserem Planeten mindestens 250 000 Menschen mehr geboren als sterben. Ende dieses Jahrtausends, so hat man ausgerechnet, werden mehr Menschen leben als insgesamt in den zigtausend Generationen zuvor (mehr als 6 Milliarden). Alle Maßnahmen dagegen waren bisher vergeblich, und zwar sowohl besonnene Aufklärungskampagnen, die sich immer mehr durchsetzen, als auch drakonisch-totalitäre Maßnahmen, wie etwa die brutalen Abtreibungskampagnen, die in China jahrelang praktiziert wurden. In der Britischen Ärztezeitung »Lancet« wurden die Konsequenzen dieser Situation auf makabre Weise veranschaulicht: selbst wenn man bis auf weiteres jeden Tag eine Atombombe vom Hiroshima-Typ über einer beliebigen Großstadt auf unserem Globus zündete, würde dies das hemmungslose Bevölkerungswachstum nicht wesentlich ändern. Es wäre »nur« mit jeweils etwa 90 000 Toten zu rechnen.[35]

Einen Ausweg aus dieser Situation kennt man nicht, obwohl seit Jahren kluge und ernsthafte Köpfe alles versuchen, ihn zu finden. Im Gegenteil! Zwar sind endgültige Prognosen extrem schwierig, doch alles spricht dafür, daß sich in weniger als 50 Jahren die Weltbevölkerung nochmals verdoppelt haben wird[36]. Eine Stabilisierung der Bevölkerungszahl unter 15 Milliarden ist derzeit realistisch betrachtet nicht vorstellbar. Somit wird sich das Problem vermutlich ohne kontrolliertes menschliches Zutun »lösen«, aber diese Lösung wird grauenhaft sein: alles deutet darauf hin, daß sich die Menschen durch die von ihnen erzeugte Schädigung der Biosphäre, durch die Verminderung der Ressourcen und durch die zunehmende Produktion von Unrat, am wahrscheinlichsten aber durch die Kombination dieser Faktoren, selber soweit dezimieren werden, bis die Weltbevölkerung auf ein erträgliches Maß abgesunken ist.[37]

Inzwischen hat die Verbreitung von Kraftwerken und Verbrennungsmotoren das energetische Gleichgewicht des Ökosystems Erde bereits tiefgreifend gestört. Die Klimakatastrophe ist nicht mehr aufzuhalten, allenfalls zu mildern. Jeder Versuch, dieses Minimalziel zu erreichen, wird ungeheure Opfer erfordern, zu denen einstweilen kaum jemand bereit ist.[38]

Zum Ausmaß der Katastrophe gehört nicht nur die bereits eingetretene ökologische Verschlechterung, sondern auch die weitere Verwüstung unseres Planeten durch die absehbaren Folgen einer zunehmenden Übernutzung. Ein Ende der Abholzung der Regenwälder, der Zerstörung der Landschaft durch industriell hergestellte Gifte sowie der Zersiedelung von landwirtschaftlich nutzbarem Boden ist nicht in Sicht. Selbst in Europa gehen durch das »Waldsterben« jährlich Holz und Humusböden im Wert von etwa 50 Milliarden Mark verloren[39]. Das ließe sich angesichts des Luxus, in dem wir leben, wenigstens noch im Ansatz reparieren, wenngleich mit enormem Kostenaufwand. Aber daß weltweit Jahr für Jahr eine Fläche an Regenwald zerstört wird, die etwa drei Viertel so groß ist wie Korea, ist irreversibel und endgültig.[40] Es würde Tausende von Jahren dauern, bis er sich wieder regeneriert hat.

Nach Untersuchungen der Vereinten Nationen sind 79 Prozent aller Entwaldungen Folgen des Bevölkerungszuwachses, also unabwendbar:[41] es bleibt in vielen Ländern keine andere Wahl als weiter zu entwalden, um Ackerland und Weideflächen zu schaffen, die gebraucht werden, damit die Menschen wenigstens jetzt nicht zugrundegehen. Umso sicherer wird das in der Zukunft geschehen.

Ein weiterer, wenig beachteter Ausdruck der Zerstörung unserer Umwelt ist das katastrophale Artensterben, das derzeit auf der ganzen Welt stattfindet. Vorsichtig gerechnet stirbt pro Tag eine Tierart oder Pflanzenart aus.[42] Damit hat dieser Prozeß Ausmaße erreicht wie zum letzten Mal vor etwa 65 Millionen Jahren, als die Saurier ausgestorben sind, vermutlich durch den Einschlag eines Meteoriten. Für das derzeitige Desaster gibt es freilich keine andere Ursache als uns selbst.

Alles sieht danach aus, als ob wir aus diesem Prozeß nicht mehr aussteigen können, jedenfalls nicht mit der Mentalität, die bei uns in Europa und in den USA seit der Aufklärung vorherrscht. Zwar bleibt uns derzeit nichts anderes übrig, als möglichst sparsam und geschmeidig mit den Ressourcen umzugehen. Aber es scheint nicht möglich zu sein, diese nur soweit zu benutzen, daß sie auch noch in ferner Zukunft zur Verfügung stehen, und im übrigen die Natur nur soweit zu belasten, als es ihre Pufferkapazität zuläßt. Erst recht ist es naiv, zu hoffen, daß wir uns bloß wieder der Natur anvertrauen müßten, um alles wieder ins Lot zu bringen, zum Beispiel indem wir den Boden nicht mehr chemisch behandeln. Dazu ist es längst zu spät. Auf diesem Weg ließe sich die Menschheit heute auch nicht mehr ansatzweise ernähren.

Gegen dieses »Darwinistische Modell«, das ökologische Katastrophen und ein dramatisches Bevölkerungssterben vorhersagt, von dem vor allem die bereits heute benachteiligten Regionen betroffen sein werden[43], gibt es leidenschaftliche Einwände. Man sagt, da 95 Prozent der Bevölkerungszunahme in Afrika, Asien und Lateinamerika erfolgt, könne man der explosionsartigen Vermehrung der Bevölkerung in der dritten und vierten Welt ja dadurch Einhalt bieten, daß man ihren Lebensstandard dem unseren angleicht. Dieses »humanistische Modell«[44] scheint vielleicht auf den ersten Moment einleuchtend, denn bekanntlich ist ja in westlichen Ländern mit hohem Lebensstandard der Bevökerungszuwachs bei Null, ja sogar eher rückläufig, selbst wenn die Einwohner überwiegend katholisch sind wie in Italien oder Österreich, und trotz aller Verbote der Empfängnisverhütung durch den Papst. De facto ist dieser Einwand jedoch nicht stichhaltig:

Auf diese Weise würde wahrscheinlich das soziale und geistige Gefüge dieser Länder endgültig zerstört[45], das ja schon durch die bisherige Begegnung mit unserem Lebensstil ernsthaft gefährdet ist, wie am Beispiel von Ladakh gezeigt wurde. Der Gedanke, Menschen im Schnellverfahren in unsere weiß Gott äußerst fragwürdigen Denk- und Lebensformen umzutopfen, die wir über Jahrhunderte entwickelt haben, ist Ausdruck unseres westlichen Drangs zur Manipulation, real aber (vermutlich Gottseidank!) nicht möglich.

Aber selbst wenn das Unmögliche eintreten würde, wofür überhaupt nichts spricht, nämlich daß in den Entwicklungsländern der Hase eines auf westliche Maßstäbe hochgetriebenen Lebensstandards den Igel der Bevölkerungsexplosion einholen könnte, würde das nichts helfen. Ein totaler Umweltkollaps wäre die Folge. Nicht die Angleichung der Entwicklungländer an unseren Luxus ist der denkbare Weg der Zukunft. Selbst eine totale Umfunktionierung unserer Vorstellungen vom Geltungsbereich der Menschenrechte, die das Unglück der anderen billigend in Kauf nimmt, könnte uns nicht davor bewahren, daß *wir* unseren Lebensstil drastisch ändern müssen, wenn es in den nächsten Jahrzehnten nicht zu beispiellosen Katastrophen kommen soll. Dies aber ließ sich in unserer Umverteilungsdemokratie mit ihren knappen Mehrheiten und ihren tausend Rücksichten auf Sonderinteressen bisher nicht durchsetzen, und nichts spricht dafür, daß sich unter den derzeitigen Umständen daran etwas grundsätzlich ändern wird. Das hängt damit zusammen, daß wir auf der einen Seite zu beinahe perfekten »troubleshootern«, zu Meistern des Behebens bereits eingetretener Katastrophen geworden sind, andererseits aber unsere derzeit bestimmenden Denk- und Bewußtseinsstrukturen mit ihrem weitgehend fehlenden Blick für Ganzheiten es uns außerordentlich erschweren, uns die Folgen unseres Tuns realistisch und umfassend so auszumalen, wie sie von wenigen Einsichtigen schon längst vorhergesehen wurden.

Inzwischen pfeifen es jedoch bereits die Spatzen von den Dächern, daß wir mit unserer hemmungslosen Verschwendung von Energie und sonstigen Ressourcen weitgehend auf Kosten der übrigen Menschheit leben, was aber kaum jemandem schlaflose Nächte bereitet. Statt dessen haben wir uns angewöhnt, uns vor der nahenden Katastrophe innerlich abzuwenden, so wie die Generation vor uns – allerdings bei wesentlich geringerem Informationsstand – im Dritten Reich vor den Greueln der Nazis die Augen und Ohren zugemacht hat. Auf den Splitter in deren Augen weisen wir mit Nachdruck hin, von dem Balken in unserem dagegen wollen wir nichts wissen. Unsere Politiker und Juristen helfen uns aufs trefflichste bei unserer Verdrängungsarbeit. Die einen lullen uns mit der stets auf den neuesten Stand gebrachten Frohbotschaft ein, wir befänden uns bereits auf dem besten Weg zur Wiederherstellung einer heilen Natur. Daß es schon sehr eigenartig wäre, wenn uns ausgerechnet eine Umwelt-«Technologie« aus unserer Misere herausführen sollte, die sich strukturell auf den gleichen Bahnen bewegt wie jene Technologie, die uns die Misere überhaupt erst eingebrockt hat, ist ein unangenehmer Gedanke, den wir nicht wahrnehmen wollen. Lieber spielen wir beim Spiel unserer freundlichen Einbläser mit, indem wir unseren Müll trennen oder uns einige Sparlampen kaufen. Beim nächsten Auto, das ein paar PS mehr oder noch mehr Komfort verspricht, hört freilich der Spaß meistens auf.

Gottseidank gibt es da auch noch andere, die unser Gewissen schützen. Sie jaulen wie auf Knopfdruck gequält auf, sobald sie die »freie Persönlichkeitsentfaltung« in Gefahr sehen, wenn nicht sogar die »rücksichtslose Benachteiligung« ihrer jeweiligen Lobby durch die »unbewiesenen Behauptungen weltfremder alternative Spinner« beklagen. Das alles ist so effektiv, daß in der jüngsten Vergangenheit bei vielen trotz aller Hiobsbotschaften die süchtige Abhängigkeit vom Konsum und die Tendenz zur exhibitionistischen Darstellung des Erworbenen eher noch zugenommen hat.

Einstweilen leben wir materiell noch in einem Eldorado; zwei Drittel aller Menschen hingegen vegetieren bereits heute am Existenzminimum. Hilfe durch herkömmliche Mittel ist nicht zu erwarten, denn alle großen Projekte der Entwicklungshilfe sind bislang gescheitert.[46] Vielfach gelingt es in den armen Ländern schon jetzt nicht mehr, auch nur die elementarsten Bedürfnisse nach Nahrung oder Wasser zu stillen. So ist zwar seit 1984 die Getreideproduktion auf der Welt rapide gestiegen, aber nur halb so schnell wie die Zahl der Menschen. Allein in den letzten 20 Jahren wuchs die Anzahl der Armen nach Schätzungen der UNO um rund 40 Prozent.

Eines der wenigen Dinge, die, jedenfalls in den Augen ihrer Produzenten, »erfreulich« angewachsen ist, ist die Zahl der Fernsehapparate. Mehr als eine Milliarde davon flimmert einer täglich zunehmenden Masse von Leuten das illusionäre Bild vom (westlichen) Wohlstand in die Hütte und ersetzt ihnen ihre verlorengegangenen persönlichen und religiösen Visionen, die wenigstens noch ein Wir-Gefühl voraussetzten, und bestätigt dieses Bild zugleich durch die neue, ewig gleichbleibende autistische Vision von einem universellen Warenparadies. Je mehr die soziale und religiöse Identität verlorengegangen ist und je mehr man sich der Verelendungsgrenze genähert hat, umso mehr fiebert man ihm nach, wie am Beispiel von Ladakh deutlich wurde. Aber auch dieses Paradies, nicht nur das biblische, ist endgültig verschlossen. Die meisten Notleidenden glauben es bloß nicht! Die »Unter-Haltung«, die man ihnen anbietet, hält sie tatsächlich unten. Wohl denen, so muß man beinahe mit einem weiteren Anflug von Bitterkeit sagen, die in dieser Situation noch die Kraft haben, Fundamentalisten werden zu können.

Alternativbewegungen zum Fundamentalismus

Die Beschäftigung mit der Moderne und ihren Folgen sollte dazu führen, den angeblichen Erzfeind der Fundamentalisten, gerade auch der grünen, näher kennen zu lernen. Bevor wir uns im folgenden mit den Ideen der grünen Fundamentalisten beschäftigen, die sich angeblich besonders heftig gegen die Moderne wenden, soll

141

zunächst noch auf Alternativbewegungen zum Fundamentalismus eingegangen werden, die gleichfalls die Gegenwart in hohem Maße bestimmen.

Wichtig sind dabei vor allem jene subkulturellen Richtungen, die in den letzten Jahren aus dem »New Age« hervorgegangen sind. Sie gewinnen in unserer Gesellschaft eine immer mehr ansteigende Bedeutung. Wenn wir sie hier mit dem Fundamentalismus vergleichen, dann sollen dadurch weitere Merkmale bei diesem deutlich gemacht werden. Um den Sprachgebrauch zu vereinfachen, werden wir allerdings hier weiterhin von New Age sprechen, obwohl dieser Begriff selber inzwischen eher aus der Mode gekommen ist. Alle möglichen Strömungen dieser »Gegenkultur« sollen mit diesem Begriff umfaßt werden.

Die Auseinandersetzung mit dem New Age ist vor allem deshalb wichtig, weil es auf den ersten Blick mit seinen fließenden Inhalten und Gesinnungen scheinbar ein Antipode zum Fundamentalismus in all seiner Starrheit ist. Dennoch vermutet man lange schon eine innere Nähe speziell der naturreligiös eingestellten grünen Fundamentalisten zum New Age. Wie ist dieser scheinbare Widerspruch zu erklären?

Wenn man nach Gemeinsamkeiten sucht, dann fällt auf, daß sowohl der Fundamentalismus wie das New Age ein gemeinsames Ziel haben: beide wollen den Defekt der Entsinnlichung und Erfahrungsferne reparieren, der sich für uns alle heute in unserer zunehmend abstrakt gewordenen Welt aufgetan hat. Zugleich möchten sie vielfach ihre Anhänger in dieser immer mehr durchrationalisierten Welt mit ihren steigenden intellektuellen Ansprüchen durch eine gewollte intellektuelle Anspruchslosigkeit entlasten. In ihren Strategien freilich unterscheiden sie sich grundsätzlich: appelliert speziell der religiöse Fundamentalismus primär an den Gehorsam seiner Anhänger, so wendet sich das New Age mit Vorliebe an unsere Intuition (und wer möchte nicht gerne intuitiv sein?). Diese wird dabei aber dezidiert arational oder sogar antirational begriffen. Die Ratio und der Fundamentalismus verpflichten in hohem Maße, das New Age dagegen verpflichtet praktisch zu nichts.

Aber nicht nur deswegen ist das New Age so verbreitet. Es erfüllt auch noch eine weitere psychodynamisch wichtige Aufgabe: in Situationen, die eine innere Orientierung extrem erschweren, wächst das Bedürfnis, sich als Ersatz dafür wenigstens einen inneren Raum zu errichten, um von dort aus zu »wilder« Erfahrungssuche aufzubrechen. Dieser Raum soll den vielleicht nie erlebten oder aber verlorengegangenen äußeren Raum beschützter zwischenmenschlicher Verhältnisse und von Zukunftsperspektiven ersetzen.

Das New Age verspricht die Errichtung eines derartigen

Raumes und benutzt damit einen der ältesten menschlichen Flucht-wege. Zuletzt sind ihn die Indianer zu Beginn ihrer Ausrottung ge-gangen. Sie gründeten Peyote-, Meskalin- und andere Drogenkulte, um vor der unerträglichen Realität zu fliehen und zugleich ihr Be-dürfnis nach haltgebender Transzendenz neu zu verankern.[47] Die Droge des New Age besteht ebenfalls in der Produktion archaischer Bewußtseinszustände, insbesondere ekstatischer Art.

Weiter kommt hinzu, daß, wie die Erfahrung lehrt, viele derje-nigen, die sich einer Richtung des New Age verschreiben, bezie-hungsweise, wie es meistens der Fall ist, gleichzeitig in mehreren Richtungen »herumzappen«, weder über ein stabiles Ich noch über ein entwickeltes Bewußtsein verfügen. Vulgär ausgedrückt wird man sie eher den Schwachen und den Narzißten zurechnen müssen. Das New Age kommt mit seiner breiten Angebotspalette ihrer Neigung zu Äußerlichkeiten, zum Beispiel in Form einer geschmäcklerischen »Schnuppermentalität« (A. Holl), von Spitzfindigkeiten und eines mo-dischen Individualitätskults, entgegen. Zwar fuchteln viele von ihnen mit dem Gestus eines höheren Wissens und einer exquisiten Geistig-keit herum. In Wirklichkeit bewegen sie sich freilich auf einer ähnlich prärationalen Ebene wie ihre scheinbaren Antipoden, die Funda-mentalisten, selbst wenn sie sich noch so sehr als die wahren Reprä-sentanten eines neuen Zeitalters fühlen. Ihr Leben ist ebensowenig spirituell oder in einem tieferen Sinne religiös wie das der Funda-mentalisten.

Gemessen an diesen Gemeinsamkeiten sind die Unterschiede zwischen beiden Richtungen eher zweitrangig: die einen sind pseu-doesoterisch, die anderen pseudoextrovertiert, die einen benehmen sich permanent wie Halbwüchsige, lehnen meist Autorität ab und bringen darin möglichst auch noch die Ablehnung ihrer Eltern unter, beziehungsweise sie verhalten sich besserwisserisch still und vermei-den jeden offen ausgestragenen Konflikt. Ihr Ideal ist das einer ex-klusiven Weisheit, ohne daß sie bereit sind, die Reifungsstufen zu durchlaufen, die – weit unter dieser Ebene – wenigstens ein bloßes Erwachsensein ermöglichen würden. Die anderen dagegen sind in ihrer Autoritätshörigkeit meist mehr oder minder abhängig von ihren Eltern beziehungsweise mit irgendwelchen Elternfiguren identifiziert. Während die einen süchtig nach einer Tiefe suchen, von der sie keine Ahnung haben, halten sich die anderen an der Oberfläche von Worten fest, die ihnen heilig sind.

In den einen Topf »New Age-Bewegung« werden allerdings von der Öffentlichkeit oft zwei Menschengruppen geworfen, die in Wirklichkeit denkbar weit voneinander entfernt sind: *die eine* er-kennt den fast totalen Mangel an Spiritualität in unserer Zeit und sucht ihn zu beheben, zumindest bei sich selber. Ihr geht es tatsächlich um spirituelle Erfahrung und, damit verbunden, um die Entwicklung eines transrationalen Bewußtseins (»höher als unsere Vernunft«). Dafür, so weiß sie, muß man alle Kräfte einsetzen, auch die der Rationalität. Die andere dagegen will in magischen oder mythischen praerationalen Bewußtseinszuständen »herumgründeln« und ihr Ego aufblähen. Mit Spiritualität hat das nichts zu tun.

Die Vertreter des New Age ähneln allerdings wiederum darin den Fundamentalisten (jedenfalls den religiösen der ersten Generation), daß sie wenigstens eines der eklatantesten Probleme unserer Zeit spüren: ihre »Geist-losigkeit«. Aber beide sind selber von dieser »Krankheit« befallen. Wenn die einen kritiklos autoritätshörig und buchstabenfixiert die Welt verändern, die anderen dagegen egozentrisch von ihr »abheben« möchten, muß man bei beiden dieselbe Diagnose stellen: »Verlust der Mitte« (Siehe S. 110).

In diesem Verlust drückt sich die gestörte Beziehung zum Geist am unmittelbarsten aus. Nur die Auswirkungen sind konträr: sozusagen eine »Halbseitenlähmung links« bei den einen und eine »Halbseitenlähmung rechts« bei den anderen. Daß aber Menschen, die bei ihrem Drang nach Höherem in den Niederungen atavistischer Bewußtseinszustände landen, weder sich noch anderen helfen können, versteht sich von selber. Im Gegenteil! Sie machen die Misere, die sie bloß spüren, aber nicht durchschauen, nur noch größer.

Aufgrund ihres verfehlten Ansatzes kommen die Vertreter des New Age auch nicht dort hin, wo sie letztlich hinwollen, nämlich zu einem wirklich existierenden inneren Raum, sondern sie erreichen allenfalls einen virtuellen Raum, wo die Grenzen zwischen Phantasie und Realität verschwimmen und wo »im Spannungsfeld zwischen Sinn, Flachsinn und Unsinn alles erlaubt ist, was irgend einem einfällt«[48]. Wenn sie für sich selber das Wort »light« in Anspruch nehmen, dann hat das weniger mit »Licht« als mit »leicht« im Sinne von Leichtgewichtigkeit zu tun. Weil sie nicht wirklich wissen, was Transzendenz ist, sind sie für jene suggestiv angebotenen »Parodien von Transzendenz« (Adorno) empfänglich, die ihnen von irgendwelchen pseudoesoterischen Eigentlichkeitsgurus angeboten werden. Zwar liegt bei deren Angeboten, wie bei Yoghurtbechern, das Verfallsdatum meist bereits bei der Entstehung fest, aber sie haben ihren Markt. Allein in München, so rechnet man, geht das »Heer der hier praktizierenden und kassierenden Stern-, Hand- und Kartendeuter, Hexen, Geistheiler, Erdstrahlen-, Bioenergie- und Sonstwas-Heiler in die Zehntausende«.[49] In Deutschland sollen rund 50 000 ihre Dienste anbieten; etwa soviele wie evangelische und katholische Geistliche zusammen.[50]

Fragt man sich schließlich, warum trotz einer sie verbindenden geistigen Not das konkrete Verhalten von New Age-Anhängern

144

und Fundamentalisten so unterschiedlich ist, dann liegt jenseits aller soziologischen und psychologischen Unterschiede folgende Erklärung nahe: trotz aller Mißlichkeiten der Ausgangslage hält sich das Gefühl der Bedrohtheit bei den New Age-Vertretern meist dennoch in Grenzen. Die Fundamentalisten stehen im Vergleich dazu viel stärker mit dem Rücken zur Wand. Ihnen geht es, wie wir gesehen haben, buchstäblich »um alles«. Es ist ihnen ernst, und zudem können sie meist immerhin noch auf ein Wertesystem zurückgreifen, von dem sie sich ihr Heil versprechen. Damit verfügen sie zugleich auch über ein Stück Zukunftsperspektive!

Immer mehr Menschen in unserer Zeit hingegen fehlt jede Perspektive, und sei sie noch so fragwürdig. Sie müssen hier als *dritte Gruppe* neben dem Fundamentalismus und dem New Age wenigstens erwähnt werden, denn auch sie sind »Kinder der Moderne«. Kennzeichnend für sie ist, daß sie keine definierbare Weltanschauung, keine Zukunft, keinen »ordnenden Ismus«[51], geschweige denn ein stabiles Innen oder Außen haben. In der Terminologie der Psychopathologie ausgedrückt gehören sie nicht wie die Fundamentalisten zu den »übersteuerten«, sondern zu den *»untersteuerten« Persönlichkeiten*.

Natürlich hat es immer schon untersteuerte, halt- und richtungslose Menschen gegeben – die Psychiater sprechen meist von Psychopathen. Aber zweifellos hat die Moderne aus Gründen, die im Laufe dieser Untersuchung immer wieder aufgezeigt wurden und daher hier nicht nochmals wiederholt werden müssen, bestimmte Verwahrlosungserscheinungen namentlich bei jungen Leuten förmlich gezüchtet. Mag das Über-Ich der Fundamentalisten noch so streng, starr und aggressiv sein, unbestreitbar ist, daß die weitgehend fehlende Selbstkontrolle, Halt- und Orientierungslosigkeit untersteuerter Personen mindestens ebenso problematisch ist, nicht nur für sie selber, sondern besonders auch für ihre Mitmenschen.

Es ist falsch, wenn man im Zuge der heutigen modischen Überdehnung des Fundamentalismusbegriffs auch die untersteuerten Menschen als Fundamentalisten ansieht. Sogar Fußballhooligans wurden mit diesem Begriff belegt.[52] Problematisch ist aber auch, wenn man den Spieß umdreht und den Fundamentalismus in einer »Flucht ins Radikale« aufgehen läßt, wie es gleichfalls geschehen ist.[53] »Radikalismus« ist ein viel weiter gefaßter Begriff, wobei sich der Radikalismus eines Fundamentalisten tiefgreifend von dem Radikalismus eines Untersteuerten unterscheidet. Trotz dieser psychodynamischen Unterschiede gibt es natürlich manche äußerlichen Ähnlichkeiten: wenn ich umgebracht werde, kommt es im Ergebnis für mich auf dasselbe hinaus, ob das durch einen übersteuerten Fanatiker oder durch einen untersteuerten Psychopathen geschieht.

Hier kann das Thema »Untersteuerung« trotz seiner eminenten Wichtigkeit nur im Hinblick darauf weitergeführt werden, daß damit das andere Thema »Fundamentalisten als Kinder der Moderne« von einem anderen Blickwinkel her beleuchtet wird.

Erwähnt werden muß dabei angesichts der These vom zunehmenden Ausfall übergreifender Orientierungs- und Wertsysteme die Unzahl jener, die sich auf den kleinstmöglichen gemeinsamen Nenner eines verbindenden archaischen Stallgeruchs und eines bißchen Stallwärme in Form irgendeiner Landsmannschaftlichkeit oder einer gemeinsamen Sprache zurückziehen. Das alles muß sozusagen als Surrogat für ein haltgebendes Identifikationssystem herhalten. Seine Bandbreite kann vom Fußballclub, dem man angehört, weil er hilft, die eigene Kleinheit zu kompensieren, oder der eigenen Gang bis hin zu einem knallharten Law-and-order-Prinzip reichen. Wenn es drauf ankommt, ist man sogar zur Lynchjustiz bereit. In alledem drückt sich ein allgemeiner, zunehmender Rückfall in ein urtümliches Stammesbewußtsein, in einen *Tribalismus*, aus. Dieser von Untersteuerung und Desintegration gekennzeichneten Regressionsform wird aller Wahrscheinlichkeit nach die Zukunft weit mehr gehören als dem Fundamentalismus.

Die letztgenannte Behauptung stützt sich freilich weniger auf solche eher privaten Formen von Tribalismus, sondern mehr noch auf seine öffentlichen Manifestationen. Nirgends vielleicht wird der Umstand, daß mit der Moderne etwas fundamental schiefgelaufen ist, drastischer offenbar als daran, daß wir heute in einer Zeit leben, in der sich derartige Desintegrationsprozesse auf allen Ebenen zunehmend abspielen, bei einzelnen sowohl wie bei ganzen Völkern. So sind ab dem Moment, als zunächst die alten Monarchien und später auch die neuen totalitären Systeme mit ihren abstrakten Staatsgebilden weitgehend überwunden schienen, an allen Enden der Welt alte Stammesfehden, teilweise in neuem Gewand, wieder aufgeflammt. Dadurch hat sich seit Beginn unseres Jahrhunderts die Zahl der Staaten auf unserem Planeten bereits vervierfacht. Zur Zeit sollen es knapp 200 sein. Allein zwischen 1991 und 1993 sind 23 neue dazugekommen, und der derzeitige UNO-Generalsekretär Butros Ghali sieht die Welt bereits »in 400 marode Kleinstaaten« zerfallen[54], und das zu einer Zeit, in der Dutzende von Satelliten 24 Stunden am Tag ein und dieselbe Werbe- und Nachrichtengrundsoße über uns alle ausgießen und uns die Illusion einer einheitlichen Weltkultur vorgaukeln.

Wenn es eines weiteren Belegs für die in der Tat extrem zahlreichen Spaltungsvorgänge in unserer Welt bedürfte, dann fänden wir sie in der absurden Situation vor, daß zu einer Zeit, in der in immer mehr Städten Menschen über den Haufen geschossen werden, wenn sie von einer Straßenseite zur anderen hinüberwechseln, weil sie von ihren Landsleuten in einem tribalistischen Wahn als Feinde erlebt werden, gleichzeitig pausenlos die Segnungen einer einheitlichen Coca Cola-Religion vom Himmel heruntergefunkt werden. Angesichts dieser Entwicklung und angesichts der zu erwartenden Wanderbewegung von Millionen verelendeter Menschen, die sich wie ein Heuschreckenschwarm über unseren Globus ausbreiten werden, erweist sich die diffuse Angst vor jeder Form von Fundamentalismus eher als eine reichlich übertriebene kleinbürgerliche Befürchtung. Es wäre sinnvoller, sich mit seiner Angst dorthin zu konzentrieren, wo wir selber etwas ändern könnten: auf die eigenen Wertvorstellungen und auf den daraus folgenden Umgang mit den Gütern der Welt. Hier aber will vor allem der grüne Fundamentalismus radikale Änderungen.

Grüner Fundamentalismus

Betrachtet man den grünen Fundamentalismus näher, dann zeigt sich schon auf den ersten Blick, daß er in seinen Zielsetzungen und Motiven aus der Reihe der anderen Fundamentalismen herausfällt. Dabei ist er selber in sich keineswegs einheitlich, sondern umfaßt mindestens zwei diametral einander entgegengesetzte Richtungen: auf der einen Seite finden wir letztlich wertkonservative, radikal-ökologische Strömungen mit rigorosen Moralvorstellungen und einem manchmal naturreligiösen Hintergrund, die häufig sogar den Wunsch nach einer Ökodiktatur in sich schließen. Auf der anderen Seite haben wir es mit einer mindestens ebenso radikalen, »progressiven« Linken zu tun, die meist aus der studentischen Protestbewegung entstanden ist und letztlich nur die drohende Umweltkatastrophe benutzt, um ihre Sehnsucht nach einem gesellschaftlichen Umsturz in einen grünen Mantel zu hüllen.

Motive und Ziele des grünen Fundamentalismus

Wenn hier die Position des grünen Fundamentalismus auf dem Hintergrund der Moderne geschildert wird, dann soll das vorzugsweise anhand der Gedanken seines vielleicht originellsten Vordenkers, Rudolf Bahro, geschehen[1], der sich selber »grüner Fundamentalist« nennt[2]. Kennzeichnend für seine Position ist, daß er die Haltungen vermeidet, die man am häufigsten beim Umgang mit der ökologischer Krise antrifft, das heißt, er resigniert weder vor Katastrophen, die scheinbar unausweichlich auf uns zukommen (»Darwinistisches Modell«) – (Siehe S. 139) –, noch frönt er einem illusionären »humanistischen« Modell. Erst recht vermeidet er jene maniforme Flucht in eine »präsentische Existenz« (L. Binswanger) nach dem Motto: »Leben wir ruhig auf Kosten unserer Nachkommen. Es wird schon nicht so schlimm werden, und im übrigen wird uns bestimmt etwas einfallen, wenn es an der Zeit ist. Hauptsache, daß jetzt die Kasse stimmt«. Statt dessen favorisiert er im Sinne der Einteilung vom Meyer-Krahmer[3] ein *Innovationsmodell*. Dieses sucht er freilich, anders als die derzeitigen Umwelttechnokraten, nicht mit Hilfe von äußerlichen Erfindungen oder Programmen zu verwirklichen, die noch in den Sternen stehen, sondern indem er auf eine *innere Wandlung* beim Menschen setzt.

Bahro betont, wie inzwischen viele Kenner der Situation, daß es mit einer Haltung, die nach dem Motto vorgeht »Nicht überziehen. Umwelt schonen«, nicht getan ist.[4] Jedes derartige, nur an den

Symptomen herumkurierende und nicht an der Mentalität der Konsumenten ansetzende Verfahren ist, wie Bahro betont, bisher voll gescheitert und hat nur immer tiefer in die Misere hineingeführt (Siehe S. 137 ff). Daher grenzt er sich auch gegen die grüne Politik und gegen den Umweltschutz ab. Beide stoßen nach seiner Meinung nicht wirklich zu den Wurzeln vor, aus denen allein eine Erneuerung kommen kann, sondern bleiben bei einer bloßen Umweltkosmetik stehen.[5] Die Grünen begnügen sich damit, wie er sagt, als minoritäre radikale Partei die Sozialdemokratie beziehungsweise die Staatsbürokratie aufzuscheuchen, zum Beispiel durch chaotische Attitüden, wobei sie, wenn sie erst an der Macht sind, sich durchaus bereit finden, mit beiden zu kooperieren. Das reicht aber nicht aus, den sicheren Untergang aufzuhalten, sondern gibt lediglich die Befriedigung, die Umkehr öffentlich empfohlen zu haben.[6]

Ökopolitik, wie wir sie heute brauchen, muß nach Bahro wesentlich radikaler sein, als die Grünen es aus wahltaktischen Gründen propagieren, sonst läßt sich die Katastrophe nicht vermeiden. Daher kann sie weder bloß linksradikal noch radikalliberal sein oder nur provozieren. Sie muß vielmehr quer zu *allen* traditionellen -ismen der bürgerlichen Gesellschaft stehen, von links bis rechts. Sonst scheitert sie zwangsläufig im derzeitigen demokratischen System, ohne Aussicht, sich mit unbequemen Forderungen innerhalb von dessen Mehrheitenwahlrecht durchzusetzen.

In die gleiche Richtung weist auch seine Ablehnung des heute praktizierten Umweltschutzes. Hier gingen seine Überlegungen Einsichten voraus, die sich neuerdings auch anderen immer mehr aufdrängen. »Umweltschutz bedeutet heute: den Ausstoß von Schadstoffen so begrenzen, daß es der Mensch gerade noch aushält«.[7] Umweltschutz ist damit aufs Meßbare verengt. Damit treffen zwei Faktoren zusammen und verstärken sich gegenseitig:

Der eine Faktor besteht darin, daß der bevorstehenden Katastrophe alles Alarmierende fehlt. Dazu kommt zweitens, daß wir uns aufgrund unserer Erziehung sowieso zunehmend nur noch auf Abstraktionen und nicht auf unsere Sinne konzentrieren. Niemand hat bis heute ein Ozonloch gesehen. Dennoch bringt der Gedanke daran mehr Leute zum Verzicht auf die Spraydose als der sinnlich wahrnehmbare Gestank zum Verzicht auf das Auto. Im Naturschutz dagegen geht es primär darum, dem Menschen seine Sinnlichkeit und Erlebnisfähigkeit wiederzugeben, indem er die Natur als wahrnehmbare und nicht bloß als meßbare Größe ins Bewußtsein rückt. Anders ausgedrückt: *Umweltschutz ist Krisenmanagement, während es in Wirklichkeit darum geht, das menschliche Bewußtsein zu verändern.* An einem Beispiel veranschaulicht heißt das, daß es Naturschutz ist, wie Falter zeigt, den Rhein weiterhin »unnütz« den

Rheinfall von Schaffhausen herunterdonnern zu lassen, damit unsere Kinder noch wissen, was ein Fluß ist, und zwar, wie man hinzufügen muß, wirklich und nicht nur in einer entfremdeten Form, also sozusagen als eine Art von »ökologischem Museum«[8].

An diesem Punkt wird der Kern jedes grünen Fundamentalismus angesprochen, der ihn zugleich von jeglichem religiösen Fundamentalismus unterscheidet: der letztere spürt, jedenfalls an seinem Beginn und im Gegensatz zu seinen späteren Phasen, katastrophale Bedrohungen der eigenen Identität durch neue Entwicklungen meist viel besser als die offiziellen Kirchen. Diese sind, gemessen daran, oft von einer verblüffenden Verdrängungsneigung. Aber er spürt nur und erkennt nicht wirklich. Vor allem reagiert er darauf mit einer konservativen Bewahrung veräußerlicht gesehener Prinzipien. Ganz anders der grüne Fundamentalismus. Er sieht die uns real bestehenden Katastrophen mit aller Schärfe und zeigt, daß es dagegen nur einen einzigen Ausweg gibt: ein tiefes Umdenken, das letztlich auf einen Prozeß der Selbsterziehung, ja mehr noch: einen radikalen Bewußtseinswandel, hinausläuft. Dabei wird man sich fragen müssen, ob er nicht mittels einer neuen Ausschließlichkeit das Kind mit dem Bade ausschüttet, vor allem aber, ob seine Vorstellungen von der menschlichen Wandelbarkeit realistisch und durchsetzbar sind.

Wie fragwürdig die Vorstellungen von Bahro auch sein mögen, in einem Punkt hat er sicher recht: Das derzeitige Herumlavieren mit ein bißchen Appell an den guten Willen, *so lange es nichts kostet*, sei es in bezug auf die Umwelt oder auch in bezug auf die Menschenrechte (wer ist schon gegen sie?), nutzt allein nichts. Das wird zum Beispiel deutlich an unserer Reaktion auf die Verletzung dieser Menschenrechte durch die Chinesen gegenüber ihren eigenen Leuten oder gegenüber den Tibetern. Welcher Politiker oder Wirtschaftsmann sieht davon nicht ab, wenn dicke Auftragsbücher winken? Daran ändern auch ein paar ernste, unverbindliche Worte nichts. Man tut das gerne mit Scheinheiligkeit ab. Aber das trifft nicht den Punkt: Schrecklicherweise glauben die Betreffenden vermutlich sogar, ihre Reden würden irgend etwas nutzen.

Noch in einem weiteren Punkt wird man Bahro sicherlich Recht geben müssen, nämlich wenn er feststellt, daß die von ihm geforderte Bewußtseinswandlung mehr als jedes praktische Tun zunächst einmal eine andere Art von Wahrnehmungsverhalten voraussetzt. Darin sieht er die einzige Chance, die wir haben, wenn wir nicht an der Skylla einer Erzwingungspolitik beziehungsweise gar einer Ökodiktatur zerschellen oder in die Charybdis von Umweltkatastrophen unabsehbaren Ausmaßes hineingeraten wollen.

Zweifellos greift damit der grüne Fundamentalismus mit seinem Protagonisten Bahro an der Schwachstelle aller bisherigen Umweltpolitik an. Diese möchte unter Aufbietung aller Vernunft und einigem Zurückstecken aller Beteiligten ökologisch und sozial in eine vorgestellte »Normalität« zurück und so die Katastrophe aufhalten. Damit, so meint sie, könnten wir das gegenwärtige Industriesystem erhalten, aber seine Dysfunktionen loswerden. Dieser Hoffnung liegen aber nach Auffassung grüner Fundamentalisten einige schwerwiegende Irrtümer zugrunde:

1. *mit ihr wird diese Fehlentwicklung allzu ausschließlich in die Neuzeit verlegt.* Damit will man aber nicht wahrhaben, daß es schon lange nicht mehr »normal« bei uns zuging, und zugleich verkennt man die innere Dynamik, die dahinter steckt. Diese besteht nach Bahro darin, daß der homo occidentalis, dem, historisch gesehen, die weltweite Misere ausschließlich zuzuschreiben ist, obwohl er sie zweifellos nicht beabsichtigt hat, im Prinzip seit Jahrtausenden eine bestimmte Ausgangsposition beibehielt und nie wirklich revidierte[9]: Die Griechen, die Römer, die Hethiter, die Arya, die in Indien einrückten, die Germanen, auch die Juden und später die Araber waren ursprünglich Steppenvölker par excellence. Für sie sei der heimatliche Flecken Erde immer zugleich »Basislager« für einen Aufbruch zu neuen Eroberungen gewesen. Bei den meisten Slawen und den anderen östlichen Völkern, auch bei den Indianern, sei das nicht so.

So wenig überzeugend Bahros Darstellung historisch ist (auch viele Mongolen und Indianer waren und sind teilweise noch Steppenvölker), so recht hat er zweifellos damit, daß die letztgenannten Völker dennoch den Menschen meist weit mehr als wir als Teil eines kosmischen Ordnungsprinzips begreifen. Das ist, wie sie auf dem Hintergrund ihrer religiösen Vorstellungen betonen, mit besonderen Privilegien, aber auch Verpflichtungen verbunden.

Nun hat es, was Bahro nicht erwähnt, zwar ein Gefühl der Verbundenheit mit der gesamten Schöpfung auch im Westen immer gegeben. Schon der 148. Psalm ist erfüllt davon, und einen geradezu einzigartigen Ausdruck findet dieses Gefühl im »Sonnengesang« des Heiligen Franziskus von Assisi (1182–1226), wo er Gott für »unsere Schwester Mutter Erde« und den »Bruder Mond und Sterne« preist. Aber insgesamt waren das nur Einzelfälle, nicht selten voller bezaubernder Poesie, die sich sogar zu Formen der Anbetung steigern konnten. Ein selbstverständlicher Bestandteil unseres Bewußtseins, wie in anderen Religionen, ist es aber bei uns nie geworden.

Es ist unbestreitbar, daß es den westlichen Völkern bis heute trotz einzelner Ausnahmen viel stärker als beinahe allen anderen Menschen um »Herrschaft in der Welt, insbesondere über die Tierwelt« gegangen ist.[10] Wenn Juden und Christen es inzwischen auch nicht mehr gerne hören wollen, so ist doch wahr, was der Alttestamentler Gerhard von Rad, von dem das letztgenannte Zitat stammt, überzeugend nachweist, nämlich daß zum Beispiel in der Bibelstelle Gen. 1, 28 (»mehret euch, füllet die Erde und macht sie euch untertan«) die Ausdrücke für den Vollzug dieser Handlung auffallend starke sind mit der Bedeutung von »treten«, »trampeln«, »niedertreten«[11]. Anders ausgedrückt: das Untertanmachen war durchaus wörtlich gemeint. Die Pfarrer berufen sich neuerdings zwar gerne auf die Bibel, wenn sie vom »Bewahren der Schöpfung« reden. Aber das ist eine Beschönigung des Textes, allenfalls Zukunftsmusik. Bis es auch in unsere Herzen eingegangen ist, müssen wir von den so lange als »ungläubig«, »animistisch« oder sonstwie Verketzerten lernen, daß die belebte und unbelebte Natur nicht etwas dem Menschen bloß Äußerliches und Verfügbares ist, sondern etwas strukturell und essentiell Verwandtes.[12] Ihnen ist das schon sehr viel länger selbstverständlich als uns.

Der Herrschaftswille, die Aufbruchsstimmung, der Gründer- und Pioniergeist, der dem westlichen Denken zugrundeliegt, hat sich nach Bahro bis heute bei uns durchgehalten und wartet nur auf neue Gelegenheiten, »seien es Kreuzzüge, Entdeckungen, Kolonialisierungen, Industrie, Forschungen, Kosmosflüge«[13]. Sein primäres Ziel ist nicht Rücksichtnahme auf eine Schöpfung, von der man sich als Teil fühlt oder gar Selbstlosigkeit, sondern Selbstverwirklichung, wobei er die Schädigung der Umwelt billigend in Kauf nimmt, wenn sein Konzept es fordert.

Muß das einfach so sein, weil ein »Drang nach neuen Ufern« in unserer Natur angelegt ist? Bahro liefert einen schlagenden Beweis, daß man solche scheinbar eingewurzelten Haltungen aufgeben kann, und zwar zeigt er es an der geänderten Einstellung zur Arbeit im Römischen Reich.[14] Während für die freien Römer Arbeit Sklavensache und daher für sie unwürdig war, wurde seit Benedikt von Nursia (etwa 480 – 543) eine ganz andere Losung bestimmend: »ora et labora«. Von einer neuen kulturschöpferischen Elite getragen, ermöglichte diese Forderung eine Strukturänderung des allgemeinen Bewußtseins, wobei mit ora natürlich nicht ein Aufsagen von Formeln gemeint war, sondern eine meditative Haltung. Beim labora dagegen ging es ausschließlich darum, menschenwürdig zu leben und nicht, wie es bei uns geworden ist, primär um Macht oder Selbstbestätigung. Auf diese Weise gelang es der benediktinischen Bewegung, Jesu Forderung, nicht Schätze hier auf Erden zu sammeln (Matth. 6, 19), in die Tat umzusetzen.

2. Das Beispiel macht auch deutlich, warum alle Appelle an ein umweltbewußtes Verhalten bisher zum Scheitern verurteilt waren: *sie sprechen ausschließlich unseren Verstand und unsere Verzichts-*

bereitschaft an, nicht aber die spirituellen und meditativen Dimensionen in uns, um die es Benedikt primär ging. Verstand und Über-Ich können aber nicht jene Kräfte mobilisieren, die allein imstande wären, alte Prägungen aufzuheben und eine Wandlung möglich zu machen. Diese Kräfte fließen nach wie vor ausschließlich aus denselben Quellen wie vor fast 1500 Jahren bei Benedikt und vorher schon bei den Naturreligionen: aus Meditation und Spiritualität. Nur wenn diese an erster Stelle stehen (das ora kam bei Benedikt vor dem labora!), läßt sich das Verhältnis zu Besitz, Arbeit und Natur auf die Dauer ändern. Dagegen gleicht der Versuch, ausschließlich mit rationalen Argumenten eine dauernde Änderung der inneren Einstellung zu erzielen, dem Versuch eines Kindes, mit seiner Spielzeugschaufel eine Betonwand aufzubrechen. Er *muß* mißlingen. Nicht nur die Geschichte, sondern auch die Erfahrungen von fast 100 Jahren Psychoanalyse und die Ergebnisse der Ideologieforschung zeigen uns die Grenzen einer bloßen Rationalität, die nicht aus anderen, tieferen Quellen gespeist wird.

3. *Der vermutlich größte Schwachpunkt unserer liberal-kapitalistischen Gesellschaft liegt in ihrer Selbstgenügsamkeit.* Sie begnügt sich weitgehend damit, sich selbst zu reproduzieren. Für Visionen und Utopien fühlt sie sich nicht zuständig. So lange diese aber weiterhin ebenso brachliegen wie jede Form von Spiritualität, werden uns jene Bereiche wichtig sein, mit denen wir uns offiziell fast ausschließlich beschäftigen: die materiellen Dinge. Hier aber gilt das Wort von Jesus: »wo euer Schatz ist, da ist euer Herz« (Matth. 6, 21): Wenn materielle Dinge unser eigentlicher »Schatz« sind, werden wir auf sie selbst dann nicht verzichten können, wenn wir wissen, daß wir durch ihren Mißbrauch uns, der Umwelt und unseren Nachkommen dauerhaft schaden. Das erleben wir gegenwärtig allenthalben, denn es ist ja trotz aller Verleugnung nicht so, daß nicht jeder im Grunde wüßte, wohin die Entwicklung läuft.

So lange unser Bewußtsein nach wie vor egozentrisch bleibt und nicht ökozentrisch geworden ist (was nicht in einem falschen romantischen Sinne »zurück zur Natur« bedeutet, sondern mit ihr versöhnt zu leben), können weder Maßnahmen noch Appelle allein etwas ändern. Das wird auch an unserem bisherigen Umgang mit der ökologischen Krise deutlich. Was immer man uns an Fakten darüber auftischt, so bleibt für uns doch häufig der Eindruck übrig, das ganze Gerede von der Naturzerstörung sei übertrieben. Allenfalls fordert man vom Staat Abhilfen und ist besten Gewissens davon überzeugt, daß eine Veränderung primär eine Sache der anderen und nicht von einem selber ist. Sie sollen den in den Dreck gefahrenen Karren wieder flott machen. Im übrigen bezweifelt man aber die Kompetenz derer, an die man seine Forderung nach Abhilfe delegiert. Diese Ambivalenz gegenüber Einrichtungen, von denen man zwar alles verlangt, denen man aber zugleich nichts zutraut, ist gleichfalls Ausdruck unserer gegenwärtigen Bewußtseinsstruktur und daher fast allgegenwärtig. Wir treffen sie somit sowohl dem Staat, den Kirchen, den Gewerkschaften als auch sonstigen Institutionen gegenüber an.

Zu wirklichen Änderungen kann es nur kommen, das sieht Bahro ganz realistisch, wenn verschüttete Bereiche unserer Existenz, zum Beispiel eine bessere Wahrnehmungsfähigkeit, ein Wir-Gefühl und eine neue Verantwortlichkeit durch eine Bewußtseinswandlung wieder zu neuem Leben erweckt werden, und zwar bei jedem von uns. Generelle Bewußtseinswandlungen werden ja der Menschheit bekanntlich nicht von einem imaginären Weltgeist auf mysteriöse Weise eingeflößt. Sie sind vielmehr nichts anderes als das millionenfache Resultat dessen, was jeder Einzelne neu erfährt, neu glaubt und denkt und was er von da aus dann auch will und tut.

Die Ambivalenz des grünen Fundamentalismus

Die Botschaft der grünen Fundamentalisten ist eindeutig: Da ihrer Überzeugung nach keine Form bisherigen Weitermachens die ökologische Krise, in der wir uns befinden, aufhalten kann, gibt es nur eine Alternative: entweder sind wir alle zu einer Bewußtseinsänderung von bisher kaum dagewesener Radikalität bereit oder es kommt zu einer unabsehbaren Katastrophe. Dabei lautet einer der zentralsten Sätze von Bahro: *Niemand zwingt uns, zu überleben.* »Überleben« als höchstes Ziel ist ohnehin als »Formel mit dem braunen Akzent« fragwürdig: »wenn wir unbedingt überleben müssen, gilt es so schnell wie möglich die effiziente Ökodiktatur zustande zu bringen«[15].

Wir haben weder das Recht, eine solche Diktatur auszuüben noch dürfen wir Menschen »zu ihrem Glück zwingen«[16]. Aber wenn wir eine Zukunft haben sollen, dann müssen wir alles loslassen, »auch unsere Schätze, vor allem das Geldmachen und die Wissenschaft, die allem zugrundeliegen«[17]. Das Haupthindernis auf diesem Weg ist nicht mangelnde Kenntnis der Gefahren, sondern die Schwellenangst vor Veränderungen, die tief in die privaten und öffentlichen Gewohnheiten einschneiden werden[18]. Daher müssen wir, wenn wir auf andere, neue Weise weitermachen wollen, vor allem wissen, wofür. Bahro nennt das Ziel »Ordine nuovo«[19] und versteht darunter im Wesentlichen einen »Kampfbund der Gleichgesinnten«[20], dem es um den »Aufbau einer naturverbundenen, in ihre Geheimnisse zurückwurzelnden Liebeskultur« geht[21].

De facto läuft Bahros Vorschlag auf das Ende eines einseitig auf Hyperindividualität, Autonomie, Rechte und äußere Aktivität gerichteten typisch männlichen Denkens hinaus. Es soll durch typisch weibliche Eigenschaften ersetzt werden wie Betonung von Kommunikation, Sorgsamkeit und liebevoller Zuwendung zum Einzelnen. Zweifellos klingt das alles in heutigen Ohren reichlich abstrakt. Aber vergessen wir dabei nicht, daß sich die unsere Gegenwart bestimmenden einseitig maskulinen Eigenschaften auch bei uns erst in einer relativ späten Phase der menschlichen Entwicklungsgeschichte herausgebildet haben, zur Zeit der neolithischen Revolution (Siehe S. 160 ff).

Es wäre das Zeichen eines absurden Hodizentrismus, einer autistischen Verabsolutierung der Gegenwart, wollten wir annehmen, daß die derzeitigen Formen des Miteinanderlebens bereits der Ausdruck einer letztmöglichen Bewußtseinsentwicklung sein sollten. Keine Entwicklungsstufe des menschlichen Bewußtseins ist endgültig privilegiert, auch die unsere nicht. Sollte es eine menschliche Weiterentwicklung geben, dann werden unsere Lebensformen unseren Nachfahren zweifellos ähnlich antiquiert vorkommen, wie wir heute zum Beispiel die Lebensformen der Jäger und Sammler erleben.

Innerlich setzt die von Bahro geforderte Veränderung, wie gesagt, zunächst einmal eine radikale Wandlung des Bewußtseins voraus, an deren Anfang eine Sensibilisierung und Entidentifizierung zu stehen hat, die jeder für sich allein vollziehen muß. Keine gegenkulturelle Protest- und Widerstandsbewegung kann stellvertretend einen solchen Durchbruch bringen.[22]

> »Ohne Sprung in der Evolution, ohne eine Verhaltensänderung aus der Bewußtheit, daß uns unmittelbares Vorteilsstreben umbringen wird, kann es zu keiner rettenden Neuordnung kommen, von der die Wirtschaftsordnung dann nur ein Teil, niemals aber das Fundament sein könnte«.[23]

Äußerlich heißt dies zunächst »Stop der Megamaschine«. Unter ihr versteht Bahro mit Lewis Mumford nicht nur »Kraftwerk, Stahl, Computer usw.«, sondern auch alle sie voraussetzenden und aus ihnen folgenden Verhältnisse, insbesondere jene zentralistischen Machtstrukturen, vor allem wirtschaftlicher Art, die immer mehr das Feld beherrschen.[24]

> »Es geht nicht mehr weiter mit den zu großen Fabriken, der chemischen Landwirtschaft, mit Betonschule und Großkrankenhaus, und mit dem ganzen Pentagon der Macht aus Geld, Computern, Bürokratie und Militär rund um den Erdball«.[25]

Dabei können wir, wie er betont, nicht warten, bis die anderen anfangen, sie abzubauen. *Wir* müssen damit beginnen. Vor allem müssen wir drastisch reduzieren, zum Beispiel den Energieverbrauch bei uns pro Quadratkilometer auf ein Zehntel der jetzt verwendeten Menge herunterschrauben.[26]

Wie so vieles bei Bahro mutet auch dieser Gedanke, den Rohstoff- und Energieverbrauch auf ein Zehntel zu vermindern, total illusionär an. Umso bemerkenswerter ist, daß er auch von führenden Spitzenmanagern und Wissenschaftlern – dem »Faktor-10-Club« – vertreten und für realisierbar gehalten wird, sogar ohne daß darunter der allgemeine Wohlstand leiden würde. Wenngleich er von anderen Voraussetzungen ausgeht, kommt er *inhaltlich* teilweise zu ähnlichen Konsequenzen wie Bahro:

> Er sieht, »daß die Wurzeln der derzeitigen ökonomischen und politischen Krise tief in der Art und Weise liegen, wie unsere Gesellschaft mit ihren ökologischen Ressourcen umgeht und wie sie über Produktion und Konsum, Einkommen und Einkommensverteilung, Steuerpolitik und andere Anreizinstrumente entscheidet«.[27]

Es ist nicht möglich, hier die Ideen von Rudolf Bahro umfassend darzustellen. Wir beschränken uns auf die Aspekte, durch die die Konzepte einer wesentlichen Richtung des grünen Fundamentalismus – der von ihm vertretenen – deutlich werden. Zu ihnen gehören auch Bahros Vorbehalte gegenüber unserer gegenwärtigen Form von Demokratie, in der er vielfach eher eine aus patriarchalischen Wurzeln erwachsene Demagokratie sieht.[28]

Auch ein derartiger Satz klingt zunächst schockierend. Aber zweifellos hat Bahro auch hier zumindestens insofern Recht, als es in dieser Demokratie vielfach nicht um Wahrheit, sondern um Stimmenmehrheit geht. Die Mehrheit ist von ihrem Wesen her nicht nur gegenüber der Wahrheit, sondern auch gegenüber allen Unterschieden des Niveaus und der Echtheit »gleich-gültig«. Ja, im Innersten strebt sie nicht einmal einen Konsens oder wenigstens einen Kompromiß an, sondern ihr eigentliches Ziel ist die Ausübung von Macht, selbst wenn diese sich nur auf eine hauchdünne Mehrheit stützen kann. Zudem kommt es oft zur Stützung dieser Mehrheitsbildung im Volk weniger auf argumentativem Weg, sondern durch geschickte suggestive Appelle nach dem Muster der Scheinobjektivität der Waschmittelwerbung.

Mit Recht spricht Bahro auch den Verrat unserer technokratischen Gesellschaft an der Grundforderung der Aufklärung nach »Freiheit, Gleichheit und Brüderlichkeit« an. Diese Forderung sollte allen Absolutismen die Macht versperren. Was wir aber heute erleben, ist eine Verschiebung absolutistischer Herrschaftsformen von Personen auf anonyme Systeme: auf Konzerne und Institutionen, das Kapital, Maschinen und auf anonyme Demagogen in der Werbung.

Natürlich ist es leicht, Bahros Gedanken abzuschmettern, am besten ad hominem: Bahro war ursprünglich Sozialist in der ehemaligen DDR, sein Hauptwerk schrieb er, als er, wie alle Welt, unter dem Eindruck der Aufbruchseuphorie stand, die in Rußland von

Michael Gorbatschow ausging. Heute wissen wir, daß es naiv war, anzunehmen, die Revolution dort sei ein Indiz für eine mögliche Bewußtseinswandlung, die sich auch auf die Ökologie übertragen läßt. Zu allem Überfluß lebte Bahro auch – ein gefundenes Fressen für seine Gegner! – einige Wochen in der Kommune des Bhagwan Shree Rajnesh in Oregon[29]. Sind nicht alle diese Bewegungen total gescheitert? Was kann man dann von ihm selber mehr erwarten als ein paar Phantasmen eines Utopisten? Allenfalls, wie das Beispiel Rußlands zeigt, die Einsicht, daß sich Bewußtseinswandlungen in einer Millionenbevölkerung kaum durchsetzen, geschweige denn stabilisieren lassen? Lehren nicht zum Beispiel die Erfahrungen der Psychotherapeuten etwas ähnliches? Sicherlich! Besserungen sind häufig, dauernde strukturelle Änderungen selten, erst recht in dem Maße, wie sie Bahro als notwendig ansieht, damit nicht unabsehbares Unglück auf uns zukommen soll. Wie soll sich etwas in einer ganzen Menschheit verwirklichen lassen, was schon einigen Privilegierten so schwer fällt?

Verkennen zudem nicht Bahro und viele andere offene oder verkappte Romantiker, daß ausgerechnet die heute so oft als paternalistisch und einseitig rational geschmähte Moderne für Frauen, Sklaven, Fremde und Unberührbare mehr getan hat als alle matriarchalischen Kulturen im Laufe von Jahrtausenden?[30]

Was Bahro anstrebt, die Schaffung einer klassenlosen Gesellschaft der Gleichen und Freien, die die sozialistische Tugend der Solidarität in Gestalt der Brüderlichkeit verwirklicht, ist zweifellos eine Utopie. Lehrt aber nicht die Geschichte, daß bisher jeder Versuch der Verwirklichung solcher zeit- und raumloser, den phantasierenden Gedanken entspringenden Konstruktionen gescheitert ist? Allenfalls wurden einige Anregungen daraus in das Bestehende mit eingebaut. Hat nicht jeder Versuch, den Menschen auf solche Weise das Heil zu bringen, diese im Endergebnis immer noch unglücklicher gemacht? Karl Popper hat das an allen möglichen Stellen seines Werkes gezeigt und dieser Utopie die stete Arbeit an Einzelfragen und -problemen entgegengesetzt. Am Nachdrücklichsten geschah das in seinem Buch »Die offene Gesellschaft und ihre Feinde«[31], auf das Bahro gleichfalls nicht eingeht.

Diese Einwände werden auch dadurch nicht hinfällig, daß der Bezugspunkt von Bahro, anders als der von Marx, keine wirtschaftliche, sondern eine spirituelle Idee ist. Dadurch allein wird sein Ansatz nicht minder einseitig als der von Marx, obwohl er von der Ebene ausgeht, die im »offiziellen« Kalkül stärker vernachlässigt wird als jede andere, der Ebene der Spiritualität. Ersetzt Bahro nicht, um ein bereits gebrauchtes Bild abzuwandeln (Siehe S. 144), lediglich eine Halbseitenlähmung oben (bei Marx) durch eine Halbseitenlähmung unten? Hinzu kommt sein Appell, sich radikal von der heutigen Technik zu distanzieren. Selbst wenn diese die verhängnisvolle Rolle spielen sollte, die er ihr zuschreibt, können wir auf sie nicht verzichten, da wir auf Gedeih und Verderb von ihr abhängen. Ihr verdanken wir ja nicht nur Unheil, sondern zum Beispiel auch, daß sich unsere Lebenserwartung im Laufe von ein paar Jahrhunderten verdoppelt hat. Ein brüskes Zurückdrehen des technischen Aufwands hätte hier zweifellos unabsehbare Folgen. Wer möchte diese wirklich in Kauf nehmen, wenn es um sein eigenes Leben geht, selbst wenn er weiß, daß da und dort die Technologie in der Medizin übermächtig geworden ist?

Der heutigen Technik verdanken wir aber auch, daß sie uns dank ihrer Maßnahmen ein realistisches Bild von der auf uns zukommenden Katastrophe vermittelt. Mit Recht beklagen wir zwar die Entsinnlichung unserer Welt (Siehe S. 149) und sehen eine wichtige Aufgabe darin, sie zu bekämpfen. Aber so wie die Dinge stehen, reichen die Appelle der Einsichtigen allein nicht aus, wenn sie nicht durch die Sensoren in den Meßstationen unserer Technischen Überwachungsvereine und in den Erdbeobachtungssatelliten belegt werden.

Vor allem: man kann die Milliarden von Menschen, die heute leben, weder aus der Welt schaffen noch ohne Hilfe der Chemie ernähren (Siehe S. 139). Vermutlich nicht ohne Grund klammert Bahro in seinem Buch trotz der Überfülle an Anregungen, die es enthält, die Bevölkerungsexplosion ebenso komplett aus wie die Tatsache, daß die Ideen des grünen Fundamentalismus nur dann Aussicht hätten, in der Welt verbreitet zu werden, wenn sie durch jene Massenmedien publik gemacht würden, deren verhängnisvollen Einfluß er auf der anderen Seite betont, teilweise sicher mit Recht.

Hinzu kommt, daß er auf die grundlegenden Unterschiede zwischen den einzelnen Kulturen in unserer Welt nicht wirklich eingeht. Zwar nimmt heute etwa ein Fünftel der Menschheit vier Fünftel aller verbrauchten Energie und Rohstoffe für sich in Anspruch. Dennoch müßten nicht nur wir uns, sondern es müßte sich jede Kultur auf ihre Art gleichfalls möglichst bald radikal ändern, wenn es nicht zu der ökologischen Katastrophe kommen soll, die Bahro mit Recht voraussieht. Die Entwicklungsländer müßten also vor allem die Bevölkerungsexplosion stoppen. Wenn man aber schon hier bei uns trotz einer Flut von einschlägigen Informationen zum Beispiel von der Spiritualität des Ostens meist kaum eine Ahnung hat, wie sollten dann Milliarden Asiaten, die tagtäglich durch das Fernsehen von unseren wirtschaftlichen Möglichkeiten erfahren, begreifen können, daß manche »Segnungen« unserer technischen Zivilisation gar nicht so segensreich sind, wie sie sich erhoffen? Einstweilen jedenfalls steht

fest, daß sowohl im Osten wie im Westen besonders viele nach-
denkliche und vernünftige Leute gerade das begierig aufgreifen,
was den Nachdenklichen und Vernünftigen des anderen Kulturkrei-
ses zum Problem, ja zum Überdruß geworden ist.[32] Weiterhelfen
könnte dabei nur ein zunehmender Dialog auf allen Ebenen, der
nicht nur auf ein paar elitäre Interessenten beschränkt wäre, die
dann vielleicht noch reisen könnten.

Natürlich hat Bahro Recht, wenn er betont, daß jede Änderung bei einem selber und im eigenen Land anfangen muß. Dennoch
drängt sich der Eindruck auf, daß er in der besten Tradition jener
deutschen Träumer steht, die die Welt ändern wollen, weil sie sie so
wenig kennen. Dieser Provinzialismus verbindet ihn im übrigen mit
der Internationale aller Fundamentalisten, denen es fast generell an
Weltläufigkeit mangelt. Zumindest an dieser Stelle gibt es einen gemeinsamen Nenner zwischen dem grünen Fundamentalismus und
den anderen Fundamentalismen.

Aber wiederum würde man es sich zu leicht machen, wollte
man Bahros Gedanken damit einfach abtun, statt einzusehen, daß
es zu den genannten Schwachpunkten unserer liberal-kapitalistischen Gesellschaft (Siehe S. 153) gehört, das volle Risiko des Su-
chens, Auswählens, Ausprobierens, und Korrigierens neuer Wege
einigen wenigen Idealisten und Utopisten à la Bahro überlassen, als
wäre es deren privates, weltfremdes Hobby und nicht eine Sache auf
Tod und Leben für uns alle.[33] Im übrigen: Ist das Ende des »real existierenden Sozialismus« bereits die Widerlegung der sozialistischen
Idee? Wird die Forderung, die Unterschiedlichkeit zwischen dem
eigenen und dem allgemeinen Interesse hinter sich zu lassen, nicht
auch vom Christentum und von der Aufklärung erhoben? Können wir
es uns leisten, uns weiterhin zynisch über dieses moralische Postulat
hinwegzusetzen, um in der bisherigen Form unseren Privategoismen
zu frönen? Zweierlei jedenfalls scheint fraglos zu sein:

1. Es ist verführerisch, daß man dem Für und Wider der Argumente, wie sie hier am Beispiel des grünen Fundamentalisten
Bahro nachgezeichnet wurden, die Sicherheit eines scheinbar festen
Standpunkts entgegensetzt. Jede derartige Festigkeit wird jedoch angesichts der Komplexität der Probleme schnell an ihre Grenzen
stoßen, es sei denn, man vergewaltige einige unabweisbare Fragen
und Tatsachen. Wer das aber tut, ist nicht nur Täter, sondern zugleich
auch Opfer, und zwar von Ideologien, die er selber aufbaut: die
durch die grünen Fundamentalisten aufgeworfenen Fragen sind vielfach so schwerwiegend, daß sie ihre Anhänger und Gegner dazu
verführen, sie mit Hilfe von versimpelten Ideologien zu beantworten. Deren vorschnelle Sicherheit ist aber ebenso verkehrt wie Re-
signation oder bloßer Aktionismus. Notwendig ist stattdessen ein

Handeln, das um die »Frag-Würdigkeit« des eigenen Tuns weiß. Voraussetzung dafür ist *Ambiguitätstoleranz, also eine Haltung, die die Schwebe der Ungewißheit durchhält*, was in hohem Maße Mut, Gelassenheit und die Bereitschaft voraussetzt, sich auf die Argumente der anderen Seite wirklich einzulassen. Eine solche Haltung, die den Inbegriff nicht-ideologischen und nicht-fundamentalistischen Denkens bedeutet, hat sich bei uns erst seit der Aufklärung entwickelt. Schon deshalb gilt: *Ohne einen im tiefsten Sinne aufklärerischen Geist lassen sich die Probleme unserer Zeit nicht lösen.*

2. Fraglos ist auch, daß in der gegenwärtigen Situation der Ruf nach einer Bewußtseinswandlung, der in den Ohren der meisten »Realisten« in Sachen Umweltschutz irreal klingt, in einem tieferen Sinn mindestens ebenso realistisch ist wie deren Versuche, die »Symptome« unserer Umweltkrise zu beseitigen. Er ist auch plausibler als die bloße Erzeugung von Druck und Angst vor den Folgen, die, wie die Erfahrung der letzten Jahrzehnte lehrt, nichts Wesentliches bewirkt haben. Am Allerrealistischsten wäre freilich ein wirkliches Gespräch zwischen diesen Lagern.

Bewußtseinswandlung als Forderung des grünen Fundamentalismus

Wie aber könnte eine solche Wandlung aussehen und wie ließe sie sich verwirklichen?

Tatsache ist, daß es im Laufe der Menschheitsgeschichte wiederholt größere und kleinere Bewußtseinswandlungen im Sinne von sprunghaften Entwicklungsschritten gegeben hat, nicht nur, als die Schwelle zwischen den Tieren und Menschen überschritten wurde.

Zu den eher kleineren, aber durchaus folgenreichen Wandlungen kann man die geänderte Einstellung zur Arbeit im Römerreich seit dem Heiligen Benedikt zählen (Siehe S. 152). Zu den großen gehören vor allem die neolithische Revolution vor etwa 8000 bis 10 000 Jahren sowie der Beginn der »Achsenzeit« (K. Jaspers)[34], etwa 600 Jahre vor Christus. Durch sie hat sich die Einstellung des Menschen zu allen Bereichen seiner Existenz und in dessen Gefolge auch sein praktisches Tun grundsätzlich gewandelt. *Immer ging es dabei also um mehr als nur um ein paar praktische technische Neuentwicklungen, so wichtig diese im einzelnen auch gewesen sein mögen, sondern um einen neuen Bewußtseinszustand.* Nach allem, was man weiß, kam es zu diesen Wandlungen nicht von ungefähr, sondern in dramatischen Krisensituationen. Ohne den Ausweg derartiger Bewußtseinsmutationen wären die Menschen damals in ähnlich bedrohliche Lagen geraten, wie die, mit denen wir uns heute auseinandersetzen müssen:

– die *neolithische Revolution* setzte ein, als die Nahrungs-
quellen für die bis dahin bestimmende Lebensform der Menschen als Jäger und Sammler nicht mehr ausreichten. Damals wurde zum ersten Mal der Grabstock, wie er heute
zum Beispiel teilweise noch in der Kalahari benutzt wird,
durch den Pflug ersetzt. Damit gelang es, systematisch Nah-
rungsmittel zu erzeugen, zeitweilig sogar im Überschuß.
Dies brachte eine völlig neuartige Entlastung von äußeren
Zwängen, aber auch eine bis dahin unbekannte Arbeitsteilung, die Voraussetzung für den späteren Städtebau[35],
Tauschhandel und neue Eigentumsvorstellungen. Im Auf-
wind dieser neuen Zeit entwickelten sich neue Mythen und
Religionsformen, die über Jahrtausende bestimmend sein
sollten;
– die *Achsenzeit* begann geradezu schlagartig um das Jahr
600 v. Chr. an den verschiedensten Stellen der Welt, vor
allem in Europa, dem Nahen Osten, in Indien und China.
Dabei wußten offenbar vielfach die einen nichts von der
weitgehend parallelen Entwicklung bei den anderen. Der
Auslöser für diese neue Stufe der Bewußtseinsentwicklung
war, so nimmt man an, eine erhöhte Migration und Kommunikation der Völker untereinander und damit einherge-
hend natürlich auch eine neue Art von Konflikten, sowie als
deren direkte und indirekte Folge ein zunehmender Streß.
Dies alles führte dazu, daß die bisherigen, vorwiegend magischen und mythischen Deutungen der Wirklichkeit nicht
mehr ausreichten. Zugleich wurde der Mensch dadurch zunehmend gezwungen, sich in Grenzsituationen nicht nur
gruppenkonform, sondern mehr und mehr »selbst-bewußt«
zu entscheiden. Unter diesem Druck wurde das mentale Bewußtsein in dem Sinne entwickelt, das uns heute noch bestimmt, einschließlich des Primats des rationalen Denkens
sowie der Vorstellungen von »Seele« und »Ich«, die wir
auch heute noch teilen. Damals wirkten in China unter anderem Konfuzius und Laotse, in Indien entstanden die Upa-
nishaden und lebte Buddha, im Iran lehrte Zarathustra, in
Palästina traten die großen Propheten auf von Elias bis zu
Deuterojesaja, in Griechenland schufen die großen Tragi-
ker und Philosophen ihre Werke und Systeme. Sie variierten
damals schon, nicht anders als ihre »Kollegen« in Indien
und China, alle philosophischen Möglichkeiten durch, die
auch heute noch maßgeblich sind, vom Idealismus bis zu
Skepsis, Materialismus und Nihilismus.[36]
Auch hier ist es nicht möglich, Einzelheiten im an sich wün-

schenswerten Maße zu bringen. Es gibt zu dem Thema einige grundlegende Studien, außer von Jaspers vor allem von J. Gebser[37], J. Jaynes[38] und K. Wilber[39]. Sie sind trotz ihrer großen Bedeutung für das Selbstverständnis des Menschen in der Öffentlichkeit bisher nur wenig bekannt geworden. Bahro ist offensichtlich mit ihnen vertraut und verweist immer wieder auf sie. Trotzdem scheint er sie an einigen wesentlichen Punkten zu mißdeuten:

— nach allem, was wir wissen, können wir Bewußtseinswandlungen ebensowenig herbeizwingen wie Erleuchtungserfahrungen bei der Meditation[40]. Vielmehr ereignen sie sich *mit uns*, freilich nicht von ungefähr, sondern, wie gezeigt, vor allem in Zeiten individueller oder kollektiver Krisen. Wir können uns ihnen zwar verschließen, zum Beispiel durch innere Erstarrung oder gerade umgekehrt durch falschen Aktivismus. Ob wir sie aber bei anderen herauslocken können, indem wir ihnen durch unsere eigene Bewußtseinsentwicklung Vorbild sind, bleibt abzuwarten. Bahro setzt offenbar gerade darauf. Es ist kaum vorstellbar, daß wir eine ganze Welt dazu bewegen können, in sich zu gehen, vor allem angesichts der wenigen Zeit, die uns noch zur Verfügung steht;

— vergessen wir aber vor allem nicht, daß der (Geistes)-Wind nicht nur weht, wann und wo er will, sondern vor allem auch, *wie* er will (Joh. 3, 8). Das heißt, wir können zwar aufgrund der bisherigen Evolution des menschlichen Bewußtseins als sicher unterstellen, daß der Endpunkt unserer Bewußtseinsentwicklung noch nicht erreicht ist. Wir müssen auch alles tun, daß es bald zu einer tiefgreifenden Wandlung kommt, denn ohne sie stehen unsere Chancen, ohne furchtbare Katastrophen weiterzuleben, denkbar schlecht. Aber niemand kann wirklich vorhersagen, wann und wie das geschehen wird. Wüßten wir es, dann könnten wir die Zukunft besser gestalten als es uns derzeit möglich ist. Das kann einstweilen niemand, auch ein Bahro nicht. Aber nicht nur das wird man ihm und ähnlich Denkenden entgegenhalten müssen, sondern noch etwas zweites, nämlich daß der bisher am weitesten entwickelte menschliche Weisheitsweg, der Buddhismus, die Akzente ganz anders setzt als die grünen Fundamentalisten.

Der Irrtum des grünen Fundamentalismus

Fundamentalisten neigen zum Moralisieren und stehen zugleich unter einer Art von Endzeiterwartung. Deshalb sehen sie den augenblicklichen Zustand einseitig als verderbt an und möchten ihre Ziele möglichst sofort und möglichst radikal verwirklicht sehen. Das gilt auch für den grünen Fundamentalismus. Anders ist zum Beispiel die Haltung des Buddhismus: er führt unsere Mängel weniger auf moralische Verfehlungen als auf Nichtwissen zurück und betont die zentrale Bedeutung eines »mittleren Pfades« auf allen Ebenen, das heißt, er versucht, eine ausgleichende Stellung zwischen den Extremen einzunehmen, gleich ob es sich um den einzelnen, um Völker oder Kulturen handelt. In diesem Sinne kritisiert zwar zum Beispiel der bedeutsamste Vertreter des Mittleren Weges, der gegenwärtige Dalai Lama, die Untragbarkeit unserer westlichen Verschwendungssucht und weist auf deren verhängnisvolle Auswirkungen hin. Aber zugleich betont er nachdrücklich, die westliche Wissenschaft und Technik habe einen wichtigen Beitrag zur Lösung alter Menschheitsprobleme gebracht, der unverzichtbar sei.[41]

Das heißt, obwohl der Dalai Lama die Kehrseite der Moderne – ihre Besessenheit von Egomanie und von Machtansprüchen – klar sieht, verführt ihn das nicht zu einem romantischen Aufstand gegen sie. Er plädiert weder für eine Unterdrückung der Natur (die Perversion des »männlichen Wegs«) noch für eine Unterwerfung unter sie (die Perversion des »weiblichen Wegs«), sondern für eine Vereinigung dieser beiden Wege. (In buddhistischer Sicht entspräche das dem tantrischen Weg, der Vereinigung des männlichen und des weiblichen Wegs). Er allein kann das Bewußtsein weiterbringen.

Diese Sicht deckt sich in bemerkenswerter Weise mit der Auffassung jener Denker, die sich am nachdrücklichsten mit dem menschlichen Bewußtsein beschäftigt haben, obwohl sie von ganz anderen – psychologischen – Voraussetzungen ausgingen. Sie heben die zentrale Rolle des »Integralen Bewußtseins« hervor (Gebser, Aurobindo), das als »Pontifex oppositorum« (L. Szondi) auf eine Versöhnung der Gegensätze hinausläuft.

Wer sein Ich zu einem »Pontifex oppositorum« entwickelt hat, wird aufhören, die Natur weiterhin so zu vergewaltigen, wie es bei uns seit urdenklichen Zeiten geschehen ist. Er wird aber deswegen nicht einfach den Spieß umdrehen und sie nunmehr zur Herrin erklären, die man einfach in Ruhe läßt beziehungsweise mit der man am liebsten in regressiver Weise verschmelzen möchte, wie so viele grüne Fundamentalisten. Vielmehr wird er aus der Geschichte unseres bisherigen Umgangs mit der Natur lernen, daß seit Jahrtausenden mit jedem neuen Schritt der Bewußtseinsentwicklung immer tiefer in sie eingegriffen wurde, um sie für uns »funktionieren« zu lassen und ihr ihre Geheimnisse zu entreißen. Dem gilt es, eine neue Haltung entgegenzusetzen, die weder die Natur beherrschen noch sich ihr unterwerfen will, sondern bereit ist, von ihr zu lernen. Das fällt unserem modernen Denken »mit seinen vom Testosteron eingefärbten Idealen«[42] eines »schneller, weiter, höher«, mit seinem »fuck it or kill it« und mit seiner Neigung, von einem Extrem ins andere zu verfallen, heute oft noch sehr schwer.

Warum aber sollte letztlich der menschliche Geist auf dem weiteren Weg seiner Bewußtwerdung unter dem Druck der immer mehr zunehmenden Bedrängnis nicht begreifen können, daß ein neuer Umgang mit der Natur nicht nur für uns alle lebenswichtig, sondern, darüber hinaus, auch dem Gegenstand angemessen ist, mit dem man es zu tun hat? In der Neuzeit hat man diesen »Gegenstand«, unsere Erde, immer stärker zu einem Objekt reduziert, das ausschließlich physikalischen Gesetzen gehorcht. Seit einigen Jahren jedoch erkennt man immer mehr, daß diese Erde mehr ist als nur ein großer Steinbrocken im Sonnensystem, der an seiner Oberfläche mit Leben erfüllt ist, nämlich ein ganzheitlicher Organismus mit bemerkenswerten selbstregulativen Möglichkeiten. Mag die Gaia-Theorie des britischen Biologen James Lovelock[43], der diese Sicht entwickelt hat, auch noch nicht bis zum letzten ausgereift sein, so drückt sich darin doch eine Kehre des Denkens in eine neue Richtung aus. Vor wenigen Jahren jedenfalls wären seine Überlegungen von der Wissenschaft nicht ernst genommen worden. Inzwischen aber nähern sich immer mehr Wissenschaftler einem darauf gestützten »synergistischen Modell« an, das auf eine *Koevolution von Zivilisation und Natur* hinausläuft und das sich in einem hohen Maß von der Vorstellung selbstregulativer Kräfte leiten läßt.[44]

Das Umdenken kleiner Eliten allein reicht sicherlich nicht aus, um die Krise zu beheben. Insofern bleibt Bahros Idee einer allgemeinen Bewußtseinstransformation faszinierend und als Fernziel zweifellos unvermeidlich. Als Nahziel aber ist sie unrealisierbar. Schlimmer steht es noch um seine praktischen Vorschläge. Sie sind nicht nur innerhalb der erforderlichen Zeit zu abrupt und nicht zu verwirklichen. Ihr Hauptfehler ist, daß sie Natur und Technik eben gerade nicht versöhnen, sondern einseitig auf einen weiblichen Aspekt zurückgreifen. Vermutlich würden sie eine der größten Gefahren der Gegenwart, den Tribalismus (Siehe S. 146), befördern, statt ihm ein globales Konzept entgegenzusetzen.

Gemessen an vielen anderen Lösungsvorschlägen haben Bahros Vorschläge nur einen Vorteil: vermutlich lassen sie sich nicht in die Tat umsetzen. Andernfalls wären sie in ihrer Einseitigkeit verhängnisvoll wie alle anderen Utopien auch (Siehe S. 157).

Aber auch jenseits dessen bleibt Bahros Mischung von scharf-sinnig gesehenen Problemen, berechtigten Befürchtungen und un-einlösbaren praktischen Vorschlägen, die letztlich nur Fernziele an-peilen, ideologisch. Zwar unterscheidet sie sich tiefgreifend vom religiösen Fundamentalismus, weil sie weder verdinglicht noch pa-ternalistisch ist, sondern weibliche und geistige Aspekte ins Zentrum stellt. Dennoch ist der Begriff »Fundamentalismus« im Zusammen-hang mit »grün« von Bahro tatsächlich richtig gewählt und trifft mehr als eine bloße äußerliche Analogie.

Fundamentalismus als theologische Herausforderung

Nach dem Streifzug durch die wesentlichsten Richtungen des Fundamentalismus mit ihrem jeweiligen Hintergrund soll nunmehr nochmals die Aufmerksamkeit auf einen seiner wichtigsten Ausgangspunkte gerichtet werden: den Kampf des amerikanischen Fundamentalismus gegen die Lehre von Darwin. Nirgends ist wohl die typisch fundamentalistische *Trias aus richtiger Ahnung, geistiger Blindheit und sturem Aktionismus* besser erkennbar als gerade hier.

Diese Trias findet sich bei jeder Form von Fundamentalismus. Zwar sind die Objekte der Bedrohung von Fall zu Fall scheinbar verschieden, und der Aktionismus kann sich unter Umständen auch raffinierter Strategien bedienen, wie am Beispiel des katholischen Fundamentalismus gezeigt wurde. Immer aber trifft man auf das nämliche frühzeitig anspringende Gespür für Bedrohungen – meist weniger der äußerlichen als vielmehr der existenziellen Situation – sowie die spezifischen, einseitigen Reaktionen mit Verhaltensweisen, die aus dem ideologischen Repertoire stammen.[1] Letztlich steckt hinter ihnen immer Angst, auch wo diese sich vornehmlich in Aggressionen äußert: *Im Grunde manifestiert sich im Fundamentalismus trotz aller Demagogie oder mitunter sogar Gewaltanwendung ein defensives, hilfloses Verhalten,* bei dem auf die Waffen des Geistes verzichtet und nur noch der ideologische Holzhammer angewandt wird. Besteht die »Grundbewegung« des Geistes darin, »im Fremden das Eigene zu erkennen (und) in ihm heimisch zu werden«, wobei sein »Sein nur Rückkehr zu sich selbst aus dem Anderssein ist«[2], so geht es im Fundamentalismus genau um das Umgekehrte: um Abgrenzung vom Anderen zur Wahrung der eigenen Identität, einer Identität, derer man sich niemals sicher ist, auch dann nicht, wenn man sich äußerlich noch so überzeugt gibt. Auf eine kurze Formel gebracht heißt das: *der Geist verbindet, der Fundamentalismus trennt.* Insofern ist der Fundamentalismus und sein innerster Kern, die Ideologie, der Inbegriff von Geist-Losigkeit.

Daß wir unsererseits den Fundamentalismus so bedrohlich finden – oftmals ja auch zu Recht! – spiegelt lediglich den Grad der Angst wider, von der die Fundamentalisten ihrerseits beherrscht werden. Sie können diese Angst nur durch Abgrenzung oder durch Beherrschung des anderen bewältigen, niemals aber durch aufgeschlossene Zuwendung zu ihm. *Meist ist die Angst der einen der* (manchmal nur latenten, also selber nicht erlebten) *Angst der ande-*

ren *proportional*. Beide schaukeln sich daher leicht gegenseitig in einer Art Angstspirale auf.

Nun wurde hier behauptet, die Angst der Fundamentalisten beziehe sich vor allem auf die Folgen der naturwissenschaftlichen Revolution, die ja weniger eine direkte als vielmehr eine indirekte Auswirkung der Aufklärung ist. Auf den ersten Blick mag diese Behauptung übertrieben klingen. Angesichts der enormen Bandbreite des fundamentalistischen Kampfes gegen die Moderne, die von der einfachen Abgrenzung gegenüber Andersdenkenden über platte Demagogie bis zu Morddrohungen wie im Falle Rushdie, ja bis zur brutalen Gewaltanwendung reicht, kaltblütige Mordtaten mit eingeschlossen, scheint es sich hierbei doch bloß um einen Nebenkriegsschauplatz zu handeln. Allenfalls zeigen sich daran, so könnte man meinen, die oftmals skurrilen Züge des Urfundamentalismus besonders deutlich. In Wirklichkeit aber steckt dahinter weitaus mehr: ein frühzeitig anspringendes Gespür für die ungeheure Gefahr, die von den naturwissenschaftlichen Einsichten der Neuzeit ausging, nicht bloß für die Fundamentalisten, sondern auch für viele Glaubenssätze der überkommenen Theologie, jedenfalls für einige ihrer zentralsten Dogmen.

Das Verhältnis von Naturwissenschaften und Religion als Problem

Argumente, die auf naturwissenschaftlich gesicherten Tatsachen basieren, sind für Fundamentalisten meist gefährlicher als bloße Ideen. Das Gefährliche ist, daß es dabei um »hard facts« geht und nicht »bloß« um einige aufklärerische Postulate und Behauptungen, zu denen man so oder so stehen und die man gegebenenfalls totschweigen, wegrationalisieren oder gegen die man bis zum Sankt Nimmerleinstag andebattieren kann. Hard facts muß man sich stellen, Argumenten gegenüber wird man sich dagegen immer als Gewinner fühlen. So erleben es die Fundamentalisten selber und so erleben es auch ihre Gegner, wenn sie gegen sie andebattieren. Immer werden beide die Erfahrung machen, daß die andere Seite gar nicht auf sie hört und daß sie sich deshalb als die Sieger fühlen können, zumindest als die moralischen. Das ist nicht erstaunlich:

Bloße Argumente sind in der Tat Huren, die sich von jedem Interesse, jedem Affekt kaufen lassen. Daher hat, anders als bei einem wirklichen Dialog, bei der die andere Person innerlich mit einbezogen ist, als Folge einer weltanschaulichen, religiösen oder politischen Diskussion vermutlich noch nie jemand seine Meinung wirklich grundsätzlich revidiert. Das wird an jeder politischen Debatte deutlich. Es ist ausgeschlossen, daß einer der Teilnehmer öffentlich sagen würde: »Sie haben Recht. Ihre Argumente haben mich überzeugt. Ich habe über dieses Problem bisher noch nie richtig nachgedacht«. In dem Augenblick würden alle Teilnehmer, Freund und Feind, wahrscheinlich sogar mit Recht, den Eindruck haben, der Betreffende sei soeben verrückt geworden.

Ganz anders verhält es sich mit Aussagen, die im Gefolge der naturwissenschaftlichen und technologischen Revolution nach der Aufklärung gemacht werden. Man kann sie zwar, wie gezeigt, eine gewisse Zeit nicht zur Kenntnis nehmen. Man kann auf der anderen Seite, wie es namentlich im 19. Jahrhundert geschehen ist, als Naturwissenschaftler bei der Auswertung seiner Forschungen seine reduktionistische oder materialistische Gesinnung unterbringen und dabei antireligiöse Affekte ausleben. Dennoch gilt hier Schillers Satz aus »Wallensteins Tod«: »leicht beieinander wohnen die Gedanken, doch hart im Raume stoßen sich die Dinge«. Kein »Ding« aber stößt härter an unsere Überzeugungen als naturwissenschaftlich erwiesene Tatsachen.

Eben dies spürten die amerikanischen Urfundamentalisten von Anfang an. Daher richtete sich die Stoßrichtung ihres Kampfes naheliegenderweise oft weniger gegen die Ideen der Aufklärung selber als vielmehr gegen die Behauptungen von Naturwissenschaftlern wie Darwin. Das wiederum wollen viele Gegner des Fundamentalismus bis heute nicht wahrhaben, weil sie, von den Geisteswissenschaften herkommend, zu eben diesen Naturwissenschaften selber vielfach ein eher gebrochenes Verhältnis haben.

Gefährlich für die Fundamentalisten war, manchmal klar durchdacht, öfters aber wohl bloß vage geahnt, die unabweisbare Überlegung, daß, wenn die Schöpfung Gottes Werk ist, gesicherte naturwissenschaftliche Erkenntnisse nicht im Widerspruch zu den Aussagen der Bibel oder zu kirchlichen Dogmen stehen können. Diese Überlegung entzündete sich zwar am Darwinismus, aber dieser stand und steht letztlich nur stellvertretend auch für andere Bereiche naturwissenschaftlicher Grundlagenforschung, soweit sich daraus Konsequenzen für den religiösen Glauben ableiten lassen. Diesen Erkenntnissen gegenüber gibt es aus fundamentalistischer Sicht nur eine Reaktion: sie zum Kippen zu bringen, wie auch immer, am besten natürlich, indem man sie als spekulativ oder zumindest als ungesichert hinstellt. Manche Darwinisten haben ihnen das allerdings aufgrund eigener ideologischer Voreingenommenheiten leicht gemacht. Davon wird noch zu reden sein (Siehe S. 199 ff).

Daß für den Fundamentalismus weniger die Ideen der Aufklärung bedrohlich waren als die naturwissenschaftlichen Konsequenzen, die sich daraus ergaben, hängt noch mit einem zweiten Umstand zusammen, nämlich daß die Gedanken der Aufklärung in vielfacher Hinsicht tiefer im christlichen Gedankengut wurzeln, als oft gesehen wird (Siehe S. 37). Im übrigen haben gerade die maßgeblichsten Vertreter der Aufklärung deren Grenzen gesehen, ohne deswegen an der eigenen Grundüberzeugung irre zu werden. In diesem Sinne ist zum Beispiel der zitierte erste Satz aus der »Dialektik der Aufklärung« von Horkheimer und Adorno zu verstehen, in dem diese auf die Problematik der Folgen der Aufklärung verwiesen haben (Siehe S. 127). Im gleichen Sinne hat man auch das Werk von Karl Popper zu sehen, in dem dieser sich immer wieder zur eigenen Irrtumsanfälligkeit und zur Bescheidenheit bekennt. So sagt er bei einer Diskussion über die Entstehung des Lebens:

> »Ich würde gern erreichen, daß die Wissenschaftler und die Intellektuellen überhaupt sich klar werden, wie wenig wir wissen: zum Beispiel über den Ursprung des Lebens. Da wissen wir so gut wie nichts. Da sind die ungelösten Probleme, die ich erwähnt habe. Selbst, wenn das Leben entsteht, warum sollte es dann gerade so entstehen, daß es zufällig mit der Umgebung, in der es entstanden ist, irgendwie übereinstimmt? Ein überaus schwieriges Problem. Wir wissen nichts. Das ist das erste. Deshalb sollen wir sehr bescheiden sein. Das ist das zweite. Daß wir nicht behaupten zu wissen, wenn wir nichts wissen, ist das dritte. Das ist so ungefähr die Einstellung, die ich gern popularisieren möchte. Es besteht wenig Aussicht darauf«.[3]

Wirklich aufgeklärtes Denken ist, wie gerade das Beispiel von Popper zeigt, seinem Wesen nach nobel und selbstkritisch, fundamentalistisches Denken dagegen oftmals raffinierter als man vielfach annimmt, aber letztlich immer niveaulos und besserwisserisch. Im übrigen wird am Kampf des Fundamentalismus gegen den Darwinismus deutlich, daß der Dialog zwischen den Naturwissenschaften und der Religion ein wichtiges Desiderat der Gegenwart ist, das die Fundamentalisten aber wegen ihrer Festgefahrenheit nicht einlösen können. Ihnen kommt jedoch das Verdienst zu, sozusagen mit negativem Vorzeichen bemerkt zu haben, daß Gleichgültigkeit gegenüber Naturtatsachen für die Theologie nicht möglich ist.

Umso tragischer ist, daß es trotz dieser Notwendigkeit zwischen Theologen und Naturwissenschaftlern derzeit kaum ein Gespräch gibt. Man wird ihre beiderseitige Beziehung gegenwärtig am ehesten als Nichtverhältnis bezeichnen müssen. Dessen Quellen liegen sicher nicht in der Bescheidenheit des Schusters, der bei seinen Leisten bleiben möchte, sondern im beiderseitigen Eindruck, dem anderen nichts zu sagen zu haben.

In den *Naturwissenschaften* begnügt man sich weitgehend mit dem empirisch-experimentell Überprüfbaren, ohne nach dessen Sinn zu fragen. Das gilt selbst für mein Fachgebiet, die Psychologie und die Psychopathologie, wo man weder vom Geist noch von der Person noch vom Sinn redet, wenn man von Strömungen wie der Logotherapie Viktor E. Frankls und der humanistischen Psychologie absieht, die sich hauptsächlich in den USA entwickelt hat und auf die man bei uns meist hochmütig herabsieht.

Die *Theologen* auf der anderen Seite wissen zwar, daß die Bibel mit einer kosmologischen Aussage beginnt (»Am Anfang schuf Gott Himmel und Erde«) und mit einer ebensolchen Aussage endet (»Ich sah einen neuen Himmel und eine neue Erde«). Auch am Anfang des christlichen Glaubensbekenntnisses steht eine kosmologische Aussage (»Ich glaube an Gott, den Allmächtigen, Schöpfer des Himmels und der Erde«). Aber solche Sätze sind mittlerweile zu »leeren Formeln« geworden.[4] Daher nehmen die meisten Theologen von der Wirklichkeit des Universums, wie sie uns durch die Wissenschaften bekannt gemacht worden ist, keine Kenntnis. Inzwischen ist man offiziell zwar teilweise von dem führenden Dogmatiker der Kriegs- und Nachkriegszeit, Karl Barth, abgerückt, der jede Einbeziehung weltlicher Wissenschaft in die Theologie scharf ablehnte. Im Grunde aber besteht diese Abgrenzung noch weiter, nur daß aus Barths Motiv – dem leidenschaftlichen Kampf gegen die liberale Theologie des ausgehenden 19. Jahrhunderts mit ihrer Gefahr der Aufweichung des Kerns des Glaubens – inzwischen eine unmotivierte, fade Indifferenz bei vielen seiner Nachfolger geworden ist. Man läßt sich von den Naturtatsachen nicht mehr erschüttern, sondern sieht einfach daran vorbei oder windet sich, wenn die Rede darauf kommt, mit ein paar nichtssagenden Bemerkungen heraus, in dem Sinne, daß »das Andere« auch wichtig sei.

Diese Isolation ist weiß Gott nicht splendid, sondern medioker, weil sie sich ohne Anspruch auf Wissenschaftlichkeit und weitgehend auch ohne Anspruch auf Spiritualität auf eine veräußerlichte Seelsorge beschränkt. Vermutlich hängt es mit diesen beiden Mängeln zusammen, daß sie immer weniger gefragt wird, es sei denn, es gehe um praktische Fürsorgetätigkeit oder um die mehr oder minder stilvolle Ausschmückung der vier Hauptereignisse unseres Lebens (Geburt, Erwachsenwerden, Hochzeit und Tod). Auf dieses letztlich selbstmörderische Niveau ist die Theologie allerdings erst in der Neuzeit allmählich abgesunken.

Noch im Mittelalter war das anders. Die Mönche haben damals unter dem Einfluß der Scholastik die Grundlagen der – weitgehend auf aristotelischen Vorstellungen beruhenden – Naturwissenschaften ihrer Zeit rezipiert. Uns mögen die damaligen Inhalte antiquiert vorkommen. Aber dahinter stand die richtige Einsicht, daß man nicht vom Schöpfer reden kann, wenn man seine Schöpfung ausklammert. Zugleich folgerte man, daß man, wenn es Gott gibt (was niemand ernsthaft bezweifelte), in der Natur seine Spur, ein »vestigium dei« antreffen müsse. In diesem Sinne sah man in der natürlichen Ordnung der Dinge die Widerspiegelung der göttlichen Ordnung.

Die Einheit zerbrach, als mit der kopernikanischen Wende der Mensch seine Mittelpunktsstellung im Kosmos verlor. Seitdem haben auch die Theologen den Bezug zur konkreten Schöpfungswirklichkeit immer mehr verloren.[5] Und da sie in ihrem Studium selbst mit den elementarsten Naturtatsachen nicht mehr in Berührung kommen, sind ihre diesbezüglichen Kenntnisse fast durchwegs erschütternd gering. Es ist nicht übertrieben, wenn man behauptet, daß die meisten von ihnen, bezogen auf diesen Sektor der Wirklichkeit, halbwegs als Analphabeten leben.

Im 19. Jahrhundert haben dann wissenschaftsgläubige Naturforscher wie Karl Vogt, Jacob Moleschott und Ludwig Büchner sowie auf höherem Niveau Ernst Haeckel und Sigmund Freud einen leidenschaftlichen Kampf gegen den in ihren Augen irrationalen Gottesglauben, speziell der Christen, eröffnet und dadurch die Fronten weiter verhärtet. Dahinter standen teils persönliche Motive, teils wurde man von einer ethischen Überzeugung geleitet, die Freud auf die Formel brachte: »Die Welt ist keine Kinderstube«[6]; »der Mensch kann nicht ewig Kind bleiben«[7].

Daß man inzwischen nicht mehr streitet, ist kein Fortschritt, sondern der Ausdruck von Grabesruhe. Wer diese stört, wie jüngst Franz Buggle in seinem genannten Buch, in dem er zu zeigen suchte, daß man redlicherweise heute kein Christ mehr sein könne (Siehe S. 40), wirkt auf Freund und Feind gleichermaßen unzeitgemäß. Die Stärken oder Schwächen eines derartigen Versuchs werden letztlich sekundär gegenüber dem Bruch des tödlichen Stillhalteabkommens zwischen den beiden Lagern.

Daß diese Grabesruhe nicht das endgültige Aus sein darf, und zwar besonders nicht bei den Theologen, wird angesichts des tiefen Interesses an metaphysischen und religiösen Fragen bei vielen Physikern der Neuzeit besonders deutlich. Ja, gerade die Größten unter ihnen wie David Bohm, Niels Bohr, Albert Einstein, Werner Heisenberg, Max Planck oder Carl Friedrich von Weizsäcker waren, nicht anders als viele Begründer der modernen Naturwissenschaften wie zum Beispiel Kepler oder Newton, religiös, oft sogar mystisch orientiert.[8] Dafür gibt es wohl im wesentlichen zwei Gründe. Der eine liegt in den *Motiven* hinter dieser Forschung: sowohl die Wissenschaft wie die Mystik richten sich auf die unmittelbare Erfahrung, auf das, was wirklich anzutreffen ist, und beide sehnen sich nach der Erkenntnis der inneren Einheit dieser Wirklichkeit. Der andere dürfte ein *Resultat* dieser Bemühung sein: Wer mit letztmöglicher Radikalität zu den Grenzen der Wirklichkeit vorzustoßen sucht, nähert sich wie von selbst einem Bereich, von dem Ludwig Wittgenstein gesagt hat: »Nicht *wie* die Welt ist, ist das Mystische, sondern *daß* sie ist«[9]. Dieser Bereich macht auch die Frage nach einem Schöpfer fast unabweisbar.

Es ist auch nicht schwer zu verstehen, warum sich diese Religiosität und Suche nach einer letzten Wirklichkeit bei den führenden Naturforschern immer weniger im Rahmen einer traditionellen Kirchengläubigkeit unterbringen ließ: Kirchengläubigkeit, auch wo sie nicht explizit fundamentalistisch ist, fragt weniger, »wie es wirklich ist«, sondern tendiert dazu, ihre Mythen konkretistisch anzusehen. Daher geht es ihr meist weniger um die Einheit der Wirklichkeit, sondern um die absolute Unbezweifelbarkeit der eigenen Sicht.[10]

Man mag die Haltung dieser Frommen als verbohrt ansehen und es traurig finden, daß auf diese Weise unter anderem auch das Gespräch mit den Naturwissenschaften erstirbt. Aber immerhin ist ihnen ein persönliches Engagement nicht abzusprechen. Das unterscheidet sie von der wachsenden Schar von Karteikartenchristen, aber auch von den genannten in ihr Fachgebiet eingeschlossenen Fachtheologen, die die Dinge einfach auf sich beruhen lassen und zufrieden sind, wenn man sie nicht stört.

Noch bedenklicher ist, daß sich auch immer mehr Nachfahren der großen Gründergestalten der modernen Physik diesem Trend anschließen. Ihre genannte »metaphysische Ermüdung« ist den religiösen Ermüdungserscheinungen vieler traditioneller Christen nicht unähnlich. Das wird zum Beispiel an ihrer Einstellung zu den zur Zeit größten physikalischen Apparaten deutlich, etwa den großen Beschleunigern oder dem Hubble-Teleskop. Deren Anschaffung hat Milliarden verschlungen, obwohl sie so gut wie keinen praktischen Nutzen haben. Ihr Nutzen liegt ausschließlich darin, daß sie uns an letzte Grenzen hinführen sollen, indem sie uns die Struktur der Materie oder die Grenzen des Kosmos in völlig neuartiger Weise erschließen, und das rechtfertigt in der Tat ihre Kosten. Wenn man aber heutige Physiker darauf anspricht, daß hinter ihrer Forschung letztlich philosophische, ja religiöse Fragen von mitunter höchster Brisanz stehen, verhalten sie sich oft, als täten sie etwas Beschämendes und ziehen sich auf ihre Messungen zurück. Auch darin drückt sich die derzeit weitverbreitete Hilflosigkeit Letztfragen gegenüber aus und nicht etwa Bescheidenheit im Sinne von Karl Popper.

Einige schwimmen gegen den Strom, nicht nur Physiker, sondern auch Theologen. Einer der ersten war der Jesuit und Naturforscher Teilhard de Chardin: Er lebte und lehrte bei aller unvermeidlichen Zeitgebundenheit mancher seiner Aussagen die Vision einer Versöhnung zwischen Naturwissenschaften und Religion, obwohl er wußte, daß sie noch lange nicht eingelöst sein würde. Ein anderer Avantgardist war Teilhards Ordensbruder Karl Rahner. Neuerdings hat sich, wenig beachtet von einer inzwischen weitgehend antireligiös eingestellten Presse, erfreulicherweise auch der gegenwärtige Papst Johannes Paul II. anläßlich des dreihundertsten Jahrestags von Newtons Principia mathematica für einen Dialog mit den Naturwissenschaften ausgesprochen. Es ist geradezu befreiend, wenn er schreibt, dabei müsse endlich »jegliche regressive Tendenz in Richtung eines einseitigen Reduktionismus, der Angst und der selbstauferlegten Isolierung« überwunden werden.[11]

Auf den ersten Blick scheint es, als ob die modernen Naturwissenschaften, besonders die Kosmologie und die Evolutionsforschung, dem religiösen Glauben die Basis entziehen, wie es der geheimen Befürchtung vieler Fundamentalisten entsprach. Bei näherem Hinsehen wird sich zeigen, daß dies keineswegs das letzte Wort sein muß. Im Gegenteil! Die naturwissenschaftlichen Erkenntnisse der letzten Jahrzehnte eröffnen uns möglicherweise eine völlig neuartige Ahnung von einer geheimnisvollen, letztlich spirituellen Dimension der Wirklichkeit und damit auch von jener rätselhaften Macht, die in ihr aufscheint: wir nennen sie »Gott«. Man kann daraus freilich keinen Gottesbeweis ableiten, ebensowenig wie man aus dem »Klotzmaterialismus« (E. Bloch) des ausgehenden 19. Jahrhunderts, der dem damaligen Stand der Wissenschaft entsprach, zwangsläufig das Gegenteil folgern mußte. Wohl aber müssen die religiös Gläubigen in vielfacher Hinsicht radikal umdenken, wenn sie nicht zeitgebundene Märchen und Mythen für bare Münze nehmen wollen. Dazu zeigen sie aber wenig Bereitschaft. Erst recht gilt das für Fundamentalisten, die ja per definitionem zum Umdenken nicht willens und vielfach auch nicht fähig sind.

Ausgangspunkt für das Verständnis des Folgenden ist, daß man, obwohl manches noch offen ist, an zwei Tatsachen nicht vorbeikommt: an der Tatsache der unvorstellbar großen beziehungsweise unvorstellbar kleinen Zahlen, die für uns buchstäblich »unheimlich« sind sowie an der Tatsache der Evolution des gesamten Kosmos, die noch keineswegs abgeschlossen ist und in die wir Menschen mit einbezogen sind. Auch wir sind Kinder der Evolution.

Beide Tatsachen machen definitiv mit der Vorstellung Schluß, die hinter dem Denken des Mittelalters stand und die uns alle bis heute noch bestimmt, ob wir religiös sind oder nicht, nämlich der Vorstellung eines abgeschlossenen, überschaubaren Ganzen, in dem uns ein fester Platz angewiesen worden ist und das wir einigermaßen zuverlässig verstehen. Die mittelalterliche Kunst hat diesem Denken im Bild des Hortus inclusus, des Paradiesgärtleins, Ausdruck gegeben, den auch heute niemand ohne Rührung betrachten kann, der dieses Gefühl noch zuläßt. Aber auch aus diesem Paradies sind wir endgültig ausgeschlossen. Damit werden viele überkommene

Weltbilder in Frage gestellt, nicht nur monotheistische, sondern zum Beispiel auch östliche mit ihren Vorstellungen von Anfangs- und End-losigkeit und eines ewigen Kreislaufs.

Die Stellung des Menschen im Kosmos als Problem[12]

Im folgenden soll versucht werden, sich den Einsichten der Natur-wissenschaftler über unsere Situation auf drei Ebenen zu nähern: der Ebene des Raumes, der Ebene der Zeit sowie der Ebene unserer gegenwärtigen Situation.[13]

Die Ebene des Raumes

Wenn wir uns aus dem Streulicht unserer Städte in einer sternklaren Nacht auf einen Berg begeben, haben wir den Eindruck einer un-endlichen Fülle von Sternen. In Wirklichkeit sind es gar nicht so viele, sondern etwa 3000–4000. Das entspricht ungefähr der Zahl der Sandkörner, die in der Innenfläche einer Hand Platz haben. Betrof-fen werden wir freilich, wenn wir uns klar machen, daß im Kosmos nicht die Sterne das Bestimmende sind, sondern eine unvorstellbare Leere, angesichts derer das Auftreten eines Sterns (also einer Sonne) ein Ereignis von erschütternder Seltenheit ist. Begreiflicherweise sagt Pascal in den Pensées: »Das ewige Schweigen dieser unendlichen Räume erschreckt mich«[14].

Vielleicht hilft uns folgendes Gedankenmodell, das Unvorstell-bare zu veranschaulichen: Wir wollen unser Sonnensystem im Maß-stab 1 : 1000 Millionen verkleinern. Die Sonne ist dann zu einem großen Kürbis von 1,4 Meter Durchmesser geschrumpft. 150 Meter davon entfernt befindet sich eine Kirsche von 13 Millimeter Durch-messer, die Erde, um die in 40 Zentimeter Abstand eine Erbse, der Mond, kreist. Wir müssen 40 000 Kilometer, einmal um die Erde herum, gehen, bis wir auf unserem Modell auf die nächste Sonne treffen. Oder, wenn man Reiskörner statt Sandkörner nimmt, dann muß man die Handvoll Reiskörner einigermaßen gleichmäßig über ganz Mitteleuropa verteilen, wenn man ein Bild von der Verteilung der für uns sichtbaren Sonnen am Himmel gewinnen möchte.

Die Sonnen, die wir sehen, sind ein winziger Anteil an allen Sonnen unserer Milchstraße, deren Zahl etwa 100 bis 200 Milliar-den beträgt. Das hieße, daß wir, wenn wir bei unserem Reiskörner-bild bleiben, eine große Kirche vom Boden bis zur Turmspitze mit Reiskörnern vollpacken müßten, um uns diese Zahl zu veranschauli-chen.

Unsere Milchstraße läßt sich als diskusförmige Scheibe von etwa 100 000 Lichtjahren Durchmesser beschreiben. Das heißt, das

Licht benötigt 100 000 Jahre, um vom einen Ende der Milchstraße zum anderen zu gelangen. Der Platz unserer Sonne ist kein besonderer, sondern wir befinden uns am äußeren Drittel dieser Scheibe mitten in einem ihrer Spiralarme.

Mit etwa einem Dutzend anderer Milchstraßen gehört die Milchstraße zu einer »lokalen Gruppe«, die wiederum Teil des riesigen Virgo-Superhaufens ist. Aber auch er stellt nur einen kleinen Teil innerhalb des gesamten Kosmos dar. Während das Licht vom Mond zur Erde etwa vier Drittel Sekunden braucht, erreicht das Licht der nächsten Milchstraße, des Andromedanebels, unsere Erde etwa erst zwei Millionen Jahre nach seiner Ausstrahlung. Wenn wir uns also diesen Nebel in einem Fernglas betrachten, haben wir eine Himmelserscheinung vor uns, die sich zu einer Zeit abgespielt hat, als es noch keine Menschen gab.

Insgesamt schätzt man die Gesamtzahl der Milchstraßen gleichfalls auf etwa 100 Milliarden. Zwar findet man ganz verschieden große und gestaltete Galaxien. Gemittelt dürfte jedoch die Zahl der Sonnen innerhalb einer von ihnen durchschnittlich der Zahl der Sonnen unserer Milchstraße entsprechen. Sich davon eine Anschauung zu machen, ist unmöglich. Jedenfalls ist die Zahl der Sonnen im Kosmos größer als die Zahl sämtlicher Sandkörner an sämtlichen Stränden unserer Erde. Dabei gehen wir von der konventionellsten Vorstellung aus. Neuerdings deuten immer mehr Befunde darauf hin, daß unser gesamter Kosmos, wie er sich uns zunehmend erschließt, nur ein lokales Ereignis innerhalb eines Superkosmos sein könnte, gleichsam wie eine einzelne Blase unter Blasen, die entstehen und vergehen wie die Luftblasen in einem Kochtopf voller Wasser. Ein ewig brodelnder Kessel, ohne Anfang und ohne Ende! Das postuliert zum Beispiel der russische Kosmologe Andrej Linde[15]. Da aber die letztgenannte Hypothese nicht gesichert ist, während bereits die gesicherten Befunde jede Vorstellung sprengen, beschränken wir uns auf diese.

Die Ebene der Zeit

Wenn wir als nächstes die *Ebene der Zeit* betrachten[16], dann steigert sich unsere Betroffenheit vermutlich noch. Von den Physikern und Philosophen müssen wir uns sagen lassen, daß es rätselhafter ist denn je, was Zeit »eigentlich« ist. Jedenfalls müssen wir uns von der Vorstellung Newtons freimachen, von der die meisten von uns insgeheim noch geleitet werden. Das bedeutet, wir können der Zeit keine absolute Existenz zuschreiben und meinen, sie fließe gleichförmig ohne Beziehung zu einem Gegenstand vor sich hin. Einstein hat stattdessen zu Anfang dieses Jahrhunderts ein nur noch mathematisch erfaßbares Raum-Zeit-Kontinuum postuliert, und inzwischen sprechen immer mehr Befunde für die Richtigkeit seiner Theorie.

Zustimmen müssen wir dagegen Kant, der die Frage nach dem »Wesen« von Raum und Zeit offen ließ und in beiden nur noch eine notwendige Voraussetzung für unsere Anschauung sah. Das heißt, wir wissen nur, daß wir uns nichts ohne Raum und Zeit vorstellen können; sie sind für uns Werkzeuge, die Welt zu erkennen, also »Denkzeuge«, ohne die wir keine Erfahrung machen können.

Von dieser Voraussetzung ausgehend dürfen wir annehmen, daß sich unser Kosmos vor etwa 15 Milliarden Jahren zu entwickeln begann. Es gibt eine Fülle von unterschiedlichen, aber sich wechselseitig stützenden Befunden und Überlegungen, die das nahelegen, auch wenn wir im einzelnen dabei noch auf viele offene Fragen stoßen.[17] Am Anfang stand ein unvorstellbares Geschehnis aus dem »Nichts« heraus, das man »Urknall« nennt.[18] Die Physiker sprechen von einer »Singularität«, das heißt, es lassen sich dazu keine Aussagen machen außer der, daß es davor weder Raum, noch Zeit noch Bewegung gab, während zum Zeitpunkt des Urknalls die »Welt« ausschließlich aus einem imaginären Punkt von unendlich hoher Temperatur, Dichte und Raumkrümmung bestand, der sich weder vorstellen noch mathematisch oder physikalisch beschreiben läßt. Ja sogar die begriffliche Trennung von Materie und Energie verliert angesichts dieses Ereignisses, das sich nicht *in* der realen Welt vollzog, sondern *durch das* die reale Welt überhaupt erst ins Dasein gerufen wurde, ihren Sinn. Sie sind erst an diesem »Tag ohne Gestern« entstanden, und erst von da an begann das Aufbrechen des Unsagbaren in die Felder von Raum und Zeit. Dieses Aufbrechen darf man sich somit nicht wie die Explosion einer Bombe vorstellen, denn es war keine Explosion *in* Raum und Zeit, sondern *von* Raum und Zeit selbst.

Was danach geschah, ist ähnlich unvorstellbar wie der Anfang, aber es läßt sich mathematisch beschreiben: In Phasen, deren Dauer sich in Bruchteilen von Bruchteilen von Sekunden abspielte, liefen ganz unterschiedliche Prozesse in einer streng determinierten Reihenfolge ab, deren Prinzip darin bestand, daß sich Energie und Materie in einem fließenden Prozeß gegenseitigen Austausches befanden. Nachdem sich zunächst »irgendwie« 10^{88} Elementarteilchen gebildet haben müssen, wie sich aus den Gesetzen der Thermodynamik ableiten läßt[19], entstand nach 10^{-43} Sekunden, am Ende der sogenannten Planck-Zeit, die sogenannte Gluonen-Quark-Suppe. In dieser vernichteten sich nach 10^{-6} Sekunden weitgehend die Hadronen, Antiprotonenpaare, nach einer Sekunde die Elektronen-Positronen-Paare und zerstrahlten. Bei diesem gegenseitigen Vernichtungsprozeß muß eine minimale »Symmetriebrechung« der ursprünglich extremen Symmetrie erfolgt sein: etwa eines von einer Milliarde Teilchen fand nicht sein Antiteilchen, so daß jedes 10^8te Teilchen übrigblieb, für das es keinen Antipartner gab. Aus diesen restlichen 10^{80} Teilchen besteht unser gesamter Kosmos.

Während zum frühesten Zeitpunkt, über den sich theoretische Erwägungen anstellen lassen, die Temperatur höher als 10^{32} Grad gewesen sein muß, das heißt 10 Milliarden höher als im Inneren der Sonne, führte die nach dem Urknall einsetzende Expansion zu einer Abkühlung auf Werte, bei denen sich für kurze Zeit, so lange dafür angesichts der Explosion des Kosmos der Druck noch ausreichte, Wasserstoff-, Helium-, Deuterium- und eine gewisse Menge von Lithium-Kernen bilden konnten (»primordiale Nukleosynthese«). Innerhalb dieses Zeitraums, so sagen uns die Physiker, müssen sämtliche kosmischen Konstanten bereits soweit aufeinander abgestimmt in Dasein gebracht worden sein, daß nur so das Zustandekommen des Kosmos in seiner heutigen Form möglich war.

Einige Beispiele machen das deutlich: Wäre zum Beispiel die Expansionsgeschwindigkeit dieses – nennen wir es »Feuerballs« – am Ende der ersten Sekunde nur um Bruchteile von Bruchteilen eines Prozents geringer gewesen, dann wäre das Weltall infolge der Schwerkraft wieder in sich zusammengestürzt, bevor Sterne, Planeten und Leben hätten entstehen können. Wäre dagegen die Ausdehnungsgeschwindigkeit des Urgases nur um eine ähnliche Größenordnung größer gewesen, dann wäre die Materie auseinandergetrieben, ohne daß es dabei zu »Ausfrierungen« in Form von Galaxien hätte kommen können, nicht anders, als wenn ein zu starker Wind die Wolken zerstreut, bevor sie sich bilden. Oder wäre die Kraft, die Atomkerne zusammenschmilzt, nur etwas stärker, dann hätte sich fast aller Wasserstoff zu schweren Elementen umgewandelt. Damit gäbe es jedoch keine Sterne wie die Sonne, die ihre Energie aus der Fusion von Wasserstoff in Helium erhält und es gäbe auch kein Wasser, ohne das Leben nicht vorstellbar ist.

Das Universum ist genauso, wie es sein muß, um uns hervorzubringen. Diese Tatsache wird *anthropisches Prinzip* genannt.[20] Dazu kommt, daß ohne Bewußtsein im menschlichen Sinn niemand da wäre, Realität festzustellen. Die Physiker schließen zwar nicht aus, daß dies alles bloß *zufällig* so gewesen sein kann. *Einen* Verlauf mußte die Evolution ja nehmen. Im übrigen ist hypothetisch nicht auszuschließen, daß sich ein Urknall unendlich oft hätte ereignen können, dabei unter anderem auch unter Bedingungen, bei denen die Konstanten so aufeinander abgestellt gewesen waren, daß wir dem, etwa 15 Milliarden Jahre später, unsere Existenz auf dem Planeten »Erde« verdanken würden.

Ich selber meine allerdings, daß jeder, der angesichts dieser geheimnisvollen Zusammenhänge nicht betroffen in die Knie geht, selber ein Brett von geradezu kosmischen Dimensionen vor dem Kopf hat. Vielleicht drückt sich die geistige Armseligkeit und letztlich auch das mangelnde religiöse Gespür der Fundamentalisten kaum irgendwo drastischer aus als in ihrem Versuch, das Unvorstellbare, das hier aufscheint, mittels des konkretistisch mißverstandenen Mythos eines wörtlich aufgefaßten Schöpfungsberichtes zu bannen. So dokumentieren sie damit, daß sie um einer kindischen Rechthaberei und angsterfüllten Absicherung der eigenen Vorstellungen willen weder das Wesen der Mythen verstehen, auf denen ihr Glaube aufruht, noch sich von der Schöpfungswirklichkeit treffen lassen, geschweige denn, daß sie ein Gefühl für das Faszinosum entwickeln, das hier aufleuchtet und ohne das es keine wirkliche Religiosität gibt.

Ein solches Gefühl darf freilich nicht billig dazu mißbraucht werden, daß man an dieser Stelle schnell einmal den lieben Gott einbaut, zum Ausgleich dafür, daß dieser sich scheinbar heutzutage so wenig zeigt. Nein! Der große evangelische Theologe und Märtyrer Dietrich Bonhoeffer hat mit Recht eine solche Haltung gegeißelt, bei der die Religiösen einen »deus ex machina« zur Scheinlösung unlösbarer Probleme aufmarschieren lassen.[21] Wohl aber sollte man sich zweierlei klarmachen:

1. Wer sich auf diese Rätsel wirklich einläßt, kommt um einen Sprung in den Glauben nicht herum, gleichgültig, ob dieser in der »Maximalhypothese« eines allmächtigen Gottes gründet oder ob er sich mit der »Minimalhypothese« von gesicherten physikalischen Daten begnügt, bei denen er redlicherweise offenlassen muß, wie sie in die Wirklichkeit gekommen sind.

2. Ob man den einen oder den anderen Weg wählt, wird von vielen Faktoren abhängen. Beide können redlich sein und zugleich eine Ahnung von dem unfaßlichen Geheimnis vermitteln, das unser aller Dasein umgibt. Niemand vermag es zu lüften, weder die Frommen noch die Atheisten. Dem Problem nicht angemessen ist freilich die »Unterreaktion« eines faden Agnostizismus, der nicht im Sinne Goethes das Unerforschliche ruhig verehrt, sondern die Dinge aus Gleichgültigkeit und aus existenzieller Kraftlosigkeit einfach auf sich beruhen läßt. Unangemessen ist aber auch die »Überreaktion« eines verbohrten Fundamentalismus, der alles auf die eigenen kleinkarierten, ängstlichen Vorstellungen herunterschraubt.

Der Eindruck des Geheimnisvollen wird nicht geringer, wenn wir nunmehr gleichsam das bisher benutzte »Zeitmikroskop« aus der Hand legen und durch ein »Zeitteleskop« ersetzen müssen: der Blick wechselt von unvorstellbar kleinen zu ebenso unvorstellbar großen Zeiträumen hinüber:

Eine erste Station tut sich uns etwa einige hunderttausend Jahre nach dem Urknall auf: Der damalige Kosmos läßt sich als ein sich langsam verdünnender Nebel aus elektromagnetischen Wellen beschreiben, in dem es als Folge der anfänglichen Vernichtung fast aller Teilchen nur noch eine zu vernachlässigende Masse an Partikeln gibt, während die Hauptenergie in Gestalt von Photonen vorliegt. Dadurch wurde dieser Kosmos soweit »durchsichtig«, daß sich die Reststrahlung heute noch als Hintergrundstrahlung registrieren läßt. 1964 entdeckten die Amerikaner Arno A. Penzias und Robert W. Wilson diese »Glut« des frühen Universums in Gestalt einer Strahlung im Mikrowellenbereich, wofür sie den Nobelpreis erhielten. Sie beweist, daß das einst unvorstellbar heiße Weltall bis heute noch nicht völlig erkaltet, freilich auf 2,7 Kelvin über dem absoluten Nullpunkt abgekühlt ist. Diese Penziasstrahlung kommt mit einer Genauigkeit von 1 : 100 000 aus allen Richtungen des Weltalls auf uns zu. Dabei gehört es zu den vielen genannten »Wundern«, daß sie aufgrund weiterer Symmetriebrechungen nicht absolut gleichmäßig verteilt ist, wie wir heute aufgrund von Satellitenmessungen wissen. Ohne diese minimalen Ungleichmäßigkeiten hätten sich nicht jene »Flocken« bilden können, aus denen dann später Galaxienhaufen, Galaxien und Sterne entstanden sind.

Vielleicht hilft es bei der weiteren Beschreibung, wenn wir an dieser Stelle *ein neues Verständnismodell* einführen: wir verdichten die etwa 15 Milliarden Jahre seit dem Urknall zu einem Jahr. Dann wären etwa 1,25 Milliarden Jahre ein Monat, etwa 40 Millionen Jahre ein Tag, etwa 1,7 Millionen Jahre eine Stunde und knapp 500 Jahre eine Sekunde.

Mitte Februar nach diesem Modell waren die »Ausflockungen« innerhalb der Restmaterie so weit gediehen, daß sich daraus die ersten Galaxienhaufen bildeten. Wenn sich Materieklumpen etwa von der Größe unserer Sonne zusammengefunden hatten, verdichteten sie sich durch die Schwerkraft zu Sternen und erhitzten sich dabei. Mit weiterer Zunahme des Drucks wurde danach die Zündung für die Energieerzeugung durch thermonukleare Fusion erreicht. Die Protonen und teilweise auch die Heliumkerne verschmolzen dabei zu schweren Atomkernen. So lange sich für diese Reaktion genügend Brennstoff findet, wird die Kompression aufrechterhalten. Ist der Brennstoff dagegen weitgehend aufgebraucht, kommt es je nach Größe der Sonne entweder zu einer Explosion oder zu einer Implosion. Hätte sich das nicht schon vor Milliarden Jahren immer wieder ereignet, dann würde die Materie noch heute ausschließlich aus Wasserstoff, Helium und Lithium bestehen. Durch das genannte Ereignis eines Sterntodes ist es jedoch möglich, daß schwere Elemente bis zur Größe von Eisen entstehen, bei Supernovaexplosionen auch Elemente schwerer als Eisen. Gleichzeitig bilden sich bereits einfache Moleküle, sogar einige Aminosäuren. Das heißt, daß wir bis zum letzten Blutstropfen unser Dasein diesen Ereignissen verdanken, die bereits viele Milliarden Jahre zurückliegen. Und es heißt ferner, da sich der genannte Sternentod in unserem Kosmos auch jetzt noch ereignet, findet bis zum heutigen Tag eine ständige Neuschöpfung, eine »creatio continua« statt, ein weiterer unerträglicher Gedanke für Fundamentalisten, die die Bibel wörtlich nehmen!

Aus einem solchen Gemisch verschiedenartigster Elemente hat sich vor etwa 5 Milliarden Jahren, also Ende September / Anfang Oktober in unserem Modell, eine interstellare Wolke zusammengefügt, aus der einige Zeit später über einige Zwischenstufen unsere Sonne mit ihrem Planetensystem entstanden ist. Glücklicherweise gehört sie einem Sterntyp von langer Brenndauer – etwa 10 Milliarden Jahre – an, wobei bisher etwa die Hälfte der Zeit verstrichen ist. Das ermöglichte die weiteren Entwicklungsschritte, denen wir unser Dasein verdanken:

Anfang Oktober (vor etwa 4 Milliarden Jahren) entstand durch Gasemission aus den Gesteinen eine Uratmosphäre. Kurz nachdem die notwendigen Bedingungen für die Entstehung des Lebens gegeben waren (dazu gehören unter anderem flüssiges Wasser, der richtige atmosphärische Druck und entsprechende Temperaturen), tauchten die ersten mikroskopischen Lebensformen auf. Man kann sie heute in Versteinerungen nachweisen. Dabei handelte es sich um extrem einfache, gegen ihre Umgebung abgegrenzte Molekülaggregate mit allen wesentlichen Lebensfunktionen, das heißt einem Energie- und Nährstoffwechsel, mit der Fähigkeit, sich fortzupflanzen, auf Umweltreize zu reagieren sowie Mutabilität, also der Möglichkeit, sich zu verändern und sich anzupassen. Niemand kann sagen, ob das Leben auf der Erde selber entstand oder von Kometenbrocken herunterschwebte, sei es aus Zufall oder weil Gottes Hand dabei im Spiel war.

Auch die weitere Entwicklung ist in ihren Grundstrukutren bekannt, wenngleich immer neue Erkenntnisse das Bild ergänzen und umformen. Bemerkenswert ist dabei, daß sie keineswegs linear verlaufen zu sein scheint, wie man nach Darwins Annahmen eigentlich hätte erwarten müssen, sondern eher in Sprüngen (Siehe S. 64 ff). Dabei ließen sich durchgehende Beziehungen zwischen früheren und späteren Formen vielfach nicht feststellen. Die sogenannten »missing links«, die fehlenden Bindeglieder, sind bis heute nicht aufgetaucht. Konservative Darwinisten machen es sich zu leicht, wenn sie das bloß auf ein zu geringes Befundmaterial zurückführen, statt einzugestehen, daß man den Grund dafür nicht kennt.

Bemerkenswerterweise bedurfte es nach den ersten, einfachsten Lebensformen, also Archebakterien und anaeroben Bakterien, etwa weiterer 2 Milliarden Jahre (also bis etwa Mitte November), bis die ersten photosynthetisch arbeitenden Pflanzen, zum Beispiel Blaualgen, auftauchten, die Sauerstoff freisetzten. Dadurch wurde die Uratmosphäre umgestaltet und jene Atmosphäre bildete sich, die eine weitere Voraussetzung für unser Dasein ist. Die ersten vielzelligen Pflanzen traten vor etwa einer Milliarde Jahren auf (Anfang Dezember). Vor etwa 570 Millionen Jahren (Mitte Dezember) ging gleichsam ein Ruck durch das bis dahin äußerlich wenig spektakulär anmutende Leben: in einem erdgeschichtlich extrem kurzen Zeitraum entwickelte sich vielzelliges tierisches Leben (die sogenannte »kambrische Explosion«). Die ersten Fische entstanden vor etwa 400 Millionen Jahren (am 21. Dezember). Vor etwa 350 Millionen Jahren gelang der für die weitere Entwicklung so entscheidende Sprung aufs Land: die ersten landlebenden Pflanzen und Tiere tauchen auf. Die angeblich so kurzlebigen Saurier beherrschten immerhin etwa 160 Millionen Jahre unsere Erde (vom 26. bis zum 30. Dezember mittags), bevor sie unter noch nicht restlos geklärten Umständen vernichtet wurden (vermutlich als Folge einer Klimakatastrophe nach einem Meteoriteneinschlag). Mit ihnen verschwanden alle anderen größeren Tiere von mehr als etwa 10 Kilogramm Körpergewicht.

Die ersten Säugetiere waren bereits vor etwa 200 Millionen Jahren aufgetaucht, die ersten Primaten scheinen gerade noch Zeugen des Sauriersterbens gewesen zu sein. Dabei handelte es sich um unauffällige Tiere, die während der Herrschaft der Saurier nur eine winzige Nische gehalten hatten, denen aber nunmehr der Durchbruch zur beherrschenden Form gelang.

Vor etwa 30 Millionen Jahren spalteten sich die Primaten in 2 Äste: in die Affen sowie in die gemeinsamen Vorfahren von Menschenaffen und der Gattung Mensch. Diese ersten Hominiden (menschenähnliche Affen) sind vor etwa 7,5 Millionen Jahren (am 31. Dezember gegen 19 Uhr 30) erschienen. Der sogenannte Australopithecus afarensis, zu dem die in Äthiopien gefundene berühmte »Lucy« gehörte, »erfand« allmählich den aufrechten Gang, wie man aufgrund von versteinerten Fußspuren weiß, die man gefunden hat. Mit seinem etwa 150 cm großen Körper tippelte er über die ostafrikanische Savanne, obwohl er durch diese Neuentwicklung langsamer und damit bedrohter geworden sein dürfte. »Bald danach«, seit etwa 2 bis 3 Millionen Jahren, läßt sich der Gebrauch einfacher Steinwerkzeuge (beim »homo habilis« bzw. »handy man«) nachweisen. Ihre Entwicklung stand mit einer Umstellung der Nahrung auf eine stärker gemischte Kost im Zusammenhang: mit diesen ersten Werkzeugen ließen sich Röhrenknochen und Schädel getöteter Tiere aufschlagen, was den Zugang zu besonders eiweißreicher Nahrung ermöglichte.

Der zunehmende Fleischgenuß stimulierte offenbar das Gehirnwachstum weiter und entlastete zugleich von der ständigen Suche nach Pflanzennahrung. Dadurch wurde erneut geistige Kapazität freigesetzt, die sich vor allem in einer weiteren Ausbildung der sozialen Fähigkeiten niederschlug: Diese Vormenschen bewohnten, wie man annimmt, in Gemeinschaften von 10–20 Männchen und Weibchen zeitweilig einen festen Lagerplatz. Im gleichen Sinne einer Entwicklung differenzierterer sozialer Fähigkeiten sowie einer Arbeitsteilung wirkten sich offenbar auch wiederholte dramatische Klimaverschlechterungen (»Eiszeiten«) aus. *Das alles weist zwingend darauf hin, daß wir auf dem Weg zur Menschwerdung kein einzelnes entscheidendes Evolutionsmerkmal finden, das den Ausschlag gab, daß man ab da von »dem« Menschen sprechen muß, sondern fließende Übergänge und eine Reihe von sich gegenseitig ergänzenden Faktoren[22] (»Evolutionspaket«).* Das ist die eine Seite. Die andere besteht darin, daß nach Milliarden Jahren Evolution die Natur gleichsam die Augen aufschlug und bemerkte, daß sie da war (Schelling). Ein Wesen bildete sich ohne eigenes Verdienst heraus, das fähig wurde, sich Gedanken über sich selber und den Kosmos zu machen: *der Mensch.*

Von welchem menschenähnlichen Vorfahren sich dieser heutige Mensch ableitet, ist noch nicht mit letzter Sicherheit geklärt. Fest steht lediglich, daß die eigentliche Menschwerdung in Afrika erfolgte. Vor mindestens einer Million, nach neuesten Befunden eventuell bereits vor 1,8 Millionen Jahren ist er von dort aus auch in andere Regionen aufgebrochen.

Seit etwa 700 000 Jahren läßt sich der Gebrauch von Feuer nachweisen. Seit etwa 150 000 Jahren (also seit dem 31. Dezember 23 Uhr 55) kann man von Menschen in unserem Sinne sprechen, jedenfalls aufgrund des Vergleichs von molekularbiologischen Analysen der Gene und Proteine damaliger und heutiger Menschen.[23] Aber diese Aussage ist nicht unproblematisch, denn so fraglos unsere Sonderstellung im Kosmos ist, so umstritten ist, was den Menschen zum Menschen macht. Der Genbestand? Der aufrechte Gang? Das größere Gehirn? Die Erfindung von Werkzeugen? Die Sprache? Die Religion? Die Kunst? Unser Genbestand jedenfalls ist bis auf einige Unterschiede weitgehend mit dem der Schimpansen identisch.[24] Für alles andere Genannte, außer der Religion und der Kunst, gibt es bei den höheren Primaten Vorläufer. Die Religion? Schon beim Neandertaler finden wir einen Gräberkult, was auf Jenseitsvorstellungen bei ihm hindeutet. (Die Wissenschaftler nennen ihn bereits »homo sapiens«). Dennoch sprechen gewichtige Argumente dagegen, daß er ein direkter Vorfahre des heutigen Menschen ist, jedenfalls biologisch. Eher wird man ihn einer Seitenlinie zuordnen müssen. Daraus folgt, daß es selbst bei spezifisch menschlichen Erlebnis- und Verhaltensweisen wie der Religiosität Parallelentwicklungen gegeben hat. Dabei zeigen neuere Ausgrabungen, daß im heutigen Israel Neandertaler sogar im wörtlichen Sinne neben unseren direkten Vorfahren gelebt haben; in Europa ist ein solches Nebeneinander nicht nachgewiesen worden. Vor etwa 34 000 Jahren scheinen sie, wie vor ihnen bereits einige andere Hominidenarten, ausgestorben zu sein.[25] Seitdem beherrscht nur noch »homo sapiens sapiens«, wie er sich selber nennt, das Feld und fühlt sich, jedenfalls wenn er im Westen lebt, als Ebenbild Gottes beziehungsweise als Krone der Schöpfung.

Fraglos ist, daß sich menschliches Empfinden in einem tiefen Sinne in den Höhlenzeichnungen von Lascaux niederschlägt. Diese wurden vor 17 000 Jahren, also vor etwa einer halben Minute, geschaffen. Jesus lebte entsprechend unserem Schema vor 4 Sekunden, und wenn unser Leben, wie der 90. Psalm sagt, 70 bis 80 Jahre währt, dann entspricht das etwa einer Fünftelsekunde.

Es ist nicht schwer, zu begreifen, welche Konsequenzen sich darauf für den christlichen Glauben und speziell für den Fundamentalismus ergeben. So mögen viele Einzelheiten unserer Evolutionsgeschichte noch unbekannt oder ungesichert sein und manche gegenwärtige Sicht wird vielleicht später revidiert werden müssen. Unbestreitbar ist aber die Überfülle der Befunde, die darauf hinweisen, daß der Mensch in einem viel stärkeren Maß, als er sich meist klar macht, Teil des gesamten Kosmos ist. Damit wird jedoch die fast ausschließliche Konzentration auf den Menschen, wie sie bis heute von den monotheistischen Religionen praktiziert wird, zur Überbetonung der Momentaufnahme eines Wesens, das den Zusammenhang mit seiner Herkunft nicht wahrhaben will und dementsprechend mit der gesamten Natur umgeht. Die Naturreligionen sahen hier die Verhältnisse meist wesentlich realistischer, was auch in ihr Handeln mit einging, bis wir es ihnen ausgetrieben haben.

Ebenso unhaltbar ist die Überzeugung vieler Monotheisten, alles existiere nur für den Menschen, sei zumindest auf ihn zugeordnet. Diese Vorstellung ist außerdem noch unbiblisch. Mehrfach wird in Gen. 1 betont, daß Gott seine Schöpfung auch *vor* der Erschaffung des Menschen als »gut« empfand.

Man wird sich auch fragen müssen, was der Satz bedeutet, der vielen so vollmundig über die Lippen geht: »Jesus Christus ist der Herr der Welt.« Einleuchtender als ein derartiges Pathos ist da das

Verhalten tibetischer Mönche, die dazu angehalten werden, keine Sätze nachzureden, die ihnen nicht einleuchten, sondern sich »selbst eine Insel, selbst eine Zuflucht« zu sein, die aber zugleich bei ihren philosophischen Debatten aufeinander zuspringen und dabei in die Hände klatschen, was ausdrücken soll: »So kurz wie dieses Klatschen dauert dein Leben. Nutze es!«

Ja, sogar eine der zentralsten christlichen Verheißungen wird angesichts des Gezeigten in neuem Licht erscheinen, nämlich daß der Mensch nach seinem Tod in die Herrlichkeit Gottes eingehen kann. Wenn das aber wahr sein soll, dann folgt daraus auch, daß dies einstmals bei einem konkreten Menschen zum ersten Mal geschehen sein muß, während seine Eltern noch als Tiere verendeten.

Sicherlich kann man auch dieses Argument als »typisch intellektualistisch und blind für das Wesen des Glaubens« abtun. Wer sich allerdings wirklich darauf einläßt, muß entweder Fundamentalist werden und damit seinen Verstand im Vorzimmer der Rationalität abgeben oder aber über den Rubikon springen und seinen Kinderglauben aufgrund von Fakten aufgeben, deren Tragweite jeder heranwachsende Gymnasiast durchschauen kann.

Bevor nach weiteren Konsequenzen gefragt wird, soll die dritte Ebene angesprochen werden, die zu Beginn dieses Kapitels erwähnt wurde:

Die Ebene unserer gegenwärtigen Situation

Zur Zeit leben auf unserem Planeten, wie erwähnt (Siehe S. 137), mehr als 5,5 Milliarden Menschen. Täglich kommen mehr als 250 000 neu hinzu, im Jahr knapp 100 Millionen. Somit werden pro Sekunde etwa 5 Menschen geboren und etwa 2 sterben. Das heißt konkret, daß während des Zeitraums, in dem jemand andächtig sein »Vater unser« betet in der Gewißheit, dabei mit seinem himmlischen Vater in einer unmittelbaren personalen Beziehung zu stehen, mehrere hundert Menschen geboren werden, während gleichzeitig einige hundert andere sterben. Und es ist wiederum eine Grundüberzeugung des Glaubens, daß sich auch das alles unmittelbar unter den Augen Gottes vollzieht. Was heißt dann aber »personale Beziehung zu Gott«? Gemeinhin meint man damit ja, daß Gott ein ganz auf mich bezogenes »Du« ist, wenn ich zu ihm in eine jener konkreten Beziehungsformen eintrete, die jedes religiöse Leben charakterisieren: Opfer, Anbetung, Lobpreis, Bitte, Anrufung.

Gottesbild und Menschenbild als Problem

Angesichts der genannten Überlegungen, die sich noch beliebig ergänzen ließen, kommt man mit dem überkommenen Glauben in eine Schwierigkeit, die ein Analysand von mir einmal lapidar auf die Formel gebracht hat:

> »Es gibt für mich nichts Absurderes als die Vorstellung eines personalen Gottes, der mit jedem der fünf Milliarden Menschen auf dieser Erde in einem ständigen Dialog steht. Dieser Gott, der allein in unserer Milchstraße zwischen einer unkontrollierbaren Menschheit und 100 Milliarden Sonnen herumtanzen müßte, hätte zum Nachdenken noch weniger Zeit als seine Vertreter hier auf Erden. Das ist . . . eine Perversion des Begriffs ›Personalität‹«.

Heißt das notwendigerweise, daß damit die Gottesvorstellung der monotheistischen Religionen illusionär sein muß? Worin diese bestehen könnte, hat Leopold Szondi folgendermaßen charakterisiert: »Der Gläubige lebt in einer positiven, ununterbrochenen Geborgenheit mit dem Glaubensobjekt, auf das er (seine) Allmacht(-swünsche) überträgt und von der er sich Tag und Nacht führen läßt«[26].

Der Gedanke, daß solche Geborgenheitswünsche illusionär sind, drängt sich unabweisbar auf, wenn man es mit Freud als kennzeichnend für Illusionen ansieht, daß sich dabei »die Wunscherfüllung vordrängt«[27]. Nun sprechen zwar unsere Wünsche nicht gegen die Realität des Gewünschten. Aber in unserer Gegenwart, in der nicht nur die Natur, sondern auch ein persönlicher Gott seine bergende Kraft für uns verloren hat, kommen wir nicht darum herum, uns unsere Situation hier auf Erden zu vergegenwärtigen: Es ist in der Tat desillusionierend, sich klarzumachen, daß man – gemessen an kosmischen Maßstäben – für den Bruchteil eines Augenblicks auf dem Trabanten eines durchschnittlichen Sterns in einem Spiralarm einer x-beliebigen Milchstraße dahinlebt, für den schon der Begriff »Staubkörnchen« reichlich übertrieben ist. Wer möchte da nicht der Einsicht aus dem Wege gehen, daß nur eines gewiß zu sein scheint, nämlich daß uns eine letzte Gewißheit versperrt ist außer der, daß am Ende unseres Lebens unausweichlich der Tod stehen wird?

Es läßt sich einfach nicht leugnen: Wer angesichts dessen, was man heute von der Wirklichkeit weiß, ausschließlich den Gedanken an einen himmlischen Vater im überkommenen Sinne gelten läßt, ist naiv, ja ideologisch. *Naiv* ist er, weil er sich auf die eine der beiden Seiten der Gotteserfahrung zurückzieht, die es beide im Laufe der Religionsgeschichte immer gleichzeitig gegeben hat: auf die von Gott als dem »guten Hirten« im Sinne des 23. Psalms, der den Menschen auf allen seinen Wegen begleitet, selbst in der letzten Gottesferne. *Ideologisch* ist, daß er dabei den anderen Aspekt ausklammert, der stets auch präsent war, nämlich *den* Gott, der als »schweigendes Geheimnis« (Rahner) erlebt wird[28], das in letzter Unverfügbarkeit »in unzugänglichem Licht wohnt« (1. Tim, 6, 16) und von dem man sich kein Bild machen soll (Lev. 26, 1). Was heißt das aber in letzter Konsequenz anderes, als, daß dazu auch das Bild eines personalen Gottes zählt?

Diesem »nah ist und schwer zu fassen der Gott«, wie es Hölderlin formuliert hat, gaben die alten indischen Denker eine großartige Deutung: Sie sahen im Absoluten zwar durchaus *auch* einen personalen Aspekt, betonten aber zugleich, daß wir ihm diese Qualität mittels analogischer Übertragung auferlegen, während in Wirklichkeit dieser Gott *alle* Qualitäten transzendiert, auch die personhaften[29]. Damit zogen sie lediglich die Konsequenz aus der Tatsache, daß unsere Gottesvorstellung vom Zustand unseres Bewußtseins abhängt. Das haben wir bekanntlich alle im Laufe unseres Lebens an uns selber erfahren, es sei denn, wir wären restlos kindlich geblieben. Auch jeder, der die Bibel liest, stößt darauf: zwischen dem Gottesbild des Propheten Amos und dem des Predigers Salomo zum Beispiel klaffen Welten.

Daher läßt sich auch nicht so ohne weiteres die innerste Erfahrung Jesu, der er in seinem Leben und Sterben in einzigartiger Weise Ausdruck gegeben hat: dem fraglosen Dialog mit seinem Gott, in Dogmatik ummünzen. Ohne eine solche Erfahrung führt dieser Versuch in letzter Konsequenz zu einem Verstoß gegen das genannte 2. Gebot: »Du sollst dir kein Gottesbild machen«. *Gotteserfahrung ist aber nicht Gottesbild.* Wenn man über Gott überhaupt eine Aussage machen kann, dann die, daß er ein außerhalb jeder Bezeichenbarkeit seiender »deus semper major« ist, größer also auch als jede für uns vorstellbare Dimension und somit auch größer als unsere Personalität. Personalität ist lediglich ein den Christen besonders teurer und in seinem Rahmen – also für unseren gegenwärtigen Bewußtseinszustand – berechtigter Aspekt des unauslotbaren Geheimnisses, das man »Gott« nennt. Berechtigt ist er insofern, als er einen einzigartigen Zugang der Hingabe zu ihm auftut, unberechtigt, wenn wir ihn zu einem Bild konkretisieren. Oftmals aber – besonders heute – kann es geradezu befreiend sein, wenn man sich für die *transpersonalen Aspekte Gottes* öffnet, also für das, was die Grenzen unserer Alltagserfahrung sprengt. Es ist das völlige Gegenteil aller deistisch verflachten Vernunftreligionen. Ein Meister Eckhart hat das gewußt!

Neuerdings nähern sich auch christliche Theologen dieser Sicht. So korrigiert Paul Tillich: »Das Symbol ›Persönlicher Gott‹ ist irreführend . . . ›Persönlicher Gott‹ bedeutet nicht, daß Gott eine Person ist. Es bedeutet, daß Gott der Grund alles Personhaften ist und in sich die ontologische Macht des Personhaften trägt. Er ist nicht eine Person, aber er ist auch nicht weniger als Person«[30]. Der evangelische Theologe Ludwig Frambach erläutert das so: »Gott darf nicht mißverstanden werden als ein Gegenüber im Sinne der Subjekt/-Objekt-Beziehung, als ein Du, eine Person, die mir und der Welt getrennt gegenüber existiert. Gottes Wirklichkeit ist von nichts und niemand getrennt, sondern in ihrer überpolaren, nicht-dualen Einheit stets und überall präsent«.[31] Auch im genannten Satz Szondis schwang diese Überzeugung mit, die letztlich aus seiner chassidischen Herkunft geboren ist.[32]

Damit schließen diese Theologen und Psychologen an zentrale Aussagen von Paulus an, der von Albert Schweitzer zu Recht als Mystiker gesehen wurde[33], aber auch an die Tradition vieler anderer griechischer und christlicher Mystiker. Ihre Reihe reicht von Plato über Meister Eckhart und den Kusaner bis zu Teilhard de Chardin. Sie alle wußten aus eigener Erfahrung, meinten also nicht bloß aufgrund bloßer Spekulation: »Alles, was uns bildet und umgibt, ist nicht bloß etwas, sondern gehört einem Jemand, Gott« (Jürgen Kuhlmann).[34] Der Psalmist hat das mit dem Satz ausgedrückt: »Von allen Seiten umgibst du mich« (Ps. 139, 5).

Fundamentalisten, die dem charismatischen Flügel zugehören, mögen äußerlich dem genannten Satz des Psalmisten zustimmen und davon überzeugt sein, sie fühlten dasselbe. Aber im Grunde stehen sie ihm völlig fremd gegenüber. Sie suchen keine wirkliche mystische Erfahrung, sondern ekstatische Erlebnisse oder regressive Verschmelzungszustände, die sie mystisch nennen. Im Unterschied zu wirklichen Mystikern möchten sie sich, wenn sie in ihre Erfahrungen eintauchen, an allen intellektuellen und geistigen Möglichkeiten vorbeimogeln. Allenfalls suchen sie diese *sekundär* zur Stützung ihrer angeblichen Gewißheiten, indem sie sich scheinrational auf ein Dogma berufen. Häufig aber sind sie dezidiert antiintellektuell und vernunftfeindlich eingestellt. Mystische Erfahrung dagegen weiß zwar, daß es Dimensionen jenseits der Vernunft gibt, aber zugleich ist ihr aus eigener Erfahrung vertraut, daß nur der die Vernunft zu überschreiten vermag, der sich vorher bis zum Letzten auf sie eingelassen hat.

Für viele *traditionell kirchlich Gebundene* dagegen sind sowohl solche Sätze moderner Theologen als auch die Aussagen der Mystiker von vornherein fremdartig und suspekt. Im Grunde stehen sie ihnen nicht viel anders gegenüber als Menschen, die nicht religiös orientiert sind. Bestenfalls sehen sie in ihnen intellektuelle Sandkastenspiele. Das liegt auch nahe, denn die dahinterliegenden Erfahrungen werden von den Kirchen »offiziell« so gut wie nicht vermittelt. Welche Wege gibt es dann für die traditionell Gläubigen überhaupt noch, vor allem auch angesichts der Einsichten in die Struktur der Wirklichkeit, wie sie uns inzwischen von den Wissenschaften nahegebracht worden sind?

Der eine besteht in der Abwendung vom überkommenen Glauben, weil er einem kindisch vorkommt. Er ist oft verbunden mit der Entwicklung einer Art von Privatreligion. Ein anderer Weg besteht in der Flucht in einen »bekennenden Fundamentalismus«, weil er einem das eigene Nachdenken beziehungsweise Nacherfahren abnimmt. Beide Wege werden heute begreiflicherweise häufig begangen. Aber sie sind Irrwege. Der vermutlich einzige redliche Weg hingegen besteht im Durchbruch zu einer neuen Bewußtseinsdimension. Ihn hat Karl Rahner angesprochen, als er sagte: »Der Fromme von morgen wird ein ›Mystiker‹ sein, einer, der etwas ›erfahren‹ hat, oder er wird nicht mehr sein«[35]. Das heißt aber, daß man zukünftig ohne psychische Verrenkungen oder Ausklammerungsmanöver religiös nur dann noch glauben kann, wenn man Gott nicht außerhalb seiner selbst sucht, sondern sich um die Wahrheit des Satzes Jesu unmittelbar bemüht, der gesagt hat: »Das Reich Gottes ist inwendig in euch« (Luk, 17, 21).

Konkret bedeutet dieser Weg jene Radikalisierung von persönlicher Erfahrung und zugleich Wachheit, wie man sie bei den Mystikern aller Zeiten und Kulturen findet. Wenn es den Kirchen gelingt, diese Möglichkeit auch institutionell zu verankern, dann wird auch kirchliche Religiosität eine Zukunft haben. Denn wie man nicht die Rationalität und die Wissenschaft verleugnen kann, wenn man nicht hoffnungslos »unter Niveau« gehen will, so haben auch das eigene Bewußtsein und die eigene Erfahrung im religiösen Leben ihre Würde, die es zurückzugewinnen gilt. Da sich aber das Christentum seit Jahrhunderten von diesen Quellen immer mehr entfernt hat, jedenfalls was seine Praxis betrifft, steht es derzeit zweifellos in einer bis dahin beispiellosen Krise, deren Überwindung ihm aber letztlich nur heilsam sein kann: Wenn es vor ihr nicht flieht, dann kann ihm der Umgang mit dieser Krise zu jener ganzheitlichen Sicht der Wirklichkeit zurückverhelfen, ohne die es keinen lebendigen Glauben gibt.

So wie es um die eine Seite jedes ganzheitlichen Glaubens, die Erfahrungsdimension, in den Kirchen zur Zeit schlecht bestellt ist, so schlecht steht es auch mit der anderen Seite, der *dogmatischen*. Die beiden Flügel jedes Fundamentalismus, der literalistische und der charismatische, spiegeln diese Zerrissenheit in mitunter grotesker Weise wider.

Im folgenden soll anhand einiger Beispiele gezeigt werden, wie religiöse Aussagen und Dogmen, die heute noch maßgeblich sind, aufgrund der Einsichten der Naturwissenschaften in einem neuen Licht gesehen werden müssen. Beginnen wir mit der Behauptung, daß alle Menschen von einem Urpaar (»Adam und Eva«) abstammen. Für die meisten von uns hat diese Behauptung ihren »Sitz im Leben« weitgehend verloren. Für die Fundamentalisten ist sie nach wie vor wichtig. Für die Wissenschaftler löst sie sich in die Frage auf, ob *alle* Menschen »monogenetisch« von einem einzigen Elternpaar abstammen (Garten Eden- oder Arche Noah-Theorie) oder ob man verschiedene Stammväter beziehungsweise -Mütter annehmen muß (multiregionale Theorie).

Kalifornische Wissenschaftler favorisieren derzeit aufgrund der Untersuchung der Mitochondrien-DNA, die für die Energieproduktion in der Zelle verantwortlich ist, eine einzige »Urmutter«, (die sogenannte »Mutter der Mitochondrien«). Sie muß vor etwa 100 000 Jahren gelebt haben.[36] Aber die Deutung dieses Befundes ist unsicher. Es könnte sich auch um eine größere Population mit einem in dieser Beziehung identischen Erbgut gehandelt haben.

Es ist wissenschaftlich legitim, daß die Forschung diese Frage somit noch offen läßt. Die Theologen könnten damit gut leben, denn sie könnten sich von den Alttestamentlern belehren lassen, daß »Adam« nicht nur ein Eigenname, sondern zugleich ein Gattungsname (»Menschheit«) ist, der in der Bibel in diesem Sinne mehr als fünfhundertmal benutzt wird.[37]

Werden wir angesichts dessen aber nicht hellhörig, wenn sich die katholische Kirche in der Enzyklika »Humani generis« dennoch auf einen monogenetischen Ursprung der Menschheit festlegt?[38] Drückt sich darin nicht ein Biblizismus und damit jene Nähe zum Fundamentalismus aus, die ihr der Club of Rome unterstellt (Siehe S. 12)? Und wird dabei nicht eine fragwürdige Ehe mit einem mechanistisch verstandenen antiquierten Biologismus geschlossen? Dieser findet sich ja auch, wo diese Kirche zwar leidenschaftlich trotz der Bevölkerungsexplosion jede mechanische oder chemische Empfängnisverhütung als sündhaft ablehnt, während sie zugleich billigt, daß die Natur bei der Zeugung mit Hilfe von Temperaturmessungen ausgetrickst wird mit dem Argument, das sei eine natürliche Methode. Fundamentalistisch ist dabei die zwanghafte Fixierung ans faktisch Gegebene, sei es ein Buchstabe oder ein materielles Substrat, wobei der Geist vernachlässigt wird. Darüber kann auch die Berufung auf eine Personalität nicht hinwegtäuschen, die zwar als besonderer Wert verteidigt, aber zu eng begriffen wird.

An diesem Beispiel läßt sich auch zeigen, was es heißt, Heilige Texte fundamentalistisch zu lesen: fundamentalistisch ist, wenn man den monogenetischen Ursprung des Menschen aus einer Bibelstelle ableitet, die letztlich auf etwas ganz anderes zielt (Apg. 17, 26): »Er hat aus einem einzigen Menschen das ganze Menschengeschlecht gemacht«. Wer sich dagegen von der fundamentalistischen Sichtweise freimacht, dem eröffnet die genannte Schriftstelle auch heute noch ein vertieftes Verständnis des Menschenwesens. Er erkennt, wie in der Bibel in dem Wort »Adam« in seinem umfassenden Sinn bei jedem einzelnen Menschen immer zugleich die Idee »Menschheit« mitschwingt. Das steht nicht im Widerspruch zur naturwissenschaftlichen Forschung, sondern fügt ihr eine neue Dimension hinzu.

Wesentlich zentraler noch als die Frage nach dem monogenetischen Ursprung des Menschen sind andere Dogmen, die durch Einsichten der modernen Naturwissenschaften in einem neuen Licht erscheinen. Dazu zählt zum Beispiel die Behauptung, daß Gott die Schöpfung durch ein Machtwort »in Gang« gesetzt hat. Angesichts der konkreten Entwicklung des Kosmos läßt sich das Bild eines aus seiner Allmacht heraus in einem einmaligen Akt das Schöpferwort sprechenden Gottes nicht mehr aufrechterhalten.[39] Betrachten wir den Gang der Evolution, dann tut sich für uns eine ganz andere Sicht auf als für die Menschen des Mittelalters, für die die Vorstellung eines wohlgeordneten Kosmos selbstverständlich war (Siehe S. 173). Wir dagegen stehen viel eher unter dem Eindruck von unablässigen Probierbewegungen mit jeweils offenem Ausgang.[40] Nichts spricht dafür, daß die Schöpfung von vornherein in linearer und folgerichtiger Progression in einer Richtung intendiert war mit ihrer Krönung: dem Menschen als Dialogpartner Gottes. Das ist ebenso unhaltbar wie die Aussage einer abgeschlossenen Schöpfung, an deren Ende Gott befriedigt konstatiert, daß alles »sehr gut« war (Gen. 1, 31). Von der Realität her drängt sich eher die Vorstellung eines unendlich häufig sich verzweigenden Wegs mit zahllosen Sackgassen auf, bis zu einem Punkt, wo selbst das Wort »Evolution« fragwürdig scheint, weil es allzusehr ein vorausgeplantes Ergebnis impliziert. Die Strukturen der Evolution sehen eher so aus, als habe »Gott« am Anfang nicht gewußt, was am Ende herauskommt, sondern immer neue Formen ausprobiert.

Im Laufe der Evolution sind auf der Erde fast alle Pflanzen- und Tierarten zugrundegegangen, die jemals diesen Planeten bevölkerten, längst bevor es die ersten Vorläufer von Menschen im heutigen Sinne gab. Teils geschah das dramatisch wie vor etwa 225 Millionen Jahren, als plötzlich etwa 95 Prozent aller bisherigen Arten verschwanden oder vor etwa 65 Millionen Jahren, als unter anderem die Riesenechsen starben. Manchmal vollzog es sich auch allmählich wie beim Verschwinden des Neandertalers. Ob unsere Vorfahren ihm wirklich so überlegen waren, als er ausstarb, wie meist gesagt wird, kann man eher bezweifeln. Das wird deutlich, wenn wir uns klarmachen, daß er zum Beispiel in unwirtlicheren Gegenden lebte als sie, offenbar auch, wie erwähnt, schon vor ihnen religiöse Vorstellungen entwickelte und daß außerdem sein Gehirn im Durchschnitt größer war als ihres. War es wirklich die Absicht Gottes, daß er aussterben mußte? Daß er aufgrund der falschen Religion von Gott vernichtet wurde, können ausnahmsweise nicht einmal die Fundamentalisten behaupten, da eine »richtige« Alternative seinerzeit noch nicht zur Disposition stand.

Ganz im genannten Sinne eines nicht geplanten, sondern wie zufällig anmutenden Evolutionsweges, der kaum jemals in einer optimalen Endstufe stehen blieb, müssen wir auch zahlreiche Details unserer eigenen menschlichen Entwicklung deuten. Auch sie können nur an einigen Beispielen stellvertretend verdeutlicht werden:

1. Beginnen wir mit der Entwicklung der Säuger, zu denen, biologisch gesehen, auch wir gehören: Gewiß, Gottes Heilsplan kennen wir nicht. Trotzdem ist die Vorstellung absurd, daß es diesem Heilsplan entsprach, länger als 150 Millionen Jahre lang den Sauriern die Vorherrschaft über unseren Planeten einzuräumen, um dann vor etwa 65 Millionen Jahren einen Meteoriten die Erdbahn kreuzen zu lassen und damit diese Echsen zu vernichten. Soll man wirklich ernsthaft annehmen, daß es weiterhin in eben diesem Heilsplan lag, damit für ein kleines archaisches Säugetier den Startschuß zu geben, sich im Laufe der nächsten Millionen Jahre zum ersten Primaten und später zum ersten Menschen weiterzuentwickeln und damit schließlich zu seinem eigenen Ebenbild?

2. Oder betrachten wir die Entwicklung des menschlichen Auges. Dieses ist bekanntlich so konstruiert, daß der Lichtstrahl, der uns ein Abbild der Umwelt gibt, innerhalb des optischen Systems zunächst ein ernährendes Gefäßsystem, die Retina, passiert, bis er schließlich bei den lichtempfindlichen Stäbchen und Zäpfchen ankommt. Im Gehirn werden dabei jeweils die störenden Reflexe von seiten der Retina unterdrückt, damit sie unseren Seheindruck nicht beeinträchtigen. Daß diese die Präzision der Wahrnehmung beeinträchtigende Anordnung, bei der sozusagen der Film verkehrt herum eingelegt wurde, nicht zwangsläufig ist, lehrt uns das in dieser Hinsicht wesentlich zweckmäßiger eingerichtete Auge des Tintenfischs. Das Licht trifft bei ihm unmittelbar dort auf, wie man es an sich erwarten müßte, wenn bei Gottes Ebenbild alles so wohlbedacht sein würde, wie ein naiver Glaube annimmt.

Oder wechseln wir unseren Gegenstand und betrachten als Nächstes das Dogma von der *Erbsünde*. Seit Augustinus ist es Lehre der

Kirche, daß ein erstes Menschenpaar, in einem Paradies lebend, gegen Gott gesündigt hat. Das sei die Ursache dafür, daß wir ab dem Moment der Zeugung in der Sünde leben und daß der Tod durch dieses Ereignis in die Welt gekommen ist. Dabei haben wir es noch nicht einmal mit einem Mythos zu tun, sondern mit einem Konstrukt, das dazu dienen sollte, das Böse in der Welt zu erklären, ohne daß der allmächtige Gott dafür verantwortlich ist.

Im Lichte der Evolution wird diese Spekulation durch die Fakten widerlegt.[41] Der Theologe Schmitz-Moormann bringt das präzise auf den Punkt:

> »Um es ganz deutlich zu sagen: weder der Homo habilis, noch der Homo Pekinensis, noch der Homo Neandertalensis und nicht einmal der Homo Cromagnoniensis kommt als der erste Sünder in Frage, der uns in den Stand der Erbsünde versetzt hätte. Ebensowenig ist der Tod durch einen dieser frühen Menschen in die Welt gekommen: vielmehr ist unverkennbar, daß der Tod als eine der conditiones sine qua non jeglicher evolutiven Entwicklung Teil der Schöpfung ist und als besondere Ausprägung der Vergänglichkeit auf der Stufe des Lebens auftritt«.[42]

Im Lichte einer spirituellen Sicht, die die Naturtatsachen nicht ausblendet, könnten wir freilich auch zu dieser Lehre einen völlig anderen Zugang gewinnen. »Erbsünde« meint dann primär die »Erblast« unserer evolutionären Beschränktheiten, zum Beispiel unserer Erkenntnis- und Reaktionsmöglichkeiten. In diesem Sinne sind wir – etymologisch formuliert – tatsächlich im Zustand der »Sünde« geboren, das heißt, wir befinden uns »natürlicherweise« im Zustand der Trennung und Entfremdung. Dies läßt sich nicht durch einen Schritt rückwärts beheben, sondern nur durch eine Evolution zum Geist hin, also zu unserer »wahren Heimat«.

An den Fakten scheitert auch die Aussage, die *Wiederherstellung eines ursprünglichen Zustandes sei glücksverheißend*: »Wer möchte schon gern in den Urzustand des Big Bang, des Urknalls, zurückkehren, in dem sich alles in einer Quark-Gluonen-Suppe auflöst? Es ist evident, diese Schöpfung ist weder am Anfang vollendet, noch ist die Erlösung als Wiederherstellung des ursprünglichen Zustandes begreifbar«.[43]

Fundamentalisten werden auch hier einwenden, in diesen Äußerungen drücke sich ein zutiefst ungläubiger Rationalismus aus. Manche zeitgenössischen Theologen hingegen meinen, wer so argumentiere, verkenne das Wesen des Mythos. Den ersteren muß man entgegenhalten, daß derjenige, der behauptet, das Paradies sei ein historisches Faktum, nicht darum herumkommt, dessen tatsächliches Vorhandensein plausibel zu machen, wenn er möchte, daß man ihn ernst nehmen soll. Den anderen wird man dagegen sagen müssen, daß es zwar modern, aber dennoch fragwürdig ist, Mythen von vornherein ungeprüft einen besonderen Tiefsinn zuzuschreiben.

Mythen sind Destillate menschlicher Urerfahrungen und Sehnsüchte, deren Existenz sich nicht bestreiten läßt. Aufgrund des allgemein-menschlichen Charakters dieser Erfahrungen und Wünsche ist es auch nicht erstaunlich, daß man bei vielen von ihnen, darunter auch beim Paradiesmotiv, zahlreiche Parallelen in der Geistesgeschichte und gerade auch der Religionsgeschichte findet.[44] Anders verhält es sich mit ihrer Erklärung durch die Archetypenlehre von C. G. Jung[45], von der auch viele Theologen fasziniert sind: Sie ist fragwürdig und ungesichert.

Vor allem darf nicht übersehen werden, daß den Mythen Sichtweisen aus früheren Zeiten der menschlichen Bewußtseinsgeschichte zugrundeliegen, die entstanden sind, als es noch kein mentales (»rationales«) Bewußtsein im heutigen Sinn gab. Erst seit dessen Entwicklung hat man die Notwendigkeit der kritischen Überprüfung unserer Lieblingsideen wirklich begriffen (einer Kunst, die uns auch heute noch schwerfällt, ja die notwendigen Korrekturen sind oft sehr unmittelbar schmerzhaft). Wichtig ist aber vor allem auch, zwischen einer kollektiv-praepersonalen, einer individuell-personalen und einer zeitlos-transpersonalen Ebene unserer Einsicht in die Wirklichkeit zu unterscheiden:

– Mythen sind geistige Gebilde, die der *kollektiv-praepersonalen Ebene* des Bewußtseins entsprungen sind;
– Glauben im heutigen Sinne setzt die derzeit vorherrschende *individuell-personale Bewußtseinsstruktur* voraus. Dabei geht es primär nicht um ein »Ich glaube, *daß*«, sondern um ein »Ich glaube *Dir*«. Das »ich glaube, daß« ist lediglich eine rationalistische Engführung des Glaubens aus dem 19. Jahrhundert. Worum es sich beim Glauben wirklich handelt, wird aus der Etymologie des Wortes »Glauben« deutlich: credere als cor dare: sein Herz geben. Dieselbe Etymologie hat auch das Sanskritwort »shradda«[46] beziehungsweise die indogermanische Silbe »leubh«, die unserem Wort »Glaube« zugrundeliegt. Sie hängt mit folgenden seelischen Funktionen zusammen: etwas begehren, liebhaben, loben, gierig verlangen, für gut und wertvoll halten, nachgeben, sich freundlich erweisen, vertrauen«[47]. Natürlich hat jeder Glaube ein Objekt; es gibt somit keinen Glauben »im luftleeren Raum«. Dennoch kann man nicht denjenigen als gläubig ansehen, der unhaltbaren Thesen anhängt, die im Widerspruch zu unserer Rationalität und zu gesichertem Wissen stehen, sondern gläubig ist man in dem Maß, in dem man die Haltungen zu

realisieren vermag, die im »credere«, »shradda« oder »leubh« enthalten sind.

Niemand kann die Grenzen seines eigenen Bewußtseins nach Belieben überspringen. Aber er wird vielleicht ahnen, daß die Wirklichkeit aufgrund ihrer Schönheit, ihres Geheimnisses, ihrer Macht und Ordnung, aber auch ihrer Vergänglichkeit, auf die Dimension eines letzten Sinns, einer letzten Ordnung hinweist, der auch durch die Vergänglichkeit aller irdischen Erscheinungen nicht ad absurdum geführt wird. Läßt er diesen Gedanken zu, dann wird er jedenfalls nicht nur gegen einen alles indifferent belassenden Agnostizismus gefeit sein, von dem bereits gesprochen wurde, sondern auch gegen einen starren Dogmatismus, der einen ungeschichtlich begriffenen »Schatz« von Glaubenswahrheiten, ein depositum fidei, durch Religionsexperten äußerlich schützen und überwachen läßt, als handle es sich dabei um das Gold der Bank von England;

– wer sich aber nicht mit einer Flucht ins Nichtzurkenntnisnehmen oder mit den Phantasien des New Age begnügt, sondern sich der Wirklichkeit in ihrer Komplexität mit allen Kräften seiner Rationalität und mit einem Mut nähert, der die scheinbaren Ungereimtheiten der Evolution nicht verleugnet, wohl aber versucht, sich ihnen in einem umfassenden Sinne zu nähern, wird vielleicht sogar einen ersten Schritt in Richtung auf die *zeitfrei-transpersonale Ebene* des Bewußtseins tun.[48] Sollte er Christ sein, dann wird ihm dabei im Sinne von Karl Rahner aufgehen, daß nicht nur der Christus, sondern auch die Schöpfung insgesamt Ausdruck der Weltwerdung Gottes ist.[49] Diese Einsicht wäre zugleich die äußerste Gegenposition zu jedem Fundamentalismus.

Glaube und Wissenschaft jenseits falscher Alternativen

Die Ausführungen des letzten Kapitels wären falsch verstanden, wollte man daraus nur eine Kritik an überkommenen Dogmen herauslesen. Sie enthalten durchaus auch Aussagen für einen Glauben der Zukunft. Auch hier muß es freilich bei einigen einfachen Hinweisen bleiben:

1. Wir Menschen sind zwar die komplexeste, höchstentwickelte Erscheinungsform alles Lebendigen auf diesem Planeten, dennoch müssen wir uns endgültig von unserem Mittelpunktswahn verabschieden, zu dem wir alle neigen, ob wir religiös sind oder nicht. Eine exzeptionelle Stellung innerhalb des uns bekannten Kosmos nehmen wir wohl ein, weil wir mit einem »Geist« begabt sind, den wir tatsächlich nur bei uns selber antreffen können. Aber jene Krone der Schöpfung, zu der wir uns gerne stilisieren, sind wir schlichtweg nicht. Das sollte uns bescheiden machen.

2. So wie unsere Erde am Rande der Milchstraße, einer von Milliarden anderer Galaxien, eine »durchschnittliche« Sonne umkreist, so wie unser Dasein gemessen an der überschaubaren Dauer der Evolution nicht einmal einen einzigen Augenblick umfaßt und so wie unsere biologische Verfaßtheit trotz aller Großartigkeit in vielfacher Weise unvollständig und mangelhaft ist, so ist offenbar auch unsere Erkenntnisfähigkeit, so sind auch unsere anderen intellektuellen und geistigen Möglichkeiten begrenzt. Sie reichen im wesentlichen dazu aus, uns diese Grenzen klarzumachen. Das ist die eine Seite. Kein vernünftiger Mensch kann bestreiten, daß dies auch unsere religiösen Vorstellungen tiefgreifend beeinflussen muß. Für einen religiösen Triumphalismus, wie er immer wieder noch von manchen Kirchen zur Schau gestellt wird, gibt es ebensowenig Anlaß wie für die naive Selbstsicherheit mancher agnostischer Naturwissenschaftler, die gönnerhaft auf die einfältigen Religiösen herunterschauen. In ihrem Rationalismus verbunkert lassen sie bei sich kein Staunen dem Unbegreiflichen gegenüber zu, das uns umgibt. Am allerwenigsten jedoch ist die Rechthaberei und der Provinzialismus borniertet Fundamentalisten dem angemessen, was wir tatsächlich von der Wirklichkeit wissen beziehungsweise nicht wissen. Sie klammern bei sich alles

aus, was einen wirklichen religiösen Glauben ausmacht und was ihn in der Zukunft ausschließlich fundieren kann. Dieser Glaube dürfte zukünftig nur unter Einschluß von mystischer Erfahrung möglich, zugleich aber nur innerhalb der Spannung von Ungewißheit und Wagnis (Siehe S. 57) zu leben sein. Die andere seiner Achsen wird stärker noch als jetzt in einer ausgewogenen Polarität von eigener Erfahrung und richtig verstandenem Dogma bestehen. »Richtig verstanden« ist es, wenn man in ihm im Sinne des Buddha ein Floß sieht, das »über den Strom hinweg zum anderen Ufer« (einer volleren Wirklichkeit) führt.[1] Oder in der Sprache der katholischen Tradition ausgedrückt: Dogmen haben die Funktion von »linguae auxiliares«, von »Hilfssprachen«, die keine Offenbarung bringen, sondern diese nur ausdrücken können.

3. Unsere Unwissenheit und eine mitunter schier unfaßliche Verranntheit, Bosheit und Dummheit sind ebenso unabweisbare Aspekte unserer menschlichen Existenz wie es Liebe, Hingabebereitschaft und eine unstillbare Sehnsucht nach einer letzten Erfüllung sind. Diese Sehnsucht, aber auch das Werk, ja die gesamte Existenz eines Buddha, eines Jesus, eines Bach oder eines Plato können uns eine Ahnung davon vermitteln, daß der Mensch zwar noch nicht völlig zu sich gekommen ist, daß aber sein Dasein mehr sein könnte als ein bloßes sinnloses Vegetieren, das in einem Nichts endet. All das reicht zwar nicht für einen logischen *Beweis* dafür aus, daß es »Sinn« gibt, geschweige denn, daß es »Gott« gibt. Aber für denjenigen, der sich dieser Wirklichkeit erschließt, kann es ein *Erweis* dieser Wirklichkeit sein. Für ihn ist es ebenso eine Spur Gottes wie die geheimnisvolle Entstehungsgeschichte des Kosmos, von der schon die Rede war (Siehe S. 175 ff). Wie sollte er das alles nicht ernstnehmen?

Hier wird zugleich die Grenze eines einseitigen Rationalismus für die Erkenntnis einer tieferen Ebene der Wirklichkeit sichtbar, die dieser nicht zu überschreiten vermag. Dies spricht nicht gegen die Rationalität, wie auch der Fundamentalismus kein Argument gegen den religiösen Glauben oder der Materialismus keines gegen das Ernstnehmen unserer irdischen Wirklichkeit ist. Aber alle diese »klotzigen«, einseitigen Zugangsformen zur Wirklichkeit machen deutlich, wie sehr unsere menschlichen Möglichkeiten pervertiert werden, wenn man einzelne Aspekte aus dem Kontext der Gesamtwirklichkeit herausnimmt, die uns bestimmt und – wenn man sie radikalisiert – verzerrt und versimpelt.

4. Wer sich den verschiedenen Seiten der conditio humana in ihrer Großartigkeit, zugleich aber auch Begrenztheit und Widersprüchlichkeit so weit wie möglich öffnet, dem erschließt sich die Bedeutung eines Satzes von Karl Rahner: »Gleichsam mit den Sandkörnern des Strandes beschäftigt, wohnt der Mensch am Rand des unendlichen Meeres des Geheimnisses«[2]. Es gehört zur Verranntheit der Ideologen und damit auch der Fundamentalisten, daß sie an die Stelle dieses Geheimnisses auf angeblich fraglose Gewißheiten zurückgreifen möchten. Damit aber stellen sie sich ein weiteres Mal – wenngleich wiederum sozusagen mit entgegengesetzten Vorzeichen – auf dieselbe Ebene wie die Vertreter der eingeengten Wissenschaftsideologie im ausgehenden 19. Jahrhundert und verfehlen zugleich das Wesen jeglicher Religiosität. Religiös glauben hieß immer schon und heißt auch heute, ein Gespür für das Geheimnis und die Unauslotbarkeit der Wirklichkeit zu entwickeln.

5. Die Zielsetzungen und Methoden der Naturwissenschaften lassen sich zwar mit den Anliegen der großen Religionsstifter nicht vergleichen. Aber die beiden Seiten bedürfen einander, denn die Naturwissenschaft ist ohne die Theologie blind, die Theologie jedoch ohne die Naturwissenschaften lahm, wie Einstein einmal gesagt haben soll.
Ein solches notwendiges Gespräch, das ursprünglich einmal von Theologen in Gang gesetzt worden ist, zum ersten Mal von Origines (ca. 185 – 254) und später vom arabischen Philosophen Averroes (1126 – 1198), sollte gerade heute fortgeführt werden, denn bemerkenswerterweise stimmen die *Konsequenzen* aus den Befunden der Naturwissenschaftler merkwürdig genau mit dem überein, was dereinst Gestalten wie Buddha oder Jesus gesagt haben. Diese betonten, daß niemand der sei, der er sein könnte, und daß wir eine innere »Kehre« vollziehen müssen, wenn wir uns weiterentwickeln und zu uns kommen wollen.[3]
Daß diese drängenden Aufforderungen nicht als weltfremde Utopien einfach »in der Luft hängen«, sondern eine biologische Grundlage haben, wird an den Befunden und Deutungen jener Biologen und Anthropologen deutlich, die uns gezeigt haben, daß wir das »Tier-Mensch-Übergangsfeld« noch nicht endgültig überschrit-

197

ten haben (Siehe S. 134). Das drückt sich bis ins Physische hinein aus: der Mensch ist, was seinen Leib angeht, bis ins Tiefste hinein mit dem Tierreich verbunden. Sein Chromosomenbestand zum Beispiel ist zu fast 98 Prozent mit dem der Menschenaffen identisch. Aber zugleich ist er durch seinen Geist in vielfacher Weise den Maßstäben des Tierreichs entrückt[4].

Da wir offenbar in keinem Wirklichkeitsbereich endgültig und ausschließlich aufgehen, folgt daraus zum einen, daß wir uns nicht einfach mit dem Platz zufriedengeben können, an den »die Natur« uns gerade hingestellt hat. Wenn wir Menschen im eigentlichen Sinne sein wollen, müssen wir »ans andere Ufer«. Zugleich folgt aus dieser Situation, daß wir auch nicht jene ausschließlich rationalen Wesen, jener homo sapiens sapiens sind, zu dem uns die Aufklärung zu stilisieren suchte.

6. Gegen den statischen End-Gültigkeitswahn religiöser Fundamentalisten, aber auch gegen jeden übertriebenen aufklärerischen Optimismus bleibt festzuhalten: *Das Prinzip der Evolution ist unabweisbar.* Ja, es ist, weit über das hinaus, was Darwin sah, nicht nur für die Entwicklung von Pflanzen, Tieren und Menschen bestimmend, sondern für den Kosmos insgesamt. Das Prinzip der Evolution ist eines der großen durchgängigen Prinzipien der Wirklichkeit. Das wird durch eine Überfülle unterschiedlichster, einander ergänzender und stützender Befunde aus den verschiedensten Wissensgebieten deutlich und auch durch die vielen irrigen Erklärungen von Darwin nicht in Frage gestellt. Diese Irrtümer schmälern nicht einmal seine einzigartige Bedeutung, denn wirkliche Wissenschaft ist notwendigerweise irrtumsanfällig. Einen Anspruch auf Irrtumslosigkeit können nur Unwissende, zum Beispiel Kinder, oder aber Ideologen und Wahnkranke erheben.[5]

7. *Die Bedeutung der Evolution* wird bis heute vielfach nicht richtig gesehen. Ihr ist nicht nur die Physik und die Biologie, sondern auch die Entwicklung unserer Weltbilder, ja unserer Religiosität unterworfen. Das bedeutet den endgültigen Abschied vom geschlossenen, geordneten, überschaubaren Weltbild des Mittelalters. Das haben die Fundamentalisten früh geahnt, und nicht zuletzt von daher erhielt ihr Kampf gegen den Darwinismus seine Dynamik. Der Gang der Evolution ist freilich anders, als Darwin ihn gesehen hat. Er ist weder innerhalb des Biologischen noch innerhalb der Bewußtseinsentwicklung eine gradlinig fort-

laufende Einbahnstraße des Fortschritts. Man kann ihn eher mit einem Fluß vergleichen, der zwar eine *Richtung* hat, aber kein *Ziel* (Siehe S. 190). Damit fällt jeder naive, evolutionistische Fortschrittsglaube in sich zusammen.

Natürlich hat es eine Weiterentwicklung vom Urknall bis zum ersten Erscheinen des Menschen und vom homo habilis bis zu Einstein gegeben. Aber die Vorstellung, daß die Moderne der Gipfel der Evolution sei und daß sich deswegen der Rest der Menschheit (und das ist immerhin auch heute noch die Mehrzahl aller Menschen) selbstverständlich nach deren Denken zu richten habe, ist schlichtwegs verblendet. So mag man noch zu Ende des 19. Jahrhunderts gedacht haben, als die Konsequenzen unserer naiven Fortschrittsideologie mit ihrem linearen Denken noch nicht so evident waren, wie sie es inzwischen sind. Wer aber heute noch an diesem Gedanken festhält, kann es an Verblendung mit jedem Fundamentalisten aufnehmen. Inzwischen kann niemand mehr die Augen vor der Tatsache verschließen, daß das sogenannte »aufgeklärte« Denken Umstände geschaffen hat, die mit größter Wahrscheinlichkeit einen Genozid der Menschheit, ja eine weitgehende Vernichtung der gesamten belebten Natur mit sich bringen werden. Damit ist endgültig offenkundig geworden, daß wir keinen Grund haben, auf die Nicht-Aufgeklärten wegen ihrer angeblichen Rückständigkeit hochmütig herabzuschauen und zu glauben, wir müßten ihnen das Licht unserer Vernunft bringen. Im Gegenteil! Den meisten von ihnen ist das gelungen, was uns heute als Inbegriff eines utopischen Zukunftsideals vorkommt, nämlich mit der Natur in Harmonie zu leben. Seitdem sich das nicht mehr leugnen läßt, kann man es nur noch als borniert ansehen, zu meinen, wir hätten einem analphabetischen Ladakhi oder Tibeter, einem nomadisierenden Muslim oder einem in seinen Wäldern vor der Zivilisation vergeblich Schutz suchenden Indio in Südamerika mehr zu sagen als er uns. Zumindest sollten wir uns klarmachen, daß wir von diesen Menschen eher lernen müssen als sie von uns, wenn die einen und die anderen überleben wollen. *Das wäre zugleich einer der ersten realistischen Schritte in die Richtung auf ein tatsächlich aufgeklärtes Bewußtsein.*

8. Weder die kosmische Hintergrundstrahlung noch ein in Afrika ausgegrabener Zahn zeigt uns, *warum* es zur Evolution gekommen ist und *welches Prinzip* letztlich dahinter steht. Kein Befund zwingt uns verbindlich die Einsicht auf, daß dies auf bloße Zufälle zurückzuführen ist, wie die gläubigen Nachfolger Darwins behaupten. Zwar bekennen sie sich geradezu gebetsmühlenartig zu ihrem Gott, dem »deus ex machina« des Zufalls. Aber weder ihr Credo, daß wir uns aus einer anfänglichen Aminosäuresuppe, in die es hineingeblitzt hat, allmählich zum homo sapiens »emporgeirrt sind« noch ihre »Trinitätsformel« klingt (außer für sie selber) überzeugend. Diese besagt, daß jede Wandlung vom primitivsten Einzeller bis zum Menschen durch die drei Faktoren Mutation (zufällige Strukturabweichungen im genetischen Informationssystem), mechanische (Umwelt) sowie organismische Ursachen (geschlechtliche Zuchtwahl, Selektion und statistische Entmischung beziehungsweise Neukombination in der Isolation) ausreichend erklärt sei. Ihr Beweisnotstand nimmt noch zu, sobald sie das Hinzukommen einer neuen Qualität zu erklären haben – Konrad Lorenz nennt das mit einem trefflichen, der mittelalterlichen Mystik entlehnten Begriff »Fulguration«[6].

Veranschaulichen wir uns das an einem relativ einfachen Beispiel, der Entwicklung des Arms zum Flügel (Siehe auch S. 65). Sicher ist nur, daß sie stattgefunden haben muß. Aber wievieler Mutationen bedurfte es, bis es dazu kam? Wie ist das auf dem Weg des bloßen Zufalls vorstellbar, da doch kaum je eine Mutation wirklich höher führt, sondern fast immer nur einen Abfall bedeutet oder gar tödlich ist? Vor allem: wie sollten Wesen, die keine richtigen Arme mehr, aber auch noch keine funktionsfähigen Flügel hatten, also besonders verletzlich waren, über endlose Zeiten hinweg, bis sie endlich richtige Flügel entwickelt hatten, den Angriffen ihrer Gegner standgehalten oder die Beute, die sie zum Überleben brauchten, erreicht haben?

Wie schwer sich die konservativen Darwinisten angesichts von alledem tun, wird auch an ihren Sprachgewohnheiten deutlich. So reden sie davon, daß die Evolution »geniale Tricks und Einfälle benutzt« habe, um höhere Gestaltungen zu »bilden« und zu »schaffen«. Wenn man ihnen aber sagt, daß das Ausdrücke sind, mit denen man im allgemeinen geistige Vorgänge kennzeichnet und daß in diesem Zusammenhang der von Lorenz geprägte Begriff »Fulguration« treffend sei, wenngleich auch er ihn nicht spirituell meinte, dann wehren sie das mit geradezu fundamentalistischem Eifer ab. Sie bestehen darauf, daß sie keineswegs bereit seien, in der Evolution ein »höheres« Geschehen zu sehen, etwa im Sinne Goethes, daß dabei ein die Materie gestaltender Geist zunehmend zur Darstellung seiner selbst kommt. Eine andere Erklärung als die eines mechanischen Torkelgangs »der Natur« von Versuch und Irrtum wehren sie vehement ab.

Wer die Phänomene ruhig auf sich wirken ließ, dem drängt sich ein ganz anderer Eindruck auf: Die Entwicklung zeigt eher den Charakter eines Geschehens, das im einzelnen absolut unvorhersagbar gewesen sein muß und auch insgesamt nicht zwanghaft dem Plan einer »vorgeschriebenen« Blaupause folgte, das aber auch nicht beliebig ablief. Vielmehr führte sie bei allem Eindruck des Beliebigen im einzelnen *aufs Ganze gesehen* zu zunehmender Komplexität, Lebendigkeit und Freiheit[7], *worin sich ein Drang nach Selbsttranszendenz im Sinne eines Strebens nach immer höheren Einheiten ausdrückte*[8]. Die Theologen würden das creatio continua, fortlaufende Schöpfung, nennen. Aber solche Sätze sind metaphysisch, und für unsere Zeit gilt immer noch die Feststellung Adornos: »Scham sträubt sich dagegen, metaphysische Intentionen unmittelbar auszudrücken. Wagt man es, so wäre man dem jubelnden Mißverständnis preisgegeben«.[9]

Derzeit müssen wir uns vor dem Forum jener Rationalität beugen, die das gegenwärtige geistige Klima bestimmt, obwohl uns deren Grenzen allenthalben evident werden. Aber wir haben bisher kein besseres anderes Instrument, das als allgemein verbindlich anerkannt würde. So können wir immerhin dafür dankbar sein, daß durch dieses Forum wenigstens die gröbsten spekulativen Wildwuchsformen in die Schranken gewiesen werden. Vor diesem Forum halten die Beschwörungen der orthodoxen Darwinisten nicht stand, die Schöpfung sei ganz »natürlich« verlaufen und insofern sei alles ganz einfach. Nicht anders steht es um die leidenschaftlichen Beteuerungen mancher christlicher Naturwissenschaftler, es sei doch evident, daß sich in der Evolution der Schöpfungswille Gottes manifestiere. Das zwingt uns zur Bescheidenheit.

Wer intellektuell redlich ist, muß sich eingestehen, daß wir keine Antwort geben können, weil wir entscheidende Wirkkräfte der Evolution einfach nicht kennen. Angesichts unseres derzeitigen geringen Wissens, nicht nur sachlicher, sondern auch philosophischer Art, müssen wir sogar offenlassen, ob wir diese Wirkkräfte jemals endgültig begreifen werden. Berechtigt ist allerdings die Forderung, daß diese Lücke weder von den Anhängern eines orthodoxen Darwinismus noch von den religiös Gläubigen mißbräuchlich geschlossen werden darf. Am allerwenigsten sind dazu die Fundamentalisten berechtigt. Sie haben sich durch ihr ideologisches Pochen auf Behauptungen, die schlichtweg durch Tatsachen widerlegt sind, disqualifiziert, über Evolution mitreden zu können.

Derzeit bleibt am ehesten noch die Vorstellung übrig, daß tatsächlich ein geistiges Prinzip die jeweils nächste Stufe aus der vorherigen hervorgetrieben hat, wobei unendlich viele vorgebildete Schritte relativ schnell zur Realisierung kamen. Vieles spricht dafür, aber niemand kann es beweisen.

Hier wäre ein wesentlicher Schritt in die Zukunft, sich zu fragen, *warum* wir derartiges zur Zeit nicht beweisen können. Hängt das neben allen sachlichen Schwierigkeiten nicht auch mit einer gewissen *falschen* Selbstbescheidung der Wissenschaft seit dem letzten Aufklärungsschub zusammen (Siehe S. 124), die scharf mit ihrem sonstigen Herrschaftsanspruch kontrastiert? Bieten sich dabei nicht Parallelen zwischen Darwin und dem anderen kongenialen Desillusionierer der jetzt zur Neige gehenden Bewußtseinsstufe, Freud, an, der seinem Freund Binswanger geschrieben hat, »ja, der Geist ist alles«[10], der sich aber verpflichtet fühlte, sich, wie er es manchmal formulierte, »im Parterre und Souterrain des Gebäudes« aufzuhalten und uns ausschließlich diesen Bereich zu zeigen.

Auch hier war es Goethe, der die Schwäche dieser Art von Selbstbescheidung klar gesehen hatte, als er Mephisto zu dem Schüler, der ihn um Rat fragte, den ironischen Satz sagen ließ:

»Wer will was Lebendigs erkennen und beschreiben, / Sucht erst den Geist heraus zu treiben, / Dann hat er die Teile in seiner Hand, / Fehlt leider! nur das geistige Band.«[11]

Anders formuliert: Ist nicht (bei uns im Westen) seit Sokrates das Verhältnis zwischen *Selbst*gewißheit und *Seins*gewißheit immer einseitiger und ausschließlicher auf die erstere verschoben worden?[12] Das ließ einerseits die Möglichkeit einer Kritik und der technischen Machbarkeit immer mehr zunehmen, die Möglichkeit jedoch, aus unmittelbarer Anschauung und aus einem Sich-Einlassen auf Ganzheiten im Sinne eines Gebrauchs einer richtig verstandenen Intuition immer mehr zurücktreten. Am Ende durfte nur noch die mechanische Erklärung der Wirklichkeit als verbindliches Instrument der Erkenntnis übrigbleiben. Heute aber zeigt sich mehr und mehr, daß unser Denken höchst einseitig geschult ist, sich an der toten Körperwelt und am Verhältnis toter Massen und mechanischer Kräfte zu orientieren. Als Zeichen der Verkümmerung der anderen Seite vermag es lebendige Organismen und gewachsene Ganzheiten dagegen nur noch ungenügend zu erkennen.

Ob sich aus der Einsicht in die derzeitige Beschränktheit und Einseitigkeit heraus allerdings neue erkenntnismäßige Zugänge zur Wirklichkeit bilden, die eventuell auch ein tieferes Verständnis der Evolution ermöglichen, muß gleichfalls offengelassen werden. Sicher scheint lediglich, daß man den Gedanken der Evolution noch viel umfassender auch auf unsere gegenwärtigen Erkenntnismöglichkeiten anwenden sollte, als es seit Konrad Lorenz[13] und Karl Popper[14] in ersten Schritten bereits geschehen ist. Entscheidend dabei ist, zu begreifen, daß es absurd wäre und dem Gedanken der Evolution vollkommen widersprechen würde, wollte man davon das Bewußtsein ausnehmen und daher in den derzeitigen Erkenntnismöglichkeiten bereits der Weisheit letzten Schluß sehen.

Den Fundamentalismus verstehen

Wer die zur Zeit übliche Beschäftigung mit dem Fundamentalismus auf einen gemeinsamen Nenner bringen möchte, dem könnte eine Anekdote in den Sinn kommen, die dem preußischen General Moltke, dem großen Schweiger, zugeschrieben wird. Dieser wurde, als er von einem Kirchgang nach Hause kam, von seiner Frau gefragt, worüber der Pfarrer gepredigt habe: »Von der Sünde«, war die Antwort. »Und was hat er gesagt?« »War dagegen«.

Zweifellos hat Moltke den Tenor der Predigt umfassend wiedergegeben und im Sinne einer solchen lapidar alles auf einen Punkt bringenden Wiedergabe ist jeder vernünftige Mensch im Westen 1. gegen den Fundamentalismus, 2. für die Moderne und 3. sieht er in Übereinstimmung mit dem Hauptstrom der Meinungen im Fundamentalismus einen Aufstand gegen die Moderne, den man nicht einfach hinnehmen kann. Es läßt sich einfach nicht leugnen: der religiöse Fundamentalismus ist zutiefst unvernünftig, entgegen seinem eigenen Anspruch auch ungläubig und nicht selten sogar unmenschlich, der grüne Fundamentalismus bei allem Berechtigten, das er sagt, utopisch und mitunter auch in gefährlicher Weise naiv. Die Moderne dagegen hatte – jedenfalls in ihren Anfängen – das Wohl des Menschen im Blick und brachte ihm in einem bis dahin nie geahnten Ausmaß neue Freiheiten und neue Lebensqualitäten, die uns heute unverzichtbar scheinen. Der Fundamentalismus möchte zudem das Rad der Geschichte zurückdrehen, ohne wirklich an die Vergangenheit anschließen zu können und scheut dabei vielfach vor keinem Mittel zurück, mitunter nicht einmal vor dem der Gewaltanwendung.

So wenig sich das alles bestreiten läßt und so notwendig es ist, Auswüchsen des Fundamentalismus energisch entgegenzutreten, so ungenügend ist es, sich nur auf diese Aspekte zu beschränken. Wer sich einseitig auf das Feindbild »Fundamentalismus« einschießt, neigt dazu, die Gefahr, die real von diesem ausgeht, zu überschätzen und die unausgesprochene Botschaft, die er enthält, meist ohne daß er es selber bemerkt, zu überhören. Außerdem wird er nicht selten in seinem Kampf dem Bekämpften selber ähnlich. Auch dafür gibt uns der Fundamentalismus ein abschreckendes Beispiel: Er sieht nur die Bedrohung, die von der anderen Seite (der Moderne) ausgeht, imitiert aber unbewußt, wie am Beispiel des amerikanischen Fundamentalismus gezeigt wurde, bestimmte ihrer Zerrformen, vor allem deren ungeistigen Zugang zur Wirklichkeit.

Aus allen diesen Gründen ist es für ein tieferes Verständnis unseres Untersuchungsgegenstandes wichtig, die drei Begriffe »Fundamentalismus«, »Moderne« und »Kampf gegen die Moderne« nicht eindimensional zu betrachten. Das wäre zugleich ein hilfreicher Schritt auf dem Weg zu einem im wirklichen Sinne aufgeklärten Bewußtsein. Fundamentalisten sind unfähig, sich in die Sichtweise der anderen Seite zu versetzen, Nichtfundamentalisten sollten es wenigstens versuchen. Ein Ziel dieses Buches war es, dazu beizutragen.

Was die fundamentalistische *Gefahr* angeht, so gibt es zwar keinen Grund, das Elend zu bagatellisieren, das durch manche Fundamentalisten erzeugt wird. Aber dieses Elend hält sich bislang, gemessen an verschiedenen anderen bedrohlichen Folgen der Moderne, noch in Grenzen. Niemand kann allerdings vorhersehen, ob das auch in Zukunft so bleiben wird, da wir derzeit eine zunehmende allgemeine Radikalisierung erleben. Sie hängt mit der kritischen Situation unserer Gegenwart zusammen. Diese Situation zu beleuchten war ein weiteres Ziel dieses Buches. Nur dadurch lassen sich die Hintergründe des Fundamentalismus wirklich begreifen.

Die derzeit übliche Überschätzung der Gefahr, die vom Fundamentalismus ausgehen soll, kommt allerdings nicht von ungefähr: diese Schockvokabel ist so vage und wird so unkritisch gebraucht, daß sie sich besonders gut als Projektionsschirm für eigene Ängste eignet. Vielfach geht man damit so um, als handle es sich dabei um ein schwarzes Loch, das alle Formen von Fanatismus, Radikalismus, Ideologie, Verschrobenheit, Starrsinn und konservativem Denken in der Gegenwart, auf die wir treffen, in sich schließt. Das aber ist falsch. Weder haben diese Phänomene alle den gleichen Stellenwert, noch lassen sie sich alle dem Fundamentalismus zuordnen. Eine differenzierte Betrachtung ist deshalb notwendig. Andernfalls besteht die Gefahr, sich den Blick für viele andere Tatsachen und Entwicklungen zu verstellen, die wesentlich bedrohlicher sind als der Fundamentalismus.

Unbestreitbar ist, daß derjenige, der heute das Wort »Fundamentalismus« gebraucht, sich in dem angenehmen Gefühl wiegen kann, auf der Höhe seiner Zeit zu sein. Das macht es gerade für jene so interessant, die »griffige« Erklärungen bevorzugen. In einer Zeit des Verleugnens besteht ohnehin ein großer Bedarf an solchen Erklärungen.

Angesichts der gegenwärtig vorherrschenden Aufblähung des Wortes »Fundamentalismus« wäre es sachlich vielleicht am richtigsten, ganz darauf zu verzichten. Aber das zu versuchen, wäre Ausdruck eines gleichermaßen falschen wie vergeblichen Purismus. Modebegriffe, die sich erst einmal eingebürgert haben, werden trotz ihrer Flachheit und Austauschbarkeit benutzt, bis sie sich endgültig abgenutzt haben. Man kann mit dem Begriff »Fundamentalismus« trotzdem arbeiten, wenn man folgendes beachtet:

1. *Fundamentalismen gehören zu den Ideologien*, sind also Fehlformen des allgemein menschlichen Glaubensbedürfnisses.

2. Fundamentalismus ist zwar auch *Aufstand gegen die Moderne*, wie vielfach behauptet wird. Mindestens ebensosehr ist er aber *Ausdruck der Moderne*, denn Fundamentalist wird man nur, wenn man den gewachsenen Boden einer angestammten Identität bereits verloren hat. Insofern ist der Fundamentalismus ein Phänomen des Übergangs. Am ehesten versteht man ihn als eine *verzweifelte Reaktion auf eine verzweifelte (oder zumindest als verzweifelt erlebte) Situation*.

3. Da bisher die Bekämpfung der Auswüchse des Fundamentalismus durch jene rechtsstaatlichen Mittel noch ausreicht, die wir gerade der Aufklärung, der dezidierten Gegnerin jedes wirklichen Fundamentalisten, verdanken, sollten wir nicht nur auf die Gefahren starren, die von ihm ausgehen. Mindestens ebenso wichtig ist seine *Bedeutung als Indikator für reale Gefahren*, die er spürt, die er aber aufgrund seiner Voreingenommenheit nicht analysiert, sondern auf falsche Weise ausagiert.

Man macht es sich zwar zu leicht, wenn man Fundamentalisten psychiatrisiert, dennoch liefert die Psychodynamik ein wichtiges Verständnismodell für den Fundamentalismus. Dabei fällt eine Parallele zwischen seiner Funktion als Indikator für eine reale Gefahr und der neurotischen Symptombildung auf.

Freud hat gezeigt, daß hinter dem neurotischen Symptom die »Vertretung wichtiger Interessen« steht.[1] Zwar liegt die Gefahr für den Fundamentalisten scheinbar – anders als beim neurotischen Symptom – nicht innen, sondern außen: in realen Umgestaltungen unseres Weltbilds und unserer Lebensumstände, gegen die er sich zur Wehr setzt. Aber dieser Unterschied trifft nicht den Kern. Die Realangst des Fundamentalisten wird von ihm zwar aktionistisch nach außen agiert, letztlich aber vorwiegend als innere Gefahr erlebt: als extreme Bedrohung der eigenen Identität, die er durch ideologisches Denken und Verhalten abwehrt.

Sowohl Fundamentalisten als auch neurotische Patienten können die Sicherung der eigenen Identität nur auf einer regressiven Ebene vollziehen.[2] Beide müssen zudem diese Sicherung mit einem großen seelischen Aufwand bezahlen, der im Endergebnis zu einem außerordentlichen Verlust an Lebendigkeit führt.[3] Dies kommt nicht von ungefähr: viele spätere religiöse Fundamentalisten sind in einem primär eingeengten, Über-Ich-bestimmten und meist einseitig patriarchalisch geprägten Milieu aufgewachsen.

Die Aussagekraft religiös fundamentalistischen Verhaltens im Sinne eines Reagierens auf real existierende Gefahren ist am Beginn der jeweiligen fundamentalistischen Strömung am größten, weil hierbei die Bedrohung besonders dramatisch erlebt wird. »Spätfundamentalisten« leben, gemessen daran, in einem wesentlich geschlosseneren System. Sie verhalten sich, was oft nicht genügend beobachtet wird, im Vergleich zu »Frühfundamentalisten« meist deutlich aggressiver, »politischer« und demagogischer. Auch ihre Glaubensfähigkeit ist meist noch tiefgreifender im Sinne von Ideologiebildung gestört als die ihrer Väter. Auch dafür gibt es verschiedene Gründe, teils äußere – vor allem Unterschiede in der Sozialisation – und teils innere: die Söhne verlieren den Kontakt zu den Ängsten der Väter und identifizieren sich stattdessen ausschließlich mit deren Kampf.

Die Wucht und der Symptomcharakter des Fundamentalismus wird allerdings nur dann wirklich verständlich, wenn man betrachtet, wogegen er sich von Anfang an richtete:

– der *religiöse Fundamentalismus* wandte sich vor allem gegen Einsichten der modernen Naturwissenschaften, verdichtet in der Chiffre »Darwinismus«. Durch sie werden speziell die monotheistischen Religionen – und nur in ihrem Umfeld findet man Fundamentalismus – herausgefordert, bestimmte zentrale Dogmen in einem neuen Licht zu sehen, wenn sie nicht zu antiquierten Mythen ohne Zukunft herabsinken wollen. Zum zweiten wandte er sich gegen eine schwerwiegende Verschiebung in den gesellschaftlichen Strukturen und im »spezifischen Gewicht des Geistes« im Zuge der gegenwärtigen wissenschaftlichen und technologischen Revolution sowie des zunehmenden Zusammenbruchs bisher maßgebender sozialer und geistiger »Einbettungssysteme«. Diese Verschiebung nahm in den letzten Jahrzehnten dramatisch zu und wird inzwischen nicht nur von Fundamentalisten, sondern von allen Einsichtigen als höchst bedrohlich für unsere weitere Zukunft angesehen;

– der *grüne Fundamentalismus* wendet sich gegen eine vitale Bedrohung unseres Weiterlebens als Menschheit, die als eine indirekte Folge der Moderne begriffen werden muß und gegen die alle bisherigen Maßnahmen praktisch nicht »greifen«.

Man mag sich noch so viel über den Fundamentalismus erregen, weitaus erregender ist die stillschweigende Ausklammerung der Konsequenzen umwälzender Einsichten der modernen Naturwissenschaften in die Struktur der Wirklichkeit durch die angestammten Religionen auf der einen Seite und die ähnlich unberührte Hinnahme dessen, was uns alle als Menschheit erwartet, durch beinahe unsere gesamte Gesellschaft. Was bisher dagegen geschehen ist, wird durch Worte wie »Augenwischerei« und »leeres Gerede« nur äußerst schwach gekennzeichnet.

Der gewaltige Verdrängungsprozeß, der sich bei den einen und bei den anderen abspielt, ist umso bemerkenswerter, als wir immer noch fassungslos vor der Tatsache stehen, wie ein halbes Jahrhundert zuvor fast ein ganzes Volk, das deutsche, nicht sah, was durch die Nazis auf sie, ja auf die ganze Welt, zukam. Zwar ist man heute mit Recht dabei, sich über den Splitter in den Augen unserer Väter zu empören, aber das nutzt offenbar wenig, um den Balken im eigenen Auge zu erkennen.

Sind diese Erscheinungen nicht vielleicht so zu deuten, daß wir Menschen durch die Entwicklung in diesem Jahrhundert derart überfordert wurden, daß wir sie mit unserem »normalen« Bewußtsein nicht mehr bewältigen können? Auch dies hieße allerdings, daß der Ausweg nicht allein in neuen Maßnahmen, sondern mehr noch in einer inneren Kehre besteht. Eine derartige Kehre jedenfalls wurde von den großen Religionsstiftern als zentrale menschliche Aufgabe angesehen. Sie würde auf eine Wandlung unseres Bewußtseins hinauslaufen. Dafür gibt es im Laufe der Menschheitsgeschichte bereits mehrere Beispiele. Warum sollte sie sich nicht wiederholen können?

Den Religiösen wird man angesichts dessen sagen müssen, daß es zwar überzeugend ist, wenn sie sagen, daß man Gott nur deshalb finden kann, weil er einen selber schon vorher gefunden hat. Aber das bleibt eine Leerformel, wenn man Gott nicht zu erfahren vermag. Spirituelle Schulung wird von den Kirchen jedoch kaum angeboten. Und die von der Technik Überzeugten sollten sich klarmachen, daß niemand ihren guten Willen bestreitet, wenn sie den Ausweg aus unserer Misere darin sehen, daß sie die Welt noch weiter technisch perfektionieren wollen. Aber was nützt das, wenn der Mensch immer mehr hinter dieser Perfektionierung zurückbleibt und von ihr letztlich versklavt wird?

Auch diese beiden Gesichtspunkte laufen auf eine Bewußtseinswandlung hinaus, und genau hier begegnet man dem Zentralproblem des Fundamentalismus:

- der religiöse Fundamentalismus sucht den Ausweg in einer Rückbesinnung auf die Vergangenheit. Aber weder sein wortgläubiger noch sein charismatischer Flügel vermag die ursprünglichen Erfahrungen wiederzubeleben, die seine Glaubensgemeinschaft ursprünglich begründet haben;

- der grüne Fundamentalismus will zwar einen Bewußtseinswandel, aber weitgehend ohne Versöhnung mit den Möglichkeiten, die uns die Technik eröffnet hat;
- die Moderne hat zwar dem Menschen ein bis dahin ungekanntes Gefühl für seine eigenen Fähigkeiten gegeben, aber um den Preis eines bis dahin noch nicht gekannten Defekts im Wir- und Gemeinschaftsgefühl. Sie hat ihm gewaltige Einsichten gebracht, ihm dabei aber weitgehend seine Orientierung genommen. Sie hat ihm völlig neue Lebensqualitäten geschenkt, aber dabei das Ökosystem unseres Planeten an den Rand des Kollapses gebracht. Letztlich ist sie mit ihrem Materialismus hinter die Ideale und Ziele der Aufklärung zurückgefallen. Im Grunde weist ihre Entwicklung ähnliche Strukturmerkmale (des Niedergangs) auf wie der Weg von den Frühfundamentalismen zu den Spätfundamentalismen.

Keine dieser Richtungen ist von ihrem Ansatz her so verderbt, wie sie von ihren Gegnern dargestellt wird. Nichtsdestoweniger handelt es sich dabei um Fehlentwicklungen. Ja, die Stoßrichtung des religiösen Fundamentalismus weist präzise in die falsche Richtung: in die Vergangenheit. Der Ausweg kann aber genau entgegengesetzt nur in einem »Durchbruch zur Zukunft«[4] bestehen.

Wir bedürfen eines solchen Durchbruchs, weil wir mit den vorhandenen Möglichkeiten die elementarsten Probleme unseres Weiterlebens nicht mehr zu lösen vermögen und weil es untragbar ist, daß weiterhin die Würde des Menschen so sehr mit Füßen getreten wird, wie es in diesem Jahrhundert geradezu beispiellos geschah. Niemand kann diesen Durchbruch allerdings per Dekret einleiten. Ja letztlich fehlt uns das Wissen, wie die dafür erforderliche Bewußtseinswandlung aussehen könnte, sonst hätte sie sich angesichts der Not unserer Zeit wahrscheinlich bereits vollzogen. Einige ihrer Facetten dürften allerdings auch heute schon erkennbar sein. Vermutlich läuft sie auf eine Versöhnung der aktiven, einseitig auf eine Umgestaltung der Welt ausgerichteten Haltung seit der Aufklärung mit der empfänglichen, auf das Innere und die Transzendenz bezogenen Haltung hinaus, wie sie mittelalterliche Mystik entwickelt hat. In diesem Sinne verstehe ich auch das Wort Karl Rahners, das Christentum müsse eine Mystagogie entwickeln, sonst werde es nicht überleben (Siehe S. 188).

Nur durch eine derartige Integration ließe sich eine erhöhte Sensibilität des Menschen für die Gefahr entwickeln, von der er bedroht wird, und nur so würde er befähigt, dagegen anzugehen, nur so ließe er sich besser gegen die marktorientierten Verblödungsstrategien unserer Werbefachleute und gegen die versimpelten Parolen und Lösungen immunisieren, die von allen Seiten auf ihn einprasseln. Und nur so ist vorstellbar, daß sich endlich ein neuer Denkstil einbürgert, der nicht mehr primär am Toten orientiert ist (Siehe S. 128), sondern ein Gespür für die Qualitäten des Lebendigen und des Geistigen vermittelt, der sich nicht auf das derzeit bestimmende Kästchen- und Säulendenken beschränkt, sondern in vernetzten Systemen und global zu denken vermag.

Dieses neue Denken wird derzeit an unseren Schulen und Hochschulen ebensowenig gelehrt wie meditatives oder spirituelles Denken in den Kirchen. Es ist ein Ärgernis, daß alle diese Möglichkeiten einstweilen fast ausschließlich in kritikloser und unqualifizierter Weise vom sogenannten New Age und dessen Nachfolgern okkupiert werden.

Sollte sich ein neues Denken im genannten Sinne durchsetzen, dann würde vermutlich der Fundamentalismus von allein veröden, weil seine Öde immer offenkundiger würde. Ohne einen Wandel unseres Bewußtseins dagegen bleibt jede Maßnahme gegen ihn Flick- und Stückwerk, sinnvoll zwar im einen oder anderen Fall, aber letztlich ineffektiv.

Auch mit einem gewandelten Bewußtsein wird unsere Zukunft äußerst schwierig sein. Ohne dieses Bewußtsein jedoch dürfte sie einem Horrorszenario ähneln. Das jedenfalls hat der Fundamentalismus richtig gespürt.

Anmerkungen

Vorwort

1 Siehe *H. P. Dürr* 1987, 19
2 Siehe *I. Kant*: Beantwortung der Frage: Was ist Aufklärung?
3 Der Begriff wurde dem Titel des Buchs von *Chr. Evans* 1976 entlehnt
4 Siehe *P. Berger* et al.: Das Unbehagen in der Modernität

Einführung

1 zitiert nach *A. King / B. Schneider,* 71
2 *W. Huth:* Glaube, Ideologie und Wahn
3 Siehe *W. Huth* 1978, 143 ff
4 Siehe *W. Huth* 1984, 143 ff
5 Näheres Siehe *W. Huth* 1984, 340
6 *E. Fromm*: Die Furcht vor der Freiheit
7 Siehe *K. R. Popper* 1974, zum Beispiel 318
8 *S. Freud*: Gesammelte Werke XIII, 64
9 diese Ansicht vertritt zum Beispiel auch Wolfgang Beinert in seinem Buch über den katholischen Fundamentalismus, 57
10 Siehe *F. Kluge / A. Götze,* 717
11 ähnlich äußerte sich *A. Hottinger* 1993, 7
12 der Gedanke, den Fundamentalismus als Protestbewegung aufzufassen wurde zum ersten Mal von *M. Riesebrodt* formuliert. Zweifellos trifft er damit einen Teilaspekt dieses Phänomens, auch wenn er den Begriff näher als »patriarchalische« Protestbewegung spezifiziert. Das Gesamtphänomen »Fundamentalismus« konnte er damit allerdings naheliegenderweise nicht einfangen (Siehe S. 15)
13 Siehe *H. Lübbe* 1994, insbesondere 62
14 *C. Fr. von Weizsäcker* 1995, 1157
15 zitiert bei *W. Nigg,* 3
16 Näheres Siehe *P. Sloterdijk* 1993, 213 – 226
17 in *F. Nietzsche*: Zarathustra, Werke II, 285
18 Dieser Ausdruck wurde dem Artikel von Elke Schmitter entnommen
19 Der Ausdruck wurde von *Th. W. Adorno* 1957 geprägt
20 Näheres Siehe *K. Wilber:* 1983, 142
21 Siehe *C. Fr. von Weizsäcker* 1978, 484
22 Siehe *A. A. Maslow* 1981, insbesondere 83 – 123
23 Siehe *K. Wilber* 1983, 93 – 104
24 näheres bei *W. Huth 1984*
25 Siehe *M. Riesebrodt,* 5
26 in *F. Nietzsche*: Zarathustra, II, 473

Fundamentalismus – ein schillernder Begriff

1 *Th. Meyer* 1991, 7
2 Siehe dazu *St. Pfürtner,* 9 ff
3 Siehe dazu *P. Hertel,* 148 – 165
4 zitiert nach *Th. Meyer* 1991, 17

5	Diese These wird bereits im Untertitel des Buches von *G. Kepel* vertreten
6	*G. Anders*, 238
7	Siehe *S. Freud* XIV, 14
8	Siehe *S. Freud* XI, 456 f
9	Siehe dazu *A. Hottinger*, 40
10	Siehe *A. Hottinger*, 13 ff
11	Siehe *A. Toynbee*, 9 ff
12	*W. Huth* 1984, 341
13	im Vorwort von *Th. Meyer* 1989 (Hrsg.), 2

Der protestantische Fundamentalismus

1	Näheres Siehe *K. Kupisch*, V, 71
2	Das Wort »bible belt« (»Bibelgürtel«) lehnt sich an an dem Wort »corn belt« (»Korngürtel«), der die protestantischen Südstaaten umfaßt, in denen auch der amerikanische Fundamentalismus entstand.
3	Näheres Siehe *M. Riesebrodt*, 72
4	*M. Riesebrodt*, 12
5	Text bei *E. R. Sandeen:* The Roots of Fundamentalism. British and American Millenarianism, 1800–1930. Zitiert bei *H. Küng* 1994, 726–727
6	Siehe *K. Rahner*, Grundkurs des Glaubens, 189 ff
7	Siehe *M. Riesebrodt*, 80
8	*M. Riesebrodt*, 42
9	Näheres zu diesem Problem bei *B. Grom*, 37 ff
10	Siehe dazu *M. Heidegger:* Holzwege, 75
11	Siehe *M. Heidegger:* Holzwege, 83
12	Siehe *F. Buggle* 1992
13	ausführlich bei *A. Huth / W. Huth* 1990, 81 ff und 251 ff
14	Siehe *H. Leisegang* 1951, 445
15	*A. Schweitzer:* Geschichte der Leben-Jesu-Forschung. 1926[4] zitiert bei *H. Leisegang* 1951, 445
16	Näheres bei *H. Gestrich*, 19
17	Siehe *D. Morris:* Der Menschen-Zoo, 177
18	Siehe *W. Huth* 1984, 166 ff
19	zitiert nach *G. Küenzlen*, 5
20	Siehe *I. Idalovichi*, 103
21	Siehe *U. George*, 76
22	Siehe *J. Berry*, 170 ff
23	*M. Riesebrodt*, 79
24	Näheres bei *J. Gebser* 1966
25	ausführlich beschrieben bei Erdmute Heller
26	näher in einem unveröffentlichten Manuskript von *K. Wilber* ausgeführt
27	Siehe *Der Spiegel:* Böse Zeiten für das Gute
28	zur Begründung dieser These Siehe *H. Beland*, insbesondere 390
29	Siehe dazu *H. Küng* 1993, 751
30	Siehe *J. Hemleben:* Rudolf Steiner und Ernst Haeckel, 67
31	eine umfassende Deutung gibt *Werner Lauer* in seinem Buch »Humor als Ethos«
32	ausführlich beschrieben bei *Anna Freud*, 85–94
33	Siehe *C. Fr. von Weizsäcker* 1995, 569
34	dies wird deutlich in der Darstellung von *H. Papenthin*
35	Siehe *K. Popper* 1976
36	Näheres bei *Th. Meyer* 1991, 68 ff

37 Siehe M. *Riesebrodt*, 53 und 91
38 Näheres bei *Th. Meyer* 1991, 68 ff
39 Siehe dazu *K. Wilber* 1993, 217 sowie *A. und W. Huth* 1990, 197 ff
40 Siehe dazu *Th. Meyer* 1991, 51 ff sowie M. *Riesebrodt,* 117
41 M. *Riesebrodt*, 99
42 Siehe M. *Riesebrodt*, 47
43 Näheres M. *Riesebrodt*, 103
44 Siehe M. *Riesebrodt*, 105
45 Siehe K. *Kupisch* V, 71
46 Siehe dazu R. *Safranski* 1994, 32
47 Dieser Begriff ist dem gleichnamigen Buchtitel von P. *Wust* entnommen
48 Literatur bei J. *Jakubaschk*
49 Ähnlich sieht der Psychiater Günter Hole beim Fundamentalismus das
   Zusammenspiel von drei Faktoren: Konsequenz – Einfachheit – Eindeutigkeit (1992, 213 – 221)
50 zitiert nach G. *Palmer / S. Richter*, 165
51 Siehe M. *Riesebrodt*, 64 und 74
52 Eine parallele Entwicklung findet sich auch im Islamismus
53 Literatur bei F. *Heiler*, 491 ff
54 Siehe H. *Küng* 1994, 184
55 Näheres bei A. *und W. Huth* 1995, 74 ff
56 Näher beschrieben bei W. *Huth* 1984, 260
57 W. *Huth* 1984, 34
58 W. *Huth* 1984, 260
59 W. *Huth* 1984, 261
60 M. *Heidegger:* Sein und Zeit, 273
61 Siehe K. *Lorenz* 1973 b. 39 ff
62 zum Beispiel J. *Illies* und später U. *George*
63 Näheres bei K. R. *Popper* 1979, 242 – 262
64 einige dieser Thesen sind zusammengestellt bei B. *Edgar*
65 zitiert bei M. *Landmann* 1964, 147
66 M. *Landmann* 1964, 150
67 Näheres bei J. *Illies*, 186
68 ausführlich bei G. *Palmer* und S. *Richter*, 165
69 ausführlich bei H. *Papenthin*, 37
70 M. *Riesebrodt*, 72
71 Siehe G. *Kepel*, 159
72 zitiert nach G. *Kepel*, 155
73 zitiert nach G. *Kepel*, 154
74 zitiert nach F. *Buggle*, 7
75 zitiert nach K. *Kienzler*, 75

Der katholische Fundamentalismus

1 im Lexikon für Theologie und Kirche IV, 451
2 K. *Rahner / H. Vorgrimler* 1966, 372 f
3 W. *Beinert* (Hrsg.) 1991
4 J. *Gründel*, 268
5 Der Begriff »Denzinger-Theologie« wurde von Karl Rahner geprägt.
   Siehe K. *Schmitz-Moormann* 1992a, 47
6 zitiert nach K. *Schmitz-Moormann* 1992a, 47
7 In Anlehnung an W. *Beinert*, 54
8 zitiert nach M. N. *Ebertz*, 18
9 zitiert nach M. N. *Ebertz*, 18

10   zitiert bei *H. Graf von Soden-Fraunhofen*, 128
11   Dokumentation in *W. Beinert* (Hrsg.) 1991, 97
12   aus der internen Führungskraft »Cronica« des Opus Dei, zitiert nach *M. N. Ebertz*, 21
13   *Josemaria Escriva* in Camino, 14. Auflage, Madrid 1984, zit. nach *P. Hertel, 153*
14   Siehe *P. Hertel*, 148
15   zitiert bei *M. N. Ebertz*, 21
16   Bischof *Joachim Meisner* beim Neujahrsempfang in Köln 1995
17   zitiert nach *W. Beinert* (Hrsg.), Dokumente, 92
18   *Ignatius von Loyola*, 104 ff
19   dieser Mechanismus wurde von mir geschildert in 1978, 139 sowie 150
20   zitiert nach *W. Beinert* (Hrsg.), Dokumente, 107
21   zitiert nach *W. Beinert* (Hrsg.), Dokumente, 107
22   eine ausführliche Darstellung dieser Symptome in *W. Huth* 1984, 242 – 268
23   zitiert nach *W. Beinert* (Hrsg.), Dokumente, 98
24   zitiert nach W. Beinert (Hrsg.), Dokumente, 95
25   zitiert in *W. Beinert* (Hrsg.), Dokumente, 93 – 94
26   zitiert in *W. Beinert* (Hrsg.), Dokumente, 98
27   zitiert in *W. Beinert* (Hrsg.), Dokumente, 102
28   *M. Balint* 1970, insbesondere, 178 – 181
29   So der genannte Untertitel des Buches von *Th. Meyer* 1991
30   C. Fr. von Weizsäcker in *C. Fr. von Weizsäcker / Gopi Krishna* 1971

Der islamische Fundamentalismus

1   zur Begründung dieser Behauptung (durch das Gödelsche Theorem), Siehe *W. Huth* 1984, 42
2   Näheres dazu Siehe *A. Hottinger*, 42
3   *Th. Meyer* 1989, 14
4   *J. van Ess* Siehe 31
5   *S. Huntington* zitiert von *Petra Kappert* in: Fundamentalismus und doch ein Ende? Süddeutsche Zeitung 12.12.1994
6   *B. Tibi* 1993, 48
7   *A. G. Ghaussy*, 83
8   *J. van Ess*, 44
9   *J. van Ess*, 62
10   *J. van Ess*, 42
11   Siehe *A. Schimmel* 1985
12   Siehe *B. Tibi* 1992, 72
13   *H. Küng*: Eine christliche Antwort in *Küng H., van Ess J. von Stietencron H., Bechert H.*, 61
14   *B. Tibi* 1992, 72
15   *B. Tibi* 1993, 46
16   *J. van Ess*, 85
17   *J. van Ess*, 61
18   *P. Heine*, 24
19   *W. Huth* 1984, 68
20   *J. van Ess*, 86
21   zitiert in *W. Huth* 1984, 117
22   *W. Huth* 1984, 124

23   *J. van Ess*, 88
24   *J. van Ess*, 72
25   näher beschrieben bei *W. Huth* 1990
26   *A. Hottinger*, 15
27   *J. van Ess*, 166 ff
28   Siehe dazu H. *Küng:* Eine christliche Antwort in *Küng H., van Ess J., von Stietencron H., Bechert H.,* 54
29   Näheres bei *A. Hottinger,* 16 ff
30   Siehe dazu *St. H. Pfürtner,* 82
31   Siehe *A. Hottinger,* 16
32   Näheres bei *B. Tibi* 1992, 30
33   *I. Kant:* Kritik der reinen Vernunft, Vorrede zur 1. Auflage
34   *A. Hottinger,* 43
35   Siehe *B. Tibi* 1992, 13
36   *B. Tibi* 1992, 12
37   *B. Tibi* 1992, 39
38   *A. Hottinger,* 9
39   ausführlich bei *G. Kepel,* zum Beispiel 62 ff
40   *H. Mosbahi* 1994
41   das wird an verschiedenen Stellen von *G. Kepel* beschrieben
42   *B. Tibi* 1992, 64
43   zitiert nach *B. Tibi* 1992, 43
44   Siehe *B. Tibi* 1992, 64 – 65
45   *C. Fr. von Weizsäcker* 1978, 63 ff
46   *Der Spiegel,* Sonderheft 4 / 1993, 48
47   Siehe *W. Huth* 1984, z. B. 246 ff
48   Siehe *A. Hottinger,* 45 – 48
49   Siehe Literaturverzeichnis
50   Siehe Literaturverzeichnis
51   Siehe *M. Riesebrodt,* 139 ff
52   Siehe *M.Riesebrodt,* 193
53   *A. Hottinger,* 48
54   Die folgende Zusammenstellung zum Teil in Anlehnung an *M. Riesebrodt,* 216 ff
55   *M. Riesebrodt,* 198
56   *M. Riesebrodt,* 241

Der jüdische Fundamentalismus

1   zitiert bei *D. Krochmalnik,* 31
2   *D. Krochmalnik,* 31
3   *D. Krochmalnik,* 34
4   *D. Krochmalnik,* 32
5   *D. Krochmalnik,* 36
6   *D. Krochmalnik,* 36 – 37
7   *D. Krochmalnik,* 41
8   näher beschrieben bei *D. Krochmalnik,* 32
9   Als »Reformjudentum« bezeichnet man eine Bewegung, die ab dem 19. Jahrhundert an Bedeutung zunahm. Sie widersetzte sich einem starren Biblizismus und lehnte rituelle Gesetze ab
10   *H. Küng* 1990
11   *H. Küng* 1990, 97
12   Siehe *W. Huth* 1984, 341

13   *I. Idalovichi*, 110
14   zitiert bei *D. Krochmalnik*, 42
15   nach *I. Idalovichi*, 115
16   *G. Kepel*, 245
17   Siehe *I. Idalovichi*, 107
18   dieser Ausdruck wurde hier in Anspielung an den Titel eines von *H. Sedlmayr* verfaßten Buches gewählt

Fundamentalistische Tendenzen in Asien

1   *Kepel G.* 1991
2   Näheres bei *Ch. J. Jäggi*, 127 ff
3   Der Titel der amerikanischen Originalausgae lautet: *Helena Norberg-Hodge: Ancient Futures. Learning from Ladakh.* San Francisco 1991 (Sierra Club)
4   Siehe Literaturverzeichnis
5   *H. Norberg-Hodge*, 16
6   *H. Norberg-Hodge*, 25 – 26
7   *H. Norberg-Hodge*, 157
8   *H. Norberg-Hodge*, 82
9   *H. Norberg-Hodge*, 102 – 103
10   *Chr. Lasch:* Das Zeitalter des Narzißmus
11   *S. Freud:* Band XVIII der Gesamtausgabe, Gesamtregister, 42 sowie 324 – 327
12   *H. Norberg-Hodge*, 113
13   *H. Norberg-Hodge*, 116 ff
14   *H. Norberg-Hodge*, 119
15   *H. Norberg-Hodge*, 152
16   *H. Norberg-Hodge*, 152
17   *H. Norberg-Hodge*, 152
18   *H. Norberg-Hodge*, 152 – 153
19   *H. Norberg-Hodge*, 153

Fundamentalismus und Moderne

1   Siehe *R. Piepmeier:* Stichwort »Moderne«
2   *I. Kant:* Was ist Aufklärung?, 53
3   diese Einteilung erfolgt im Anschluß an *Klaus Kienzler* 1994
4   *K. Rahner:* Schriften zur Theologie VII, 8 (1966)
5   Siehe *W. Huth* 1984, 211
6   Der Begriff »Achsenzeit« wurde von *Karl Jaspers* geprägt. Siehe *K. Jaspers*, 14 – 32 sowie die 5 von *S. N. Eisenstadt* herausgegebenen Bände
7   zitiert nach *F. Schalk*, Spalte 622
8   Siehe *A. Toynbee*, 9
9   *I. Kant:* Kritik der reinen Vernunft, 153
10   ausführlich dargestellt bei *W. Huth* 1984, 86 ff
11   *K. Rahner:* Ideologie und Christentum. Schriften zur Theologie VI, 66
12   *C. Fr. von Weizsäcker:* 1978, 484
13   *M. Horkheimer / Th. W. Adorno*, 9
14   Einzelheiten siehe *H. Glockner*, 395 ff, *F. Capra*, 54 ff sowie *K. Franke*, 83 ff

15 Einzelheiten siehe *H. Glockner*, 411 ff sowie *W. Weischedel*, 136 ff
16 zitiert nach *J. Hemleben: Darwin*, 65
17 zitiert nach *J. Hemleben: Darwin*, 151
18 *J. W. von Goethe:* Wilhelm Meisters Wanderjahre. Zürich / Stuttgart 1948 (Artemis), 8, 460
19 näher analysiert von *H. Glaser:* Die Zerstörung des Gartens. In: Kultur und Technik. Zeitschrift des Deutschen Museums 3 / 1992, 30 – 34
20 *H. E. Richter,* Der Gotteskomplex
21 *H. E. Richter,* 81 ff sowie 191 ff
22 *H. E. Richter,* 100
23 *I. Kant.* Kritik der praktischen Vernunft, 147
24 Siehe *E. H. Erikson:* Kindheit und Gesellschaft
25 Siehe *L. Szondi,* 166 ff
26 *C. Fr. von Weizsäcker:* Das moralische Problem der Linken und das moralische Problem der Moral. Merkur 31, 611, 1979, zit. nach *H. E. Richter* 1979, 239
27 Dies ist der Kern der Zeilen, 333 – 364
28 *H. von Ditfurth* 1990, 358
29 *M. Heidegger:* Sein und Zeit, 68
30 *H. P. Martin / H. Schumann,* 14
31 zitiert nach *Th. Darnstädt / G. Spörl,* 129
32 Spiegel spezial 4 / 1993, 107
33 Spiegel spezial 4 / 1993, 27
34 *R. Dahrendorf,* 7
35 zitiert nach Spiegel spezial 4 / 1993, 139
36 Siehe GEO September 1994, 46 – 47
37 *H. Gruhl,* 181
38 Näheres dazu siehe *H. P. Martin / H. Schumann,* 16
39 *H. P. Martin / H. Schumann,* 14
40 *epd Dokumentation,* 4
41 Spiegel spezial 4 / 1993, 153
42 *epd Dokumentation* a.a.O, 4. Diese Angabe ist allerdings äußerst optimistisch. Die Angaben von Forschern, die die Vernichtung von Mikroorganismen mit einbeziehen, sprechen von Werten, die 1 bis 2 Zehnerpotenzen höher liegen
43 *F. Meyer-Krahmer:* Freie Fahrt für Innovationen. Die ökonomischen Voraussetzungen einer umweltorientierten Wirtschaftsform. Bild der Wissenschaft, 12 / 1994, 100 – 101
44 *F. Meyer-Krahmer* a.a.O
45 Auf diesen Gedanken wies in ähnlicher Form auch *Kurt Biedenkopf* in einer Rede in Berlin, am 18.3.1992, hin. Zitiert in Deutsches Sonntagsblatt 7. August 1992, 21
46 Siehe *R. Dahrendorf,* 8
47 Näheres siehe bei *W. Huth* 1971
48 zitiert aus Der Spiegel 26.12.1994: Soviel PSI war nie, 79
49 Der Spiegel: Soviel PSI war nie, 83
50 Der Spiegel: Soviel PSI war nie, l.c.
51 Siehe *S. Kogelfranz,* 32
52 *St. Pfürtner,* 38
53 unter Bezugnahme auf den Untertitel des Buches über den Fundamentalismus von *St. Pfürtner*
54 *S. Kogelfranz,* 28

Grüner Fundamentalismus

1   *Rudolf Bahro:* Logik der Rettung
2   *R. Bahro,* zum Beispiel, 36
3   *F. Meyer-Krahmer* a.a.O
4   *R. Bahro,* 64
5   *R. Bahro,* 223
6   *R. Bahro,* 224
7   *R. Falter* im Süddeutsche Zeitung Magazin vom 22.4.1994
8   *R. Falter,* l.c.
9   *R. Bahro,* 151 ff
10 *G. von Rad,* 46
11 *G. von Rad,* l.c.
12 *H. von Stietencron,* 6
13 *R. Bahro,* 272
14 *R. Bahro,* 272 ff
15 *R. Bahro,* 431
16 *R. Bahro,* 297
17 *R. Bahro,* 20
18 *R. Bahro,* 213
19 *R. Bahro,* 428
20 *R. Bahro,* 453
21 *R. Bahro,* 432
22 *R. Bahro,* 74
23 *R. Bahro,* l.c.
24 *R. Bahro,* 118
25 *R. Bahro,* 13
26 *R. Bahro,* 119
27 *R. Klüting:* Der Faktor-10-Club
28 *R. Bahro,* zum Beispiel, 482 ff
29 *R. Bahro,* 455
30 ausführlich dargestellt von *Ken Wilber* in einem unveröffentlichten Manuskript
31 *K. R. Popper:* Die offene Gesellschaft und ihre Feinde
32 ausführlich dargestellt bei *W. Huth* 1987 b
33 Dieser Gedanke wurde von *H. P. Dürr* ausgeführt in 1994, 295
34 Siehe *K. Jaspers* 1957 sowie *S. N. Eisenstadt* (Hrsg.): 5 Bände
35 *R. Leaky / R. Lewin,* 12
36 *K. Jaspers,* 14 ff
37 *J. Gebser:* Ursprung und Gegenwart
38 *J. Jaynes:* Der Ursprung des Bewußtseins…
39 insbesondere in *K. Wilber* 1984
40 Siehe *A. Huth / W. Huth* 1990, 197 – 225
41 zum Beispiel *Dalai Lama:* Eine Politik der Güte, 116 ff
42 *K. Wilber:* Unveröffentlichtes Manuskript
43 *J. Lovelock:* Die Gaia-Hypothese
44 Siehe *H. J. Schellnhuber,* 75

Fundamentalismus als theologische Herausforderung

1   Siehe *W. Huth* 1984, 242 – 288
2   *H. J. Gadamer,* 11
3   zitiert nach *H. Baitsch,* 25

4   K. Schmitz-Moorman, b, 92
5   K. Schmitz-Moorman, c, 113
6   S. Freud: XV, 181
7   S. Freud: XIV, 373
8   Siehe H. P. Dürr: Physik und Transzendenz
9   L. Wittgenstein: Tractatus 6, 44 (114)
10 Siehe K. Wilber 1994, 207 ff
11 Papst Johannes Paul II: Schreiben an G. V. Coyne, 154
12 Die Überschrift wurde in Anlehnung an den Titel des gleichnamigen
    Buchs von Max Scheler gewählt
13 Siehe dazu die im Literaturverzeichnis angegebenen Bücher von R.
    Breuer, St. Hawking, R. Kippenhahn, C. Sagan, St. Weinberg, W. Wid-
    mann / K. Schütte
14 Blaise Pascal: Gedanken (Pensées) 341, 150
15 beschrieben in der »Süddeutschen Zeitung«, 29.1.1993, Magazin
16 Siehe St. W. Hawking: eine kurze Geschichte der Zeit
17 Neuerdings treten einige Forscher mit Werten auf, die nahelegen, das
    Universum sei deutlich jünger – »nur« etwa 8 – 12 Milliarden alt. Das
    steht aber im Widerspruch zu Forschungsergebnissen, die auf Sterne
    hinweisen, die bereits seit 14 – 16 Milliarden leuchten. Dem liegen Un-
    sicherheiten über den genauen Wert der sog Hubble-Konstante zu-
    grunde, dem Maß für die Rotverschiebung bei der Flucht der Galaxien.
    Diese Widersprüche lassen sich nur durch weitere Befunde lösen. Für
    die Überlegungen des vorliegenden Kapitels ist dieser Streit nur von
    zweitrangiger Bedeutung: ob 8 – 12 oder 15 – 20 Milliarden Jahre seit
    dem Urknall vergangen sind: Beide Zeiträume sprengen jede Vorstel-
    lung und gerade dies sollte in diesem Kapitel veranschaulicht werden.
    Siehe dazu die Artikel mit dem Obertitel: »Der Streit um das Alter der
    Welt« in bild der wissenschaft 4 / 1995, 54 – 69
18 Siehe St. W. Hawking
19 A. Schlüter, 18
20 Siehe R. Breuer: Das anthropische Prinzip
21 D. Bonhoeffer, 134
22 R. Leakey / R. Lewin, 174
23 R. Leakey / R. Lewin, 91
24 ausführlich dargestellt bei J. Diamond, 10 ff insbesondere 83.
25 R. Leakey / R. Lewin, 213 ff
26 L. Szondi, 513
27 S. Freud, XIV, 354
28 K. Rahner 1976, 56
29 M. von Brück 1986, 77
30 P. Tillich, zitiert nach L. Framach, 323
31 L. Frambach, 323
32 Siehe W. Huth1987, 6 ff
33 A. Schweitzer: Die Mystik des Apostels Paulus
34 J. Kuhlmann. zitiert nach L. Frambach, 324
35 K. Rahner: Frömmigkeit früher und heute. Schriften zur Theologie, Bd
    VII, 1966, 22. Zur Diskussion dieses Satzes Siehe auch W. Böhme / J.
    Sudbrack: Der Christ von morgen – ein Mystiker? Grundformen der
    christlichen Existenz. Stuttgart 1989 (Echter)
36 Siehe R. Leakey / R. Lewin, 228 ff
37 Siehe Das große Bibellexikon, Bd. 1. Stichwort »Adam«, 16
38 zitiert nach K. Schmitz-Moorman, a, 54
39 K. Schmitz-Moorman, d, 136

40 Dieser Gedanke des »Herumprobierens« (»Tinkering«) wurde vor allem von François Jacob formuliert. Siehe *K. R. Popper / F. Kreuzer:* Offene Gesellschaft – offenes Universum, 54
41 Siehe dazu *K. Schmitz-Moorman*, d, 132
42 dieses Zitat in *»zur debatte«.* Schrift der Kathol. Akademie in München Juli / August 1992, 5
43 *K. Schmitz-Moorman*, d, 133
44 Siehe dazu *F. Heiler*, 535
45 *C. G. Jung:* Der Mensch und seine Symbole, 67 ff
46 Siehe *R. Panikhar*, 279, Fußnote 83
47 Siehe *W. Huth* 1984, 124
48 Der Begriff »zeitfrei« wird hier in Anlehnung an *J. Gebser* gewählt, der die Zeit*losigkeit* der praepersonalen von der Zeit*freiheit* der transpersonalen Dimension unterschied. Siehe Gebser, vor allem 314 ff und 382 ff
49 *K.Rahner* 1976, 197

Glaube und Wissenschaft jenseits falscher Alternativen

1   Majjhima Nikaya 22, zit. nach *A. Govinda*, 44
2   *K.Rahner:* Gotteserfahrung heute. Schriften zur Theologie, Bd IX, 1970, 170
3   zu diesem von dem Mystiker *Tauler* zum ersten Mal benutzten Begriff »Kehre«. Siehe *A. und W. Huth* 1990, 102 ff
4   Dies wird ausführlich erörtert in *W. Huth* 1984, 339 f.
5   Die Irrtumsanfälligkeit als zentrales menschliches Kriterium wird von Ideologen und Wahnkranken nicht ertragen. Siehe *W. Huth* 1984, zum Beispiel 243
6   *K. Lorenz:* Die Rückseite des Spiegels, 48
7   *K. Schmitz-Moorman* d, 137
8   Das ist ein Grundgedanke des Buches von *K. Wilber:* Das Atman-Projekt, zum Beispiel, 138
9   *Th. W. Adorno:* Notizen zur Literatur II, 7, zit. nach *R. Safranski*, 474
10 *L. Binswanger*, 98
11 *J. W. von Goethe:* Faust, I. Teil. Schülerszene
12 Näheres bei *M. von Brück* 1986, 210
13 *K. Lorenz* 1973, a
14 Siehe dazu *K. R. Popper / F. Kreuzer*

Den Fundamentalismus verstehen

1   *S. Freud:* XIV, 126
2   *S. Freud:* XI, 373
3   *S. Freud:* XI, 372
4   Dieser Begriff wurde in Anspielung auf den Titel eines gleichnamigen Buches von *Alfons Rosenberg* gewählt.

Literatur

Adorno Th. W.: The stars down on earth. In: Jahrbuch für Amerikastudien, Bd. II., Heidelberg 1957

Anders G.: Die Antiquiertheit des Menschen. Über die Seele im Zeitalter der zweiten industriellen Revolution. München 1983 (Beck)

Aus Politik und Zeitgeschichte. Beilage zur Wochenzeitung Das Parlament. 7. August 1992

Bahro R.: Logik der Rettung. Wer kann die Apokalypse aufhalten? Ein Versuch über die Grundlagen ökologischer Politik. Berlin 1990. (Union Verlag)

Baitsch H.: Evolutionstheorie – wo steht die Biologie heute? In: *K. Schmitz-Moorman (Hrsg.):* 1992, S. 21–32

Balint M.: Therapeutische Aspekte der Regression. Die Theorie der Grundstörung. Stuttgart 1970 (Klett)

Beinert W. (Hrsg.): Katholischer Fundamentalismus. Häretische Gruppen in der Kirche? Regensburg 1991 (Pustet)

Beinert W.: Der »Katholische« Fundamentalismus und die Freiheitsbotschaft der Kirche in *W. Beinert* (Hrsg.): 1991, S. 52–89

Beland H.: Umwälzungen gebären alte Geister neu – Das verunsicherte Europa. Psyche 47, S. 378–396, 1993

Berger P. L., Berger B., Kellner H.: Das Unbehagen in der Modernität. Frankfurt / Main, New York 1987, (Campus Verlag)

Berry R. J.: Adam und der Affe. Gott, die Bibel und die Evolution. Düsseldorf 1989 (Claassen)

Binswanger L.: Erinnerungen an Sigmund Freud. Bern 1956 (Francke)

Bonhoeffer D.: Widerstand und Ergebung. München, Hamburg 1966[3] (Siebenstern)

Breuer R.: Das anthropische Prinzip. Der Mensch im Fadenkreuz der Naturgesetze. Wien, München 1981 (Meyster)

von Brück M.: Einheit in der Wirklichkeit. Gott, Gotteserfahrung und Meditation im hinduistisch-christlichen Dialog, München 1986 (Chr. Kaiser)

von Brück M.: Wo endet Zeit? Erfahrungen zeitloser Gleichzeitigkeit in der Mystik der Weltreligionen. In: *Weis K.* (Hrsg.) 1994, S. 207–257

Bry, C. Chr.: Verkappte Religionen, Nördlingen 1988, zit. nach *Safranski R.* (1994)

Buggle F.: Denn sie wissen nicht, was sie glauben. Oder warum man redlicherweise nicht mehr Christ sein kann. Reinbek bei Hamburg 1992 (Rowohlt)

Capra F.: Wendezeit. Bausteine für ein neues Weltbild. Bern, München, Wien 1983[6] (Scherz)

Colpe C. / Papenthin H. (Hrsg.): Religiöser Fundamentalismus. Unverzichtbare Glaubensbasis oder ideologischer Strukturfehler? Alektor Verlag Westberlin 1989 (Dahlemer Hefte 10)

Dahrendorf R.: Eine große, universale Sicht. Die Entzauberung der Moderne. Spiegel spezial 4 / 1993, S. 7–12

Dalai Lama Der XIV: Eine Politik der Güte. Schriften von und über das religiöse und politische Oberhaupt des tibetischen Volkes. Herausgegeben von *Sidney Piburn.* Olten und Freiburg im Breisgau. 1992 (Walter)

Darnstädt Th. / Spörl G.: Streunende Hunde im Staat. Spiegel spezial 4 / 1993, S. 128–136

Das große Bibellexikon Bd. 1. Wuppertal 1990[2] (Brockhaus)

Diamond J.: Der dritte Schimpanse. Evolution und Zukunft des Menschen. Frankfurt / Main 1994 (S. Fischer)

von Ditfurth H.: Das Erbe des Neandertalers. Weltbild zwischen Wissenschaft und Glaube. Köln 1992 (Kiepenheuer und Witsch)

von Ditfurth H.: Innenansichten eines Artgenossen. Meine Bilanz. Düsseldorf 1990[3] (Classen)

Dürr H. P.: Wie offen ist die Zeit? Die Verantwortung für unsere Zukunft. In: Weis K. (Hrsg.) 1994, S. 181–206

Dürr H. P. (Hrsg.): Physik und Transzendenz. Die großen Physiker unseres Jahrhunderts über ihre Begegnung mit dem Wunderbaren. Bern, München, Wien 1987[4] (Scherz)

Ebertz M. N.: Wider die Relativierung der heiligen Ordnung. Fundamentalismen im Katholizismus. In: Aus Politik und Zeitgeschichte 7. August 1992, S. 11–22

Edgar B.: Evolution. Der lange Weg zum Menschen. GEO Januar 1995, S. 12–44

Eisenstadt S. N. (Hrsg.): Kulturen der Achsenzeit. I. Ihre Ursprünge und ihre Vielfalt, Teil 1 und 2 (stw. 653), 1987, II. Ihre institutionelle und kulturelle Dynamik, Teil 1–3, (stw. 930) 1993 Frankfurt / Main (Suhrkamp)

epd-Dokumentation Nr. 32 / 89: »Frieden und Bewahrung der Schöpfung« – Erster Entwurf für ein Dokument der JPIC-Weltversammlung in Seoul 1990

Erikson E. H.: Kindheit und Gesellschaft. Stuttgart 1965[2] (Klett)

van Ess J.: Islam und Christentum in Küng H., von Ess J., von Stietencron, Bechert H. 1984, S. 31–48 sowie S. 73–90

Evans Chr.: Kulte des Irrationalen, 1976, Reinbek bei Hamburg (Rowohlt)

Frambach L.: Identität und Befreiung in Gestalttherapie, Zen und christlicher Spiritualität. 36100 Petersberg 1994 (via nova)

Franke K.: Die Welt wird zum Labor. Widersprüche des wissenschaftlichen Forschens. Spiegel spezial 4 / 1993, S. 78–86

Freud A.: Das Ich und die Abwehrmechanismen. München 1964 (Kindler Taschenbücher Geist und Psyche 2001)

Freud S.: Gesammelte Werke I-XVII, London o.J. (Imago)

Fromm E.: Die Furcht vor der Freiheit. Frankfurt / Main 1966 (Europäische Verlagsanstalt)

Gadamer H.-G.: Wahrheit und Methode. Grundzüge einer philosophischen Hermeneutik. Tübingen 1960 (J. C. B. Mohr)

Gebser J.: Ursprung und Gegenwart, Stuttgart 1966[3] (Deutsche Verlagsanstalt)

George U.: Darwinismus. Der Jahrhundertirrtum. GEO. Juli 1984, S. 84–112

Gestrich H.: Nikolaus von Kues 1401–1464. Mainz 1993 (Dokumentation der Cusanus-Gesellschaft, Bernkastel-Kues)

Ghaussy G.: Der islamische Fundamentalismus in der Gegenwart. In: Th. Meyer (Hrsg.): 1989, S. 83–100

Glockner H.: Die europäische Philosophie von den Anfängen bis zur Gegenwart. Stuttgart 1960[2] (Reclam)

Govinda Lama A.: Buddhistische Reflexionen. Bern, München, Wien 1983 (Otto Wilhelm Barth)

Grom B.: Religionspsychologie. München, Göttingen 1992 (Kösel, Vandenhoeck und Ruprecht)

Gründel J.: Christliches Menschenbild und Fundamentalismus. Theologische Perspektiven zum Menschenbild in K. Weis (Hrsg.): 1993, S. 259–296

Gruhl H.: Ein Planet wird geplündert. Die Schreckensbilanz unserer Politik. Frankfurt / Main 1992, 163.-164. Tsd. (Fischer alternativ)

Hawking St. W.: Eine kurze Geschichte der Zeit. Die Suche nach der Urkraft des Universums. Reinbek bei Hamburg 1988 (Rowohlt)

Heidegger M.: Sein und Zeit. Tübingen 1957[8] (Niemeyer)

Heidegger M.: Holzwege. Frankfurt am Main 1957[3] (Klostermann)

Heiler F.: Erscheinungsformen und Wesen der Religion. Stuttgart 1961 (Kohlhammer)

Heine P.: Fundamentalisten und Islamisten. Zur Differenzierung der Re-Islamisierungsbewegungen. In: Aus Politik und Zeitgeschichte, S. 23 – 30

Heller Erdmute (Hassouna Mosbaki): Hinter den Schleiern des Islam. Erotik und Sexualität in der arabischen Kultur. München 1993 (C. H. Beck)

Hemleben J.: Darwin in Selbstzeugnissen und Bilddokumenten. Reinbek bei Hamburg, 1968. (Rowohlts Monographien 137)

Hemleben J.: Rudolf Steiner und Ernst Haeckel. Stuttgart 1968[2] (Verlag Freies Geistesleben)

Hertel P.: Opus Dei in *Beinert W.* (Hrsg.): 1991, S. 148 – 165

Hole G.: Fundamentalismus-Dogmatismus-Fanatismus. Psychiatrische Perspektiven. Concilium 28, 1992, S. 213 – 221

Horkheimer M. / Adorno Th. W.: Dialektik der Aufklärung. Philosophische Fragmente. Frankfurt 1991, (Fischer Wissenschaft), 19.-23. Tausend

Hottinger A.: Islamischer Fundamentalismus, Paderborn, München, Wien, Zürich 1993 (Schöningh)

Huth A. und W.: Handbuch der Meditation, München 1990 (Kösel)

Huth A. und W.: Träumen. Der inneren Bilderwelt begegnen. München 1995[2] (Gräfe und Unzer)

Huth W.: Religiöse Erfahrung und Drogen. Stimmen der Zeit 188, 1971, S. 291 – 310

Huth W.: Wahl und Schicksal. Voraussetzungen, Grundprinzipien und Kritik der Schicksalsanalyse von Leopold Szondi. Bern, Stuttgart, Wien 1978 (Huber)

Huth W.: Glaube, Ideologie und Wahn. Das Ich zwischen Realität und Illusion. München 1984 (nymphenburger)

Huth W.: Begegnung von Ost und West. Stimmen der Zeit. 205, 1987 (a), 685 – 700

Huth W.: Leopold Szondi – Leben und Werk. Szondiana 1987 (b) Heft 1, S. 1 – 19

Huth W.: Missionsreisen nach Tibet, Stimmen der Zeit, 208, 1990, 136 – 138

Idalovichi I.: Der jüdische Fundamentalismus in Israel. In *Meyer Th.* (Hrsg.) 1989, S. 101 – 120

Ignatius von Loyola: Geistliche Übungen. Übertragung und Erklärung von Adolf Haas. Freiburg, Basel, Wien 1967 (Herder)

Illies J.: Der Jahrhundert-Irrtum. Würdigung und Kritik des Darwinismus. Frankfurt am Main 1984[2] (Umschau)

Jäggi Chr. J.: Fundamentalismus heute – eine vielschichtige Erscheinung. In: *Jäggi Chr. J. / Krieger D. F.,* 1991, S. 9 – 184

Jäggi Chr. J. / Krieger D. J.: Fundamentalismus. Ein Phänomen der Gegenwart. Zürich, Wiesbaden 1991 (Orell Füssli)

Jakubaschk J.: Depression und Aggression bei Amischen. Nervenarzt 65, 1994, S. 590 – 597

Jaques J.: Der Ursprung des Bewußtseins durch den Zusammenbruch der bikameralen Psyche. Reinbek bei Hamburg, 1988 (Rowohlt)

Jaspers K.: Vom Ursprung und Ziel der Geschichte. Frankfurt / Main. Hamburg 1957[3] (Fischer-Bücherei 91)

Jung C. G.: Der Mensch und seine Symbole. Olten und Freiburg 1968 (Walter)

Kant I.: Beantwortung der Frage: Was ist Aufklärung? in *Immanuel Kant:* Werke in zwölf Bänden, Herausgegeben von Wilhelm Weischedel, Band XI, Frankfurt am Main 1964 (Suhrkamp)

Kant, I: Kritik der reinen Vernunft. Hamburg 1956 (Meiner)

Kant, I: Kritik der praktischen Vernunft in *Immanuel Kant:* Werke in zwölf Bänden. Band VII (Frankfurt / Main) 1964 (Suhrkamp)

Kepel G.: Die Rache Gottes. Radikale Moslems, Christen und Juden auf dem Vormarsch. München, Zürich 1991[2] (Piper)

Kienzler K. (Hrsg.): Der neue Fundamentalismus. Rettung oder Gefahr für Gesellschaf und Religion? Düsseldorf 1990 (Patmos)

Kienzler K.: Fundamentalismus und Antimodernismus im Christentum in *Kienzler K.* (Hrsg.), 1990, S. 67–91

Kienzler K.: Was bedeutet die Aufklärung für eine humane Gesellschaft? Tagung der Kathol. Akademie in Bayern 18. / 19. März 1994 in Nürnberg. Abgedr. in: »zur debatte«. Themen der Kathol. Akademie in Bayern, 24. Jahrg. Mai / Juni 1994, S. 15–16

King A.-Schneider B.: Die globale Revolution. Ein Bericht des Rates des Club of Rome. In Spiegel spezial 2 / 1991

Kippenhahn R.: Unheimliche Welten. Planeten, Monde und Kometen. München 1990 (dtv Sachbuch)

Klüting, R.: Der Faktor-10-Club. Bild d. Wissensch. 3 / 1995, 68–70

Kluge F. / Götze A.: Etymologisches Wörterbuch der deutschen Sprache. Berlin 1953[16] (de Gruyter)

Kogelfranz S.: Epidemie des Wahnsinns. Die Wiederkehr des Nationalismus und seine Folgen. Spiegel spezial 4 / 1993, S. 26–33

Krochmalnik D.: Fundamentalismus und Judentum. In: Aus Politik und Zeitgeschichte, S. 31–43

Küenzlen G.: Feste Burgen: Protestantischer Fundamentalismus und die säkulare Kultur der Moderne. In: Aus Politik und Zeitgeschichte, S. 3–10

Küng H.: Projekt Weltethos. München, Zürich 1990 (Piper)

Küng H.: Das Christentum. Wesen und Geschichte. München, Zürich 1994[2] (Piper)

Küng H., van Ess J., v. Stietencron H., Bechert H.: Christentum und Weltreligionen. München, Zürich 1984 (Piper)

Kupisch K.: Kirchengeschichte V. 1815–1945. Stuttgart, Berlin, Köln, Mainz 1986[2] (Urban Taschenbücher)

Landmann M.: Philosophische Anthropologie, Berlin 1964

Lasch Chr.: Das Zeitalter des Narzißmus München 1980 (Steinhausen)

Lauer W.: Humor als Ethos. Eine moralpsychologische Untersuchung. Bern, Stuttgart, Wien 1974 (Huber)

Leaky R. / Lewin R.: Der Ursprung des Menschen. Frankfurt am Main 1992 (S. Fischer)

Leisegang H.: Denkformen. Berlin 1951[2] (de Gruyter)

Lexikon für Theologie und Kirche IV. Freiburg / B. 1960[2] (Herder)

Lorenz K.: Die Rückseite des Spiegels. Versuch einer Naturgeschichte menschlichen Erkennens. München, Zürich 1973[a] (Piper)

Lorenz K.: Die acht Todsünden der zivilisierten Menschheit. München 1973[b] (Serie Piper)

Lovelock J.: Gaia. Die Erde ist ein Lebewesen. Bern, München, Wien 1992[2] (Scherz)

Lübbe H.: Schrumpft die Zeit? Zivilisationsdynamik und Zeitumgangsmoral: Verkürzter Aufenthalt in der Gegenwart. In *Weis K.* (Hrsg.) 1994, S. 53–79

Martin H. P. / Schumann H.: »Der Feind sind wir selbst«. Auf der Suche nach einem neuen Zivilisationsmodell. Spiegel spezial 4 / 1993, 14 – 23

Maslow A. A.: Psychologie des Seins. Ein Entwurf. München 1981[2] (Kindler). Geist und Psyche 2195

Meyer Th. (Hrsg.): Fundamentalismus in der modernen Welt . Die Internationale der Unvernunft. Frankfurt a. Main 1989 (edition suhrkamp Bd. 526)

Meyer Th.: Fundamentalismus. Aufstand gegen die Moderne. Reinbek bei Hamburg, 1991, 10.-12. Tausend (rororo aktuell)

Morris D.: Der Menschen-Zoo. München, Zürich 1969 (Droemer)

Mosbahi Hassouna: Tötet sie, wo ihr sie findet. Über die Wurzeln des islamistischen Terrors. Südd. Zeitung 12. / 13. 11. 1994

Nietzsche F.: Werke in drei Bänden. Hrsg. von *Karl Schlechta*. München (Hanser) o.J.

Nigg W.: Das Buch der Ketzer. Zürich, Stuttgart 1962[4] (Artemis)

Norberg-Hodge H.: Leben in Ladakh, Freiburg, Basel, Wien 1993 (Herder Spektrum 4204)

Odermatt M.: Der Fundamentalismus. Ein Gott – eine Wahrheit – eine Moral? Psychologische Reflexion. Zürich 1991 (Benziger)

Palmer G. / Richter S.: Christlicher Fundamentalismus und Naturwissenschaften in *Colpe C. / Papenthin H.* (Hrsg.) S. 165 – 175

Panikkar R.: Gottes Schweigen. München 1992 (Kösel)

Papenthin H.: Entstehung und Entwicklung des (klassischen) amerikanischen Fundamentalismus in *Colpe C. / Papenthin H.*, S. 13 – 52

Papst Johannes Paul II: Schreiben an George V. Coyne, S. J., Direktor des Vatikanischen astronomischen Observatoriums. Abgedr. in *K. Schmitz-Moorman* (Hrsg.): 1992, S. 149 – 160

Pascal B.: Gedanken. Übertragen von Wolfgang Rüttenauer. Birsfelden-Basel o.J. (Sammlung Dieterich)

Pfürtner St. H.: Fundamentalismus. Die Flucht ins Radikale. Freiburg, Basel, Wien 1991 (Herder Spektrum)

Piepmeier F.: Stichwort Modern, die Moderne in: *Ritter J. / Gründer K.* (Hrsg.): Historisches Wörterbuch der Philosophie, Band 6, Basel, 1984 (Schwabe), Sp. 54 – 62

Planck M.: Religion und Naturwissenschaft in *Dürr H. P.* (Hrsg.), S. 21 – 42

Popper K. R.: Objektive Erkenntnis. Ein evolutionärer Entwurf. Hamburg 1974[2] (Hoffmann und Campe)

Popper K. R.: Logik der Forschung 1976[6]. Tübingen (J. C. B. Mohr)

Popper K. R.: Die offene Gesellschaft und ihre Feinde. I. Der Zauber Platons. München 1977[5], II. Hegel, Marx und ihre Folgen. München 1975[4] (Francke. UTB 472, 473)

Popper K. R.: Ausgangspunkte. Meine intellektuelle Entwicklung. Hamburg 1979 (Hoffmann und Campe)

Popper K. R. / Kreuzer F.: Offene Gesellschaft – offenes Universum. Ein Gespräch über das Lebenswerk des Philosophen. München, Zürich 1986 (Serie Piper 476)

Rahner K.: Grundkurs des Glaubens. Einführung in den Begriff des Christentums. Freiburg, Basel, Wien 1976[4] (Herder)

Rahner K.: Schriften zur Theologie, 13 Bände, Einsiedeln, Zürich (Benziger)

Rahner K. / Vorgrimler H.: Kleines Konzilskompendium. Freiburg 1966 (Herder)

von Rad G.: Das Alte Testament Deutsch. Genesis Kapitel 1 – 12 / 9. Göttingen 1967[8] (Vandenhoeck und Ruprecht)

Richter H. E.: Der Gotteskomplex. Die Geburt und die Krise des Glaubens an die Allmacht des Menschen. Reinbek bei Hamburg, 1979 (Rowohlt)

Riesebrodt M.: Fundamentalismus als patriarchalische Protestbewegung. Tübingen 1990 (J. C. B. Mohr)

Safranski R.: Ein Meister aus Deutschland. Heidegger und seine Zeit. München, Wien 1994 (Hanser)

Sagan C.: Unser Kosmos. Eine Reise durch das Weltall. München 1982 (Droemer Knaur)

Sedlmayr H.: Verlust der Mitte. Die bildende Kunst des 19. und 20. Jahrhunderts als Symptom und Symbol der Zeit. Berlin 1955 (Ullstein Buch Nr. 39)

Sloterdijk P.: Weltfremdheit. Frankfurt am Main 1993 (edition suhrkamp 1781)

von Soden-Fraunhofen H. Graf: Das Engelwerk. In: *W. Beinert* (Hrsg.): 1991, S. 127 – 147

Spiegel Der vom 24.1.1994: Böse Zeiten für das Gute

Spiegel Der vom 26.12.1994: Soviel PSI war nie

Spiegel Spezial Nr. 4/1993: Die Erde 2000. Wohin sich die Menschheit entwickelt. Hamburg

von Stietencron H.: Südasiatische Perspektiven in: zur debatte. Zeitschrift der Kathol. Akademie in Bayern, München, März / April 1994

Szondi L.: Ich-Analyse. Die Grundlagen zur Vereinigung der Tiefenpsychologie Bern, Stuttgart 1956 (H. Huber)

Schalk F.: Stichwort Aufklärung I in *J. Ritter* (Hrsg.): Historisches Wörterbuch der Philosophie Band 1, Basel, Stuttgart 1971, (Schwabe) Sp. 621 – 633

Scheler M.: Die Stellung des Menschen im Kosmos. München 1949 (Nymphenburger Verlagshandlung)

Schellnhuber H. J.: Gratwanderung.Vier Strategien, den Organismus Erde auf Überlebenskurs zu halten. Bild der Wissenschaft 3 / 1995

Schimmel A.: Mystische Dimensionen des Islam. Die Geschichte des Sufismus. Köln 1985 (Diederichs)

Schlüter A.: Kosmologie, Physik und die Voraussetzungen der Evolution. In *K. Schmitz-Moorman* (Hrsg.) 1992, S. 9 – 20

Schmitter E.: Im Irrtum die Welt berühren. Ein Nachruf auf den Philosophen Karl Raimund Popper. Süddeutsche Zeitung, 24. / 25. September 1994

Schmitz-Moorman K. (Hrsg.): Schöpfung und Evolution. Neue Ansätze zum Dialog zwischen Naturwissenschaften und Theologie. Schriften der Katholischen Akademie in Bayern. Düsseldorf 1992 (Patmos)

Schmitz-Moorman K.: Evolutionstheorie und Schöpfungsglaube, In: *Schmitz-Moorman K.* (Hrsg.): 1992, S. 33 – 57 (a)

Schmitz-Moorman K.: Möglichkeiten und Perspektiven des Schöpfungsglaubens in einer evolutiven Welt. In: *Schmitz-Moorman K.* (Hrsg.): Schöpfung und Evolution, S. 76 – 95 (b)

Schmitz-Moorman K.: Die Theologie als Interpretation der Offenbarung im Horizont der erkannten Welt – dargestellt am Beispiel der Scholastik. In: *Schmitz-Moorman K.* (Hrsg.) 1992, S. 96 – 114 (c)

Schmitz-Moorman K.: Evolution und Erlösung. In: *Schmitz-Moorman K.* (Hrsg.): 1992, S. 131 – 148 (d)

Schweitzer A.: Die Mystik des Apostels Paulus. Tübingen 1981 (UTB 1991)

Tibi B.: Islamischer Fundamentalismus, moderne Wissenschaft und Technologie. Frankfurt am Main 1992 (Suhrkamp)

Tibi B.: Bedroht uns der Islam? In: Spiegel Spezial 4 / 1993, S. 46 – 48

Toynbee A.: Menschheit und Mutter Erde. Die Geschichte der großen Zivilisationen. Düsseldorf 1988 (Claassen)

Walf K.: Fundamentalistische Strömungen in der katholischen Kirche. In: *Th. Meyer* (Hrsg.): 1989, 248–262

Weglage M.: Fundamentalismus und moderne Gesellschaft – Geistesgeschichtliche und soziologische Aspekte (im Anschluß an Karl Mannheim) in *Colpe C. / Papenthin H.* (Hrsg.): S. 139–164

Weinberg St.: Die ersten drei Minuten. Der Ursprung des Universums. München 1991[10], (dtv Sachbuch)

Weis K. (Hrsg.): Bilder vom Menschen in Wissenschaft, Technik und Religion. München 1993 (Faktum. Technische Universität München)

Weis K. (Hrsg.): Was ist Zeit? Zeit und Verantwortung in Wissenschaft, Technik und Religion. München 1994 (Faktum. Technische Universität München).

Weischedel W.: 34 große Philosophen im Alltag und Denken. Die philosophische Hintertreppe. München 1981[8] (Nymphenburger Verlagshandlung)

von Weizsäcker C. F.: Der Garten des Menschlichen. Beiträge zur geschichtlichen Anthropologie. München 1978[4] (Hanser)

von Weizsäcker C. F.: Zeit und Wissen. München 1995 (dtv)

von Weizsäcker / Gopi Krishna: Biologische Basis religiöser Erfahrung. Weilheim 1971 (Barth)

Widman W. / Schütte K.: Welcher Stern ist das? Stuttgart 1968, 175.-196. Tausend (Franckhs Verlagshandlung)

Wilber K.: Der glaubende Mensch. Die Suche nach Transzendenz. München 1983 (Goldmann)

Wilber K.: Halbzeit der Evolution. Der Mensch auf dem Weg vom animalischen zum kosmischen Bewußtsein. Bern, München, Wien 1984 (Scherz)

Wilber K.: Mut und Gnade. Bern, München, Wien 1994[4] (Scherz)

Wilber K.: Das Atman-Projekt. Der Mensch in transpersonaler Sicht. Paderborn 1990 (Junfermann)

Wilber K.: Unveröffentlichtes Manuskript

Wittgenstein L.: Tractatus logico-philosophicus. Frankfurt / Main 1978[13] (edition suhrkamp 12)

Wust P.: Ungewißheit und Wagnis. München, Kempten 1950 (Kösel)

Zum Autor

Dr. med. Werner Huth, geb. 1929 in Amberg, Arzt für Psychiatrie und Neurologie. Psychoanalytiker mit eigener Praxis. Lehrbeauftragter für Grenzgebiete zwischen Anthropologie und Tiefenpsychologie an der Hochschule für Philosophie in München. Zahlreiche Veröffentlichungen über psychiatrische, psychotherapeutische und religionspsychologische Themen.

Unter anderem Autor von »Glaube, Ideologie und Wahn« (Ullstein 1988) sowie zusammen mit seiner Ehefrau Dr. med. Almuth Huth des »Handbuchs der Meditation« (Kösel 1990).

Weitere Titel der Reihe

Gerhard Wehr
Kontrapunkt Anthroposophie
Spiritueller Impuls und kulturelle Alternative

128 S., Pb., DM 16,80, öS 131,–, sFr 17,60
ISBN 3-532-64000-7

Die Anthroposophie hat sich auf vielen Gebieten als wichtiger Kulturfaktor erwiesen. Der Autor verweist auf bisherige Erfahrungen, vor allem aber auf Möglichkeiten eines offenen Dialogs, nennt weiterführende Literatur und kennzeichnet neuralgische Punkte.

Christian Schmidt
Erfahrungsweg Yoga
Gottesbegegnung durch Selbstfindung

160 S., Pb., DM 19,80, öS 155,–, sFr 20,60
ISBN 3-532-64001-5

Dies ist eine umfassende Darstellung des klassischen Yoga, die dem wichtigsten Quellenwerk – dem Yoga-Sutra des Patanjali – folgt. Der Autor zeigt, daß die spirituellen Übungswege weder exotisch noch speziell fernöstlich sind, sondern daß Yoga heute zu einer entscheidenden Hilfe der christlichen Glaubenspraxis werden kann.

Stefanie von Schnurbein
Göttertrost in Wendezeiten
Neugermanisches Heidentum zwischen New Age und Rechtsradikalismus

168 S., Pb., DM 19,80, öS 155,–, sFr 20,60
ISBN 3-532-64003-1

Die Autorin zeigt die problematische Vermittlerfunktion, die dem neugermanischen Heidentum zwischen New Age und Rechtsradikalismus zukommen kann, und legt die Grundlage für eine kritische Auseinandersetzung.

Christoph Schubert-Weller
Spricht Gott durch die Sterne?
Astrologie und christlicher Glaube
192 S., Pb., DM 19,80, öS 155,–, sFr 20,60, ISBN 3-532-64002-3

Das Ziel des Autors ist es, nach Verständigungsmöglichkeiten zwischen Astrologie und Wissenschaften zu fragen, vor allem aber einen fruchtbaren Dialog zwischen Astrologie und christlichem Glauben zu eröffnen.

Jacques Vigne
Spiritueller Meister und Therapeut
Die helfende Beziehung im Licht von Guruismus und Psychotherapie
Ca. 300 S., Pb., ca. DM 28,–, öS 219,–, sFr 29,–, ISBN 3-532-64008-2

Vignes Buch bietet umfangreiche Informationen über den Guruismus und liefert wichtige Kriterien zur Beurteilung von Gurus und Therapeuten. Es ist damit auch eine grundlegende Hilfe zur Orientierung im heutigen Psychomarkt.

Morton Kelsey
Trance, Ekstase und Dämonen
Zur Unterscheidung der Geister
192 S., Pb., DM 19,80, öS 155,–, sFr 20,60, ISBN 3-532-64006-6

Über die Konfrontation der Menschen mit religiösen Erfahrungen transpersonaler Art: Wie real ist diese geistige Welt, und wie lassen sich die Geister scheiden? Der Autor geht diesen Fragen nach, sucht nach einer zeitgemäßen Sprache und macht Mut, der »anderen Wirklichkeit« in Beratung und Seelsorge nicht auszuweichen, sondern ihr endlich angemessen zu begegnen.

Gertrud Erni
Christsein – evangelikal und esoterisch?
Erlebnisse, Auseinandersetzungen und Wegsuche
160 S., Pb., DM 19,80, öS 155,–, sFr 20,60, ISBN 3-532-64007-4

Gertrud Ernis autobiographischer Bericht schildert ihren Aufbruch in neue Lebensräume. Ein Buch das Mut macht, jenseits von Etiketten wie »evangelikal« und »esoterisch« nach dem eigenen Lebens- und Glaubensweg zu suchen.

Claudius Verlag · Birkerstraße 22 · 80636 München